Mac für Junggebliebene

Simone Ochsenkühn, Elsa Lukowski

amac
BUCH VERLAG

Mac für Junggebliebene

Simone Ochsenkühn, Elsa Lukowski

Copyright ©2010 by amac-buch Verlag

2. Auflage

ISBN 978-3-940285-12-6

Konzeption/Koordination:	amac-buch Verlag
Layout und Cover:	Simone Ochsenkühn, Obergriesbach
Satz:	Johann Szierbeck, Aichach
Lektorat und Korrektorat:	Kreativstudio Gaugigl, kreativstudio@gaugigl.de
Druck und Bindung:	Eitzenberger – Media Druck Logistik, Augsburg (D)

Trotz sorgfältigen Lektorats schleichen sich manchmal Fehler ein. Autoren und Verlag sind Ihnen dankbar für Anregungen und Hinweise!

amac-buch Verlag
Erlenweg 6
D-86573 Obergriesbach
E-Mail: info@amac-buch.de
http://www.amac-buch.de
Telefon 0 82 51/82 71 37
Telefax 0 82 51/82 71 38

Inhalt

Inhalt

Vorwort 11

Leicht ist schwer was … 12

    Warum dieses Buch? 13

Kapitel 1 – Es geht los: Kauf und Installation 15

Es geht los – aber wie? 16

    Die richtige Entscheidung 17

    Weitere Entscheidungsfragen 18

        Was ist mit Geräten wie Druckern etc.? 19

Die Entscheidung ist gefallen. Wo geht es hin zum Kauf? 20

Inbetriebnahme 22

    Auspacken des Laptops oder des Gerätes 22

    Inbetriebnahme von tragbaren Geräten 23

        Der Zusammenbau des Stromadapters 24

    Inbetriebnahme von iMacs 25

    Tastatur im Schnellüberblick 25

Den neuen Computer und dessen Betriebssystem einrichten 27

    Den ersten und wichtigsten Benutzer anlegen 32

    Einen neuen Benutzer anlegen, den Standardbenutzer 34

    Inbetriebnahme einer Bluetooth-Maus 38

    Installation der Maus via Bluetooth-Assistent 40

DSL einrichten 42

    DSL bei T-Online 42

    Internet-DSL-Zugang am WLAN-DSL-Router einrichten 46

        Internetzugang einrichten 49

        Drahtlosen Internetzugang aktivieren 54

Kapitel 2 – Aller Anfang ist leicht: Die Grundlagen 59

Einschalten, Anmelden, Ausschalten 60

    Die Tastatur 61

    Die Tastaturbegriffe 62

    Tastaturkombinationen 63

    Tastatur eines iMacs 64

Tastatur eines MacBook Pro 65

Die Anschlüsse eines Macs 66

Die Handhabung der Maus **67**

Die Magic Mouse bedienen 67

Die Mighty Mouse bedienen 68

Das Laptop-Trackpad 68

Erste Lektion: Zeigen mit der Maus 70

Zweite Lektion: Klicken mit der Maus 71

Die Funktionen im Überblick 71

Praktische Beispiele für die Handhabung der Maus 72

In Safari Text schreiben 75

Das Scrollen mit der Maus 78

Mit der Maus scrollen 78

Mit der Magic Mouse bzw. mit dem Scrollball der

Mighty Mouse scrollen 78

Scrollen mit dem Trackpad 79

Zurückblättern der Seiten 80

Programm Safari beenden 81

Safari über das Dock beenden 81

Safari über das Menü beenden 81

Safari mit Tastaturbefehl beenden 82

Die Oberfläche des Betriebssystems **82**

Das Dock 82

Hilfe, das Programmsymbol ist aus dem Dock verschwunden! 84

Der Schreibtisch 86

Die Menüleiste 87

Die Fenstertechnik 89

Systemeinstellungen – Alles, was das Leben am Mac

noch schöner macht! 91

Schreibtisch & Bildschirmschoner 92

Energie sparen 95

Tastatur 97

Maus (Magic Mouse) 98

Maus (Mighty Mouse) 102

Trackpad (nur Laptops) 104

Systemeinstellung Ton 106

Inhalt

Kapitel 3 – Kommunizieren: Safari, iChat , E-Mail, Skype 111

Im Internet unterwegs: Safari — 112

Lesezeichen in Safari — 112

Lesezeichen aus der Leiste entfernen — 112

Ein neues Lesezeichen anlegen — 113

Alternative Einbringung von Lesezeichen — 114

Das Lesezeichen-Icon — 115

Anlegen von Ordnern in den Lesezeichen — 116

Einen Begriff auf der Internetseite suchen — 116

Top Sites anlegen — 117

Top-Site-Übersicht aufrufen — 118

Beliebte Top Sites festlegen — 119

Eigene Top Sites hinzufügen — 121

Welche Internetseiten sind interessant? — 121

Eine E-Mail-Adresse besorgen — 124

Überlegungen vor der Einrichtung einer E-Mail-Adresse — 124

E-Mail-Adresse bei T-Online einrichten — 125

E-Mail-Adresse bei anderen Anbietern einrichten — 130

E-Mail-Adresse bei web.de (kostenlos) — 130

E-Mail-Adresse bei GMX (kostenlos) — 134

Kostenpflichtige E-Mail-Accounts (me.com) — 136

Bonus: iChat für MobileMe — 138

Videotelefonie mit iChat — 142

Das Programm Mail einrichten und benützen — 144

Mail starten, um das Programm einzurichten — 144

E-Mails mit Mail — 148

Eine E-Mail empfangen — 148

Eine E-Mail beantworten — 151

Eine ganz neue E-Mail verfassen — 152

Eine E-Mail löschen — 154

Empfangen von E-Mails mit Bildern — 155

Bilder aus dem Programm Mail exportieren — 156

Suchen von verloren gegangenen E-Mails — 158

E-Mails als Werbung markieren — 159

Das Ordnen von E-Mails — 160

Übungssequenz Tastatur   **161**

Übung in einem Mailfenster ohne Absender 162

Probleme beim Mail-Fenster   **164**

E-Mails online verwalten   **164**

E-Mails online verwalten am Beispiel Freemail 165

Telefonieren, Videokonferenz, Chat   **169**

Das Programm Skype installieren 169

Skype starten 173

Skype-Namen eingeben 174

Kontakt aufnehmen 178

Einen Anruf annehmen 182

Weitere Skype-Teilnehmer ausfindig machen 182

Einen Textchat eröffnen oder annehmen 183

Automatischer Start von Skype 184

Kapitel 4 – Die Programme am Mac: iPhoto, iTunes,iCal, Adressbuch, Dashboard   187

iPhoto   **188**

Der erste Start 188

Ein kleines Programm, vielleicht ein kleines Problem 190

Ereignisse 192

Import von Bilddateien einer Kamera in iPhoto 193

Import von Bild- oder Filmdateien von
einem Datenträger 195

Importieren der Fotos vom Cardreader 196

Importieren von Filmen 197

Import per Drag & Drop von einem Datenträger 198

Alben und Ordner 200

Ereignisse 201

Bilder aus- und einblenden 205

Sortierfunktion 206

Die Bearbeitungsfunktionen in iPhoto 207

Drehen 207

Freistellen 207

Begradigen 208

Inhalt

Verbessern 208

Rote Augen entfernen 209

Retuschieren 209

Effekte 209

Anpassen 210

Bild löschen 212

Fotos bereitstellen und verteilen 213

Schreibtischhintergrund 213

Brennen von Bilder-CDs 214

Exportieren 215

Bilder als E-Mail versenden 216

Diashow 218

Drucken 222

iTunes **224**

Der erste Start 224

Das Erscheinungsbild von iTunes 227

Import von Liedern 228

Musik anhören 231

Musik in iTunes verwalten 233

Ordner 233

Wiedergabeliste 233

Löschen eines Musikstückes 235

Was verloren? Spotlight hilft 235

CD brennen 236

Musik sehen 237

Organisiert sein – Das Adressbuch **238**

Adressen eintragen 238

Meine Visitenkarte 240

Einstellungen fürs Adressbuch 241

Geburtstage im Adressbuch 242

Spotlight im Adressbuch 242

Vergrößerte Darstellung der Telefonnummer 242

iCal **243**

Einstellungen in iCal 243

Neue Ereignisse in iCal erstellen 244

Ereignisse von der Blase lösen 247

Wiederholungen 247

Erinnerungen 248

Neue Kalender erstellen 249

Alles Ansichtssache 252

Kalender ausblenden 252

Darstellung als Tag, Woche, Monat 253

Ganztägige Ereignisse einblenden 253

Dashboard **254**

Dashboard starten und benützen 254

Zusätzliche Widgets auf Dashboard 256

Kapitel 5 – Ordnung ist das halbe Leben: Fenster und Ordner 259

Fenster und Ordner **260**

Das Fenster 261

Ordner erstellen 261

Anleitung für eine kleine Ordnerhierarchie 262

Verschiedene Darstellungsarten des Fensters 265

Als Symbole 265

Als Liste 265

Als Spalten 267

Als Cover Flow 268

Zusammenfassung Darstellungsarten 270

Verschieben und kopieren von Ordnern 271

Aufspringende Ordner und Fenster 272

Etiketten 273

Die Seitenleiste 274

Kapitel 6 – Briefe schreiben leicht gemacht: Öffnen, Speichern, Drucken 279

Briefe schreiben mit TextEdit **280**

Das Dokument sichern 282

Dokument ablegen/sichern 282

Überprüfen der Ablage 284

Inhalt

Feines mit Tastenkombinationen 285
   Datei-/Ablage-Menü 285
   Bearbeiten-Menü 286

Drucken **288**
Drucker anschließen 288
Druckertreiber installieren 289
Das Drucken aus TextEdit 293

Kapitel 7– Etwas Besonderes: Spotlight und Time Machine — 297

Spotlight **298**
Time Machine **303**
Time Machine einstellen 303
Auf das Backup zugreifen 306
Beispiel für die Datenwiederherstellung 308

Kapitel 8 – Wenn es mal Probleme geben sollte: Problemlösungen — 313

Wenn es mal Probleme geben sollte **314**
Ein Programm reagiert nicht mehr 314
Macht ein Programm regelmäßig oder auch
unregelmäßig Ärger 315
Problem: Der Internetzugang funktioniert nicht 317
Kernel-Panik 318
Probleme beim Starten 319
Fitnesstraining für Ihren Mac 320
   Softwareaktualisierung 320
   Festplatten-Dienstprogramm 321
Ein letztes Wort: Hilfe von außen mit TeamViewer **323**
TeamViewer installieren 324
   Wie fordern Sie nun Hilfe an? 325
Gratulation! Wie kann es weitergehen? **328**

Index — 331

Vorwort

Leicht ist schwer was …

Manchmal glaube ich es selber nicht. Ich sitze vor meinem Computer und habe Freude daran. So etwas konnte ich mir vor einigen Monaten noch nicht vorstellen, als ich mich für den Kauf eines Computers entschied. Dass ich auch noch Spaß daran finden könnte, an dieser kleinen und raffinierten Maschine meine Bilder zu organisieren, Musik zusammenzustellen oder E-Mails zu schreiben, lag jenseits meiner Vorstellungskraft.

Das, was mich davon abhielt, den Computer zu „lernen", waren eigentlich die Vorurteile gegenüber dieser Technik und die Angst davor, eine solch komplexe Sache noch lernen und behalten zu können. Dann überwogen doch meine Neugier auf dieses faszinierende Gerät namens Apple und natürlich die Stimme meiner Tochter, die sagte: „Das schaffst du, du kannst nichts kaputtmachen."

Die wichtigste Frage, die Sie sich stellen sollten, heißt: Traue ich mir zu, in die Welt des Computers einzutreten? Will ich es wirklich? Durch Apple Computer ist es allemal einfach. Eine positive Einstellung und der Wille, es können zu wollen, sind schon der halbe Erfolg.

Eine weitere Frage habe ich mir und meiner Tochter gestellt, als ich anfing: Brauche ich das alles überhaupt noch? Sicher, was braucht man schon wirklich im Leben? Aber spätestens wenn man einmal kennengelernt hat, wie schnell man beispielsweise eine Information aus dem Internet abrufen kann, statt umständlich Lexikas zu wälzen, weiß man, wozu man den Computer benötigt. Auch z. B. Kartenreservierungen für Konzerte oder Einkäufe von seltenen Waren machen es mir schwerer, zukünftig auf den Computer zu verzichten.

Ob man einen Brief an ein Amt aufsetzt, eine E-Mail mit Fotos seinen fernen Verwandten und Bekannten sendet, seine Fotoalben verwaltet oder über Skype, ein Bildtelefon, mit den Enkeln kommuniziert, Musik zur Untermalung organisiert oder sich im Internet tummelt, all diese Dinge tragen zur Kommunikation, zur Unterhaltung und zur Information bei. Und darüber hinaus beinhaltet es für unsere Generation noch einen großen Spaß und Genuss am Lernen.

Dieses Buch soll in Ihnen die gleiche Begeisterung auslösen, wie in mir und Ihnen eine Anleitung für Ihr künftiges Leben am Computer sein. Wir haben uns viel Zeit genommen, gerade die ersten Schritte so einfach wie möglich zu beschreiben und zu erklären, so dass es auch ohne große Hilfe gelingen sollte, einen Computer zu bedienen. Und keine Angst, sollte doch etwas schieflaufen, so geben wir Ihnen viele Tipps, wo Sie sich hinwenden können, falls Sie keinen „Spezialisten" im Hause haben.

Sicher, was das Lernen angeht, bin auch ich noch nicht am Ende, der Lernprozess am Computer dauert an, aber die ersten Schritte sind gemacht und ich vertiefe immer wieder einmal ein Thema aus unserem Buch. Und meine wachsende Begeisterung lässt mich immer leichter Neues hinzulernen.

Fassen Sie sich ein Herz und packen Sie es an. Sie können nichts kaputtmachen! Ich wünsche Ihnen viel Erfolg!

Elsa Lukowski

Warum dieses Buch?

Die Idee, dieses Buch zu verfassen, entstand, als mir allmählich die Zeit fehlte, für meine Mutter ihren anwachsenden Schriftverkehr, die Anfragen für Urlaubsbuchungen über das Internet oder das Brennen ihrer vielen Bilder von der Digitalkamera zu erledigen. Die Ausflüchte, es nicht mehr lernen zu können, ließ ich nicht gelten. Sonst flott, modern und aufgeschlossen, sollte dieses temperamentvolle Gemüt meiner Mutter vor dem ihr unheimlichen „Ding" namens Computer Halt machen? Nein, mir als Trainerin und Autorin für Apple Computer sollte der Versuch gelingen, einer anderen Generation eine konkrete Hilfe an die Hand zu geben, mit der Berührungsängste abgebaut und neue Brücken geschlagen werden.

Heute stehe ich mit meiner Mutter mehr in Kontakt als früher, aber nicht, weil ich irgendetwas für Sie erledigen muss, sondern weil es jetzt einfach schönere Anlässe gibt. Sie sendet mir z. B. Bilder aus dem Urlaub oder schreibt mir freudige E-Mails, wenn ihr wieder etwas gelingt. Und ich bin sehr stolz auf Sie. An diesem Erfolg lassen wir Sie nun teilhaben und freuen uns mit Ihnen, wenn Sie wieder ein Erfolgserlebnis spüren. Viel Spaß.

Simone Ochsenkühn

Kapitel 1

Es geht los:

Kauf und Installation

Es geht los – aber wie?

Sie sind fest entschlossen, einen Apple Computer zu kaufen, aber Sie haben keine Ahnung, welche Modelle es gibt, kennen sich mit den Begriffen rund um den Computer nicht aus?

Keine Angst, so viel müssen Sie erst einmal nicht wissen. Die erste Frage, die Sie sich stellen sollten, lautet: Möchten Sie das Gerät einmal mitnehmen können – zu Kindern, Verwandten, in den Urlaub etc. – oder soll es immer bei Ihnen zu Hause stehen, weil Sie das Gerät nicht herumtragen wollen oder können?

Steht die Antwort fest, können Sie sich ein Modell aussuchen. Die meisten Computer gibt es mit unterschiedlichem Innenleben, das sich zum Teil erheblich auf die Leistung, aber auch auf den Preis auswirkt. Lassen Sie sich beraten.

Tragbare Computer von Apple

	MacBook	MacBook Pro 13″	MacBook Pro 15″	MacBook Pro 17″
Farbe	weiß	Alu	Alu	Alu
ca. kg	2,13	2,04	2,54	2,99
ab € ca.	990.–	1150.–	1750.–	2150.–

Computer-Stationen von Apple

	Mac mini	iMac 21,5″	iMac 27″	MacPro
Farbe	weiß	Alu	Alu	Alu
Person	Einsteiger	Einsteiger, Profi	Einsteiger, Profi	Profibereich
ab € ca.	550.–	1120.–	1500.–	2300.–

Tabelle Stand Juni 2010, Preise sind unverbindliche Ca.-Angaben, Bilder: Apple

Das flachste Laptop der Welt …

… das MacBook Air, möchten wir nicht in irgendeine Tabelle „schieben". Dafür ist das Design des Gerätes zu schade, aber – wie wir finden – für einen Beginner ist es erst einmal nicht so gut geeignet. Es hat kein eigenes Laufwerk für CDs und DVDs sowie nur einen Anschluss, um ein externes Gerät betreiben zu können. Auf jeden Fall ist es ein Traum von einem Computer – leicht, gut aussehend und für Menschen, die sich schon gut mit Computern auskennen, vielleicht das Beste, was es auf dem Markt an Laptops gibt. Wer weiß, eventuell wird es ja Ihr zweiter Computer? Man verliebt sich schließlich nicht nur einmal im Leben …

> **Unsere Meinung: Sowohl beim Mac mini als auch beim Mac Pro benötigen Sie zusätzlich einen Computermonitor. Das macht die Sache nicht nur aufwendiger, sondern verkompliziert unnötig den Erstkontakt mit einem Computer.**

Natürlich ändert die Firma Apple von Zeit zu Zeit ihr Angebot. Aber in der Regel halten sich die Modelle über längere Zeit. Das ist ja das Schöne daran: Man hat nicht das Gefühl, schon beim Kauf einen „alten" Computer zu besitzen. Auch der Wiederverkaufswert von Apple-Geräten bleibt anständig hoch.

Die richtige Entscheidung

Elsa Lukowski zur Kaufentscheidung für ein MacBook Pro 13": „Ich habe mich aus diversen Gründen für das MacBook Pro 13" entschieden. Es ist handlich, aus einem Guss gearbeitet, kompakt und kann alles, was ein Computer können muss. Zudem kann ich es überall hin mitnehmen. Ich möchte meinen Bekannten gerne einmal meine Fotos zeigen, denn eigentlich fotografiere ich schon jahrelang mit einer kleinen Digitalkamera, lasse die Bilder aber bisher immer entwickeln."

Falls Sie sich für ein fest installiertes Modell entscheiden möchten, würden wir an dieser Stelle einen *iMac* empfehlen. Hier wird keine zusätzliche *Hardware* gebraucht, also kein Monitor, keine Tastatur, keine Maus – alles ist inklusive.

Hardware *(hahdwäa)* **deutsch: Computerteile.** Vereinfacht gesagt, gehört alles, was angefasst werden kann, zur Hardware. Natürlich auch das, was im Inneren des Computers steckt: **Prozessor, Lüfter, CD-Laufwerk, Kabel, Akkubatterien usw.**

Andere Namen für Computer: Rechner, Apple, Gerät, Maschine, PC, Laptop *(läptop)* **(nur tragbare), Computer-Station (nur feste).**

Weitere Entscheidungsfragen

Wenn Sie jetzt beunruhigt sind, weil noch gar nicht zur Sprache gekommen ist, was Sie mit dem Computer alles tun wollen: Alle erwähnten Geräte können das Gleiche. Die Frage nach der erforderlichen *Software* stellt sich erst jetzt.

Software *(softwäa)* **deutsch: Computerprogramme.** Im allgemeinen Sprachgebrauch und in der Literatur zu Softwaretechnik wird die Definition eingeschränkt auf **Computerprogramme** und die mit ihnen eng verbundenen **Daten**, die der Computer zum „Leben" benötigt.

Das Betriebssystem von Apple liefert eine Reihe von Programmen mit, die das Meiste schon abdecken, was ein Einsteiger können will. Hier wichtige Programme im Überblick:

Zweck:	Programm
Briefe und Texte	TextEdit
Fotos verwalten	iPhoto
E-Mails schreiben	Mail
Adressen pflegen	Adressbuch
Termine koordinieren	iCal
Im Internet surfen	Safari
Videofilme schneiden	iMovie/iDVD
Texte, Fotos und Filme für das Internet aufbereiten	iWeb
Musikstücke sammeln, anhören, verwalten	iTunes
Audio-, Videotelefonie (z. B. MobileMe oder AIM-Account erforderlich)	iChat
Audio-, Videotelefonie (nicht installiert, Installation in Kap. 3)	Skype

! Sollten Ihre Ambitionen über diese Liste hinausreichen, können Sie sich beim Fachhändler über spezielle Programme beraten lassen. Aber bevor Sie das tun, entscheiden Sie sich bitte zuerst für Ihre Hardware. Sonst kann es passieren, dass Sie durcheinanderkommen. Wie gesagt, alle Apple-Computer können alles. Sollte der Computer aber spezielle Anforderungen für Ihr Programm benötigen, so gibt der Händler Ihrer Wahl gerne Auskunft.

Wenn Sie sich nun ausreichend Gedanken darüber gemacht haben, wie Ihr Computer aussehen soll, was Sie alles damit machen möchten, sollten Sie sich eine Liste anfertigen, mit der Sie zum Händler gehen, um diese im Zweifelsfall vorlegen zu können.

Ihre schriftlich festgehaltenen Ideen und Gedanken bringen Sie im Falle von verwirrenden Situationen im Laden wieder zurück zu Ihren Wünschen.

Als Betriebssystem bezeichnet man die Basissoftware am Computer. Hier ist die Dateistruktur aller Daten festgelegt, die Sie am Rechner erstellen. Ebenso sind alle Daten enthalten, die der Computer zum „Leben" benötigt. Natürlich ist die Sache mit dem Betriebssystem weit komplexer, als hier formuliert. Im Laufe des Buches lernen Sie spielend viele Teile des Systems kennen, ohne sich wirklich groß damit auseinandersetzen zu müssen.

Was ist mit Geräten wie Druckern etc.?

Wir gehen erst in den späteren Kapiteln auf Geräte ein, die Sie an einen Apple anstecken und benutzen können, weil wir der Meinung sind: Eins nach dem anderen. Wenn Sie allerdings alles auf einmal kaufen möchten, so blättern Sie zuerst in das Kapitel 6, um sich zu informieren. Des Weiteren hilft Ihnen der Händler vor Ort weiter.

Das iPad – ein Computer?

Viele Menschen fragen sich, ob das iPad nun als vollständiger Ersatz den Computer ablösen kann. Die Antwort lautet erst einmal: Nein. Das iPad dient hauptsächlich dazu, Informationen aus dem Internet abzurufen, z. B.

Tageszeitungen, Bücher, Spiele und auf eine neue Art und Weise darzustellen. Ein Ersatz für den Computer kann das iPad im Moment nicht sein, sehen Sie es eher als Ergänzung.

Die Entscheidung ist gefallen. Wo geht es hin zum Kauf?

Sie haben sich Gedanken gemacht, haben eine Vorstellung davon, was für ein Gerät Sie haben möchten und Sie haben Wünsche an den Computer. So vorbereitet gehen Sie nun zum Fachhändler.

Mittlerweile gibt es nicht nur spezielle Apple-Händler, nein auch die Discounter wie MediaMarkt und Saturn führen eigene mehr oder minder große Abteilungen mit Apple-Geräten und Zubehör.

Fachgeschäfte in Deutschland, die Apple-Geräte führen		
	Merkmale	**Beschreibung**
Discounter, z. B. Saturn, MediaMarkt	Elektro- und Unterhaltungselektronikmarkt mit kleiner Abteilung für Apple-Produkte.	Manchmal ist kein individuell ausgebildeter Verkäufer zugegen; zu empfehlen, wenn man bereits im Thema ist und weiß, was man möchte.
APR: Apple Premium Reseller	Spezieller Händler für Apple-Computer, führt aber auch umfangreiches Zubehör anderer Hersteller, in vielen größeren Städten.	Hier nimmt man sich Zeit, Nachfragen erwünscht, viel Extraservice, sehr zu empfehlen.
AppleStore	Vom Hersteller Apple. Führt überwiegend Apple-Produkte, zunehmend in Metropolen, z. B. Hamburg und München.	Junges Team, viel Fachbegriffe, viel Trubel im Laden. Kauferlebnis gut, Beratung eher auf junges Publikum zugeschnitten.
Gebrauchte Geräte	ebay, Anzeigen, Verwandtschaft.	ebay erst nach Internetanschluss möglich. Keine Beratung.

ebay *(ibäy)* ist ein gigantischer Marktplatz im Internet. Dort gibt es alles, was man braucht oder nicht braucht. Jeder kann dort Waren anbieten, von gebrauchten Schuhen bis hin zu modernen Digitalkameras. Man kann Gebraucht- und Neuware ersteigern oder zu fixen Preisen einkaufen.

Ich war beim Apple Premium Reseller …

… da nahm man sich Zeit für meine Wünsche und überschüttete mich nicht gleich mit englischen Fachbegriffen. Zunächst ließ ich mir die einzelnen Modelle in der Ausstellung zeigen.

Ich konnte die Laptops prüfen, wie schwer sie sich anfühlen und erfuhr viel über Beschaffenheit und Unterschiede der Modelle. Auch die nicht tragbaren Modelle befanden sich alle in den Verkaufsräumen. Meine mitgebrachten Fragen wurden so beantwortet:

Welche Modelle gibt es?

siehe Tabelle Seite 16

Ich möchte Bilder sortieren, Musik verwalten und etwas schreiben. Natürlich muss ich auch ins Internet. Brauche ich zusätzliche Programme?

Zunächst einmal nicht. Sollten Sie etwas mehr schreiben müssen, so empfehlen wir Ihnen entweder das Bürosoftware-Paket Microsoft Office oder das Produkt von Apple namens iWork. Sie können diese aber später jederzeit hinzukaufen.

Für den Internetanschluss benötigen Sie DSL, z. B. von der Telekom. Wir als APR bieten einen Vorort-Rundumservice an, indem wir uns auch um Ihre Internetverbindung zu Hause kümmern. Für einen

Betrag (Achtung! Dies kann von Händler zu Händler variieren, nicht alle bieten einen solchen Service an) kommen wir und erledigen sogar die Einrichtung Ihrer E-Mail-Adresse.

Würden Sie mir meinen Computer so einrichten, wie ich es gerne hätte?

Kleinere Wünsche und Installationen zu Anfang erledigen wir gerne.

Gibt es eine Garantie? Wie sieht es mit einer Garantieverlängerung aus?

Die Werksgarantie des Computers ist ein halbes Jahr. Man kann diese Garantie mithilfe des sogenannten „AppleCare Protection Plan" auf maximal drei Jahre ausweiten. Für den Betrag von einmalig € 249.– (MacBook Pro 13") ist auch eine Apple-Hotline dabei, die sich bei Sorgen und Fragen rund um Ihren Mac kümmert. Schließt man diesen Vertrag nicht, so kostet ein Anruf bei der Hotline jedesmal € 49.–.

Gibt es auch Seminare?

Ja, wir haben Einzelseminare im Angebot und bieten einmal in der Woche kostenlose Gruppenseminare zu bestimmten Themen an.

Mein Stolz, mein erster Computer!

Inbetriebnahme

Auspacken des Laptops oder des Gerätes

Zu Hause angekommen, lesen Sie sich zunächst einmal die mitgelieferten Broschüren durch. Auch hier gilt: Wenn Sie etwas nicht verstehen, lassen Sie sich durch englische Fachbegriffe nicht unnötig verwirren.

Das Lesen der Infobroschüren über den Mac ist interessant, aber unter Umständen erst einmal verwirrend.

Passen Sie anschließend beim Öffnen des Kartons bitte auf, dass Sie ihn richtig herum öffnen, sonst fällt Ihnen – vor allem bei Laptops – das Gerät einfach heraus.

Die Verpackung variiert natürlich von Gerät zu Gerät. Das Öffnen eines Apple-Kartons ist ein tolles Erlebnis. Alles ist sauber eingepackt, Kartonschachteln sind in passendem Design gehalten und die Einzelteile sind separat mit Schutzfolien versehen.

❗ Entfernen Sie alle Schutzfolien gleich nach dem Kauf, denn mit der Zeit fangen diese Folien an zu verschmutzen und am Gerät bzw. am Zubehör zu verkleben.

Inbetriebnahme von tragbaren Geräten

Entfernen Sie sämtliche Schutzfolien am Gerät und vom Zubehör.

Neben dem Computer liegen das Netzkabel sowie eine Kurzanleitung, ein kleiner Netzstecker, die Betriebssystem-DVD und ein Reinigungstuch bei.

Das Netzteil besteht aus drei bzw. vier Teilen: einem langen Netzstecker, der in den Trafo führt, den Trafo selbst und einem etwas dünneren Kabel, das den Trafo mit dem Computer verbindet. Des Weiteren befindet sich noch ein Netzstecker ohne Kabel als Alternative im Karton. Dieser ist für kurze Wege bis zur Steckdose gedacht oder zum Mitnehmen, statt des langen und relativ schweren Stromkabels.

Der Zusammenbau des Stromadapters:

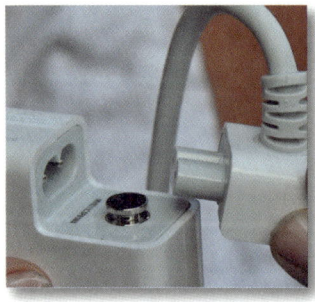 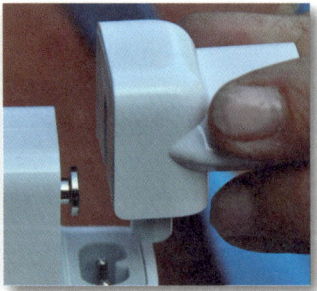 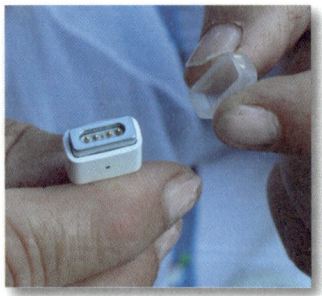

Wie hätten Sie's denn gern? Lang (Abb. 1) oder kompakt (Abb. 2)?
Abb. 3: Entfernen Sie die Plastikschutzkappe vom Stromadapter für den
Computeranschluss. (nur bei Laptops).

Egal, für welchen Stecker Sie sich entscheiden: Führen Sie ihn durch Schieben auf den vorgesehenen Knopf in den Stromanschluss (Abb. 1 oder 2). Dazu braucht man ein wenig Kraft. Wenn Sie alles richtig gemacht haben, müssten Sie einen kompakten Quader in der Hand halten.

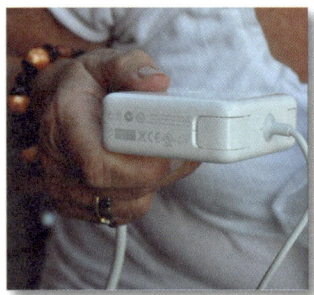 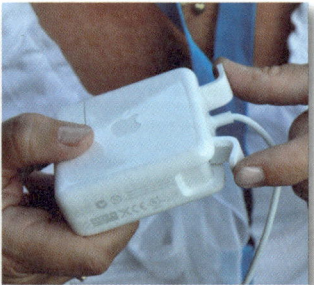 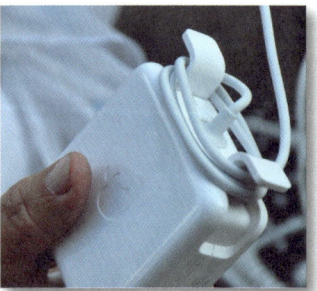

Schlau gelöst: Das Netzteil der Laptop-Modelle hat aufklappbare Flügel zum
Aufrollen des dünnen Stromkabels.

Sollten Sie die Flügel nicht mehr brauchen, einfach wieder zusammenklappen. Es ist uns zwar noch nie passiert, aber vielleicht könnten diese beim Darauftreten abbrechen.

> **Das ist toll:** Der kleine Stromadapter, der in den Rechner führt, ist magnetisch. Das heißt, sollten Sie über das Kabel stolpern, reißen Sie nicht den Computer am Kabel vom Tisch, sondern der Stecker springt heraus, ohne dass Ihr Laptop Schaden nimmt (nur bei tragbaren Computern).

Inbetriebnahme von iMacs

  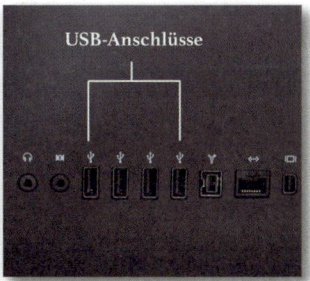

Beim iMac einfach das Stromkabel durch die Öffnung im Standfuß führen und einstecken. Alle Anschlüsse befinden sich auf der Rückseite des Monitors.

Im Lieferumfang eines iMacs sind Maus, Tastatur, Stromkabel, ein Putztuch sowie die Kurzanleitungen enthalten.

Die neuen Geräte von Apple werden nun standardmäßig mit einer drahtlosen-Maus und Tastatur ausgeliefert. Sie können jedoch bei manchen Anbietern noch wählen, ob Sie Kabelmaus und -tastatur möchten. Die Tastatur stecken Sie mit dem vorgesehenen Kabel an einer der USB-Buchsen (siehe Foto rechts) ein. Die Maus verbinden Sie mit dem USB-Kabel mit der Tastatur. Hier befindet sich die Buchse seitlich an dieser.

> **USB: engl. Universal Serial Bus ist ein gängiges und weit verbreitetes System zum Anschluss von externen Geräten an einem Computer. Mit externen Geräten sind nicht nur Drucker oder Kameras gemeint, auch Tastatur und Maus zählen dazu.**

Tastatur im Schnellüberblick

Die Laptop-Tastatur funktioniert im Grunde nicht anders als bei fest installierten Geräten. Allerdings hat diese auch eine Maus integriert: das Trackpad. Mit diesem Trackpad kann man – wie mit der Maus – navigieren, klicken, doppelklicken. Auf den beiden nächsten Seiten sehen Sie, wie sich beide Geräte diesbezüglich unterscheiden. Ausführliche Informationen finden Sie im Kapitel 2 Grundlagen.

integrierte Kamera (iSight)

Tastaturblock

Trackpad (Mausersatz bei
tragbaren Rechnern)

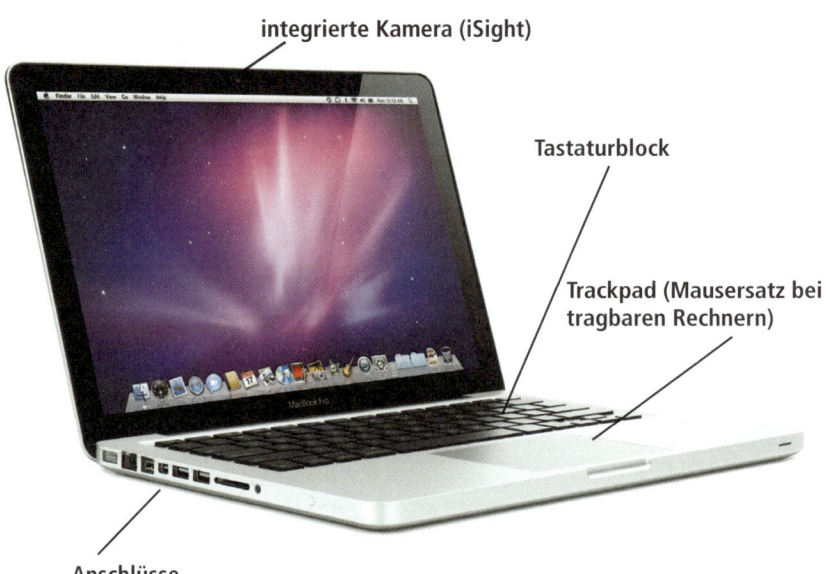

Anschlüsse

Bei tragbaren Geräten finden Sie immer ein Trackpad als Mausersatz vor.

integrierte Kamera (iSight)

Anschlüsse
(Rückseite)

Maus, drahtlos   Tastatur, drahtlos

Die festen Stationen sind mit drahtloser Tastatur und Maus ausgestattet.

Den neuen Computer und dessen Betriebssystem einrichten

> **!** Dieser Abschnitt ist der wichtigste des ganzen Buches und Voraussetzung, dass Sie mit Ihrem Computer Erfolg haben werden. Anderenfalls können wir keine Garantie für die Abstimmung von Buch und Computer geben.

! Wenn Sie den Service für die Einrichtung Ihres Computers von einem Apple Premium Reseller nutzen konnten, können Sie dieses Kapitel überspringen. Falls nicht, so halten Sie sich genau an die Anweisungen. Lesen Sie jeden Abschnitt sorgfältig durch und betrachten Sie die Bildschirmfotos. Nur Mut! Sie können nichts falsch machen, wenn Sie sich an unsere Anleitung halten.

Wenn Sie den Rechner das allererste Mal einschalten, dann haben Sie nur noch wenige Handgriffe vor sich, um ihn auf Ihre Bedürfnisse hin zu trimmen. Können Sie noch nicht einschalten, dann lesen Sie bitte zuerst den Anfang des Kapitels 2.

Das Betriebssystem ist bereits vorinstalliert. Wenn Sie also den Computer einschalten, startet sofort das auf dem Rechner installierte Betriebssystem. Wenige Sekunden später begrüßt Sie die Willkommen-Animation.

Es kann losgehen!

Sodann beginnt die Arbeit des Einrichtens. In wenigen Schritten haben Sie den Rechner auf Ihre Bedürfnisse hin eingestellt. Nach der Anfangsanimation erscheint ein erstes Fenster mit dem Titel *Willkommen*.

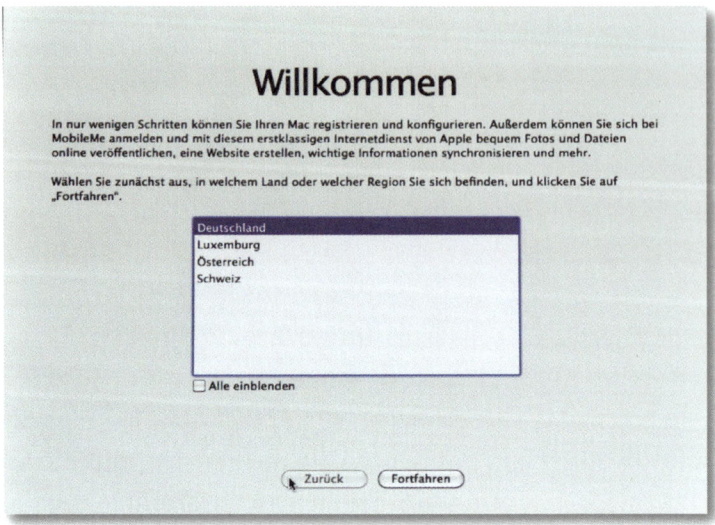

In welchem Land wohnen Sie?

Geben Sie dort an, in welchem Land Sie sich befinden. Über einen Klick auf den Schalter *Fortfahren* kommen Sie in das nächste Fenster, wo Sie im Regelfall die deutsche Tastatur auswählen.

Deutsche Tastatur auswählen.

Erneut mit *Fortfahren* gelangen Sie zum nächsten Bildschirm. „Haben Sie bereits einen Mac?", fragt Ihr Rechner. Sie können diese Frage getrost beantworten mit: *Meine Daten jetzt nicht übertragen.*

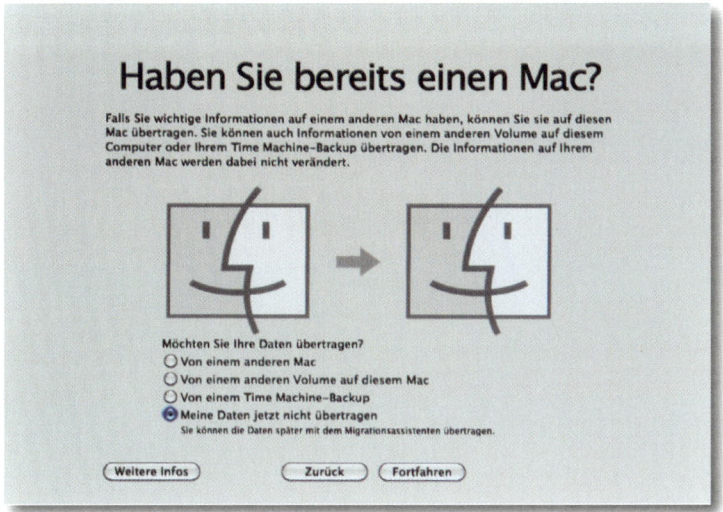

Haben Sie bereits einen Mac?

Über ein erneutes *Fortfahren* kommen Sie weiter. Das nächste Fenster trägt die Überschrift *Drahtloses Netzwerk auswählen.* Sie sehen im Bildschirmfoto, dass bereits Netzwerke existieren.

Mehrere Netzwerke melden sich.

Es könnte sein, dass Sie sich in einer Wohnung in einem Mehrfamiliengebäude befinden, wo bereits solche Netzwerke existieren. Diese sind aber im Regelfall nicht Ihre Netzwerke. Deshalb sollten Sie an dieser Stelle den Begriff *Andere Netzwerkkonfiguration* anklicken.

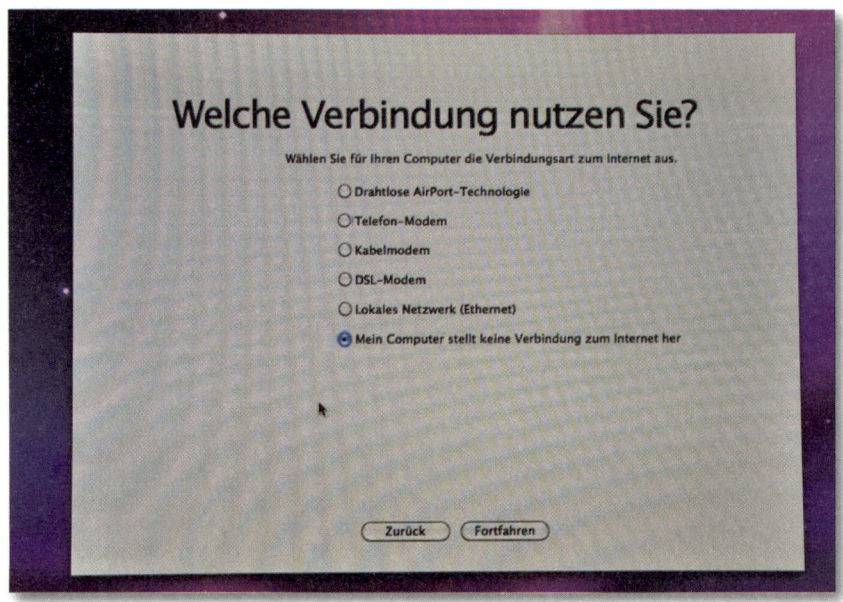

Kein Netzwerk.

Wählen Sie nun die Eigenschaft *Mein Computer stellt keine Verbindung zum Internet her* aus. Wir werden, nachdem der Rechner erfolgreich eingestellt ist, auch das DSL-Gerät von T-Online installieren, mit dem Sie ins Internet gelangen können. Also an der Stelle noch etwas Geduld.

Jetzt erscheint der Registrierungsdialog. Dort sollten Sie Ihren Namen und Ihre Adresse hinterlegen. Wenn Sie das nicht möchten, können Sie durch Gedrückthalten der ⌘-Taste und gleichzeitiges Tippen mit einem zweiten Finger auf den Buchstaben Q diese Registrierungsinformation überspringen.

! Die Tasten und Ihre Bedeutung werden im Kapitel 2 Grundlagen ausführlich erklärt. Für den Moment müssen Sie wissen, dass die ⌘-Taste diejenige ist, auf der das gleiche Zeichen abgebildet ist. Die sogenannte Befehlstaste führt im Zusammenhang mit anderen Buchstaben „Befehle", wie das Beenden von Programmen, aus.

Ihre **Registrierungsdaten** werden später per Internet an Apple übersendet. Wenn Sie das nicht möchten, so können Sie den Dialog überspringen.

Registrieren ...

... oder nicht registrieren? Das ist hier die Frage.

Den ersten und wichtigsten Benutzer anlegen

Aufgepasst, jetzt wird es wichtig! Der Rechner will einen ersten Benutzer anlegen. Dieser erste Benutzer ist ein sehr weitreichender und mächtiger Anwender. Es ist der sogenannte Administrator. Ein Administrator hat sehr umfangreiche Befugnisse, was die Arbeit am Computer anbelangt. Wir werden später einen weiteren Benutzer anlegen, um nicht stets als Administrator arbeiten zu müssen, denn damit gefährden sich viele Beginner, versehentlich Daten zu löschen.

Der **Administrator** ist der oberste Chef in der Hierarchie am Computer. Ein Administrator hat nicht nur die Macht, Dinge einzustellen und zu installieren, **er kann auch sehr einfach und schnell Daten vom Rechner löschen, ohne die der Computer nicht mehr einwandfrei funktioniert.** Es muss aber einen Administrator auf dem Rechner geben, da ansonsten nicht damit gearbeitet werden kann.

Legen Sie also hier einen administrativen Benutzer fest.

! **Wir empfehlen Ihnen, bei Vollständiger Name und Account-Name den Begriff admin in Kleinschreibweise zu hinterlegen. Denken Sie sich ein Kennwort aus, das Sie bei Kennwort bestätigen wiederholen.**

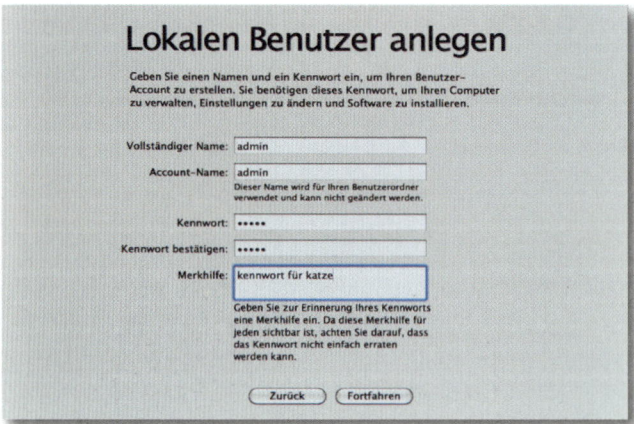

Den Chef-Benutzer, den Administrator, anlegen.

Damit Sie das Kennwort nicht vergessen, sollten Sie sich eine Merkhilfe hinterlegen.

! **Achtung: Dies ist der wichtige und ernst gemeinte Ratschlag, die Daten des administrativen Benutzers auf einem Zettel zu notieren und diesen gut zu verwahren.** Denn immer, wenn Sie größere Änderungen am Rechner vornehmen oder vornehmen lassen müssen, **ist hierzu nur ein administrativer Benutzer berechtigt.** Sollten Sie die Zugangsdaten verlieren, kommen größere Schwierigkeiten auf Sie zu, wenn einmal **Probleme mit dem Computer auftauchen.** Meist passiert das ausgerechnet **dann**, wenn man schon eine Weile mit dem Computer gearbeitet hat und nicht mehr weiß, welches Passwort für den „Chef-Benutzer" gewählt wurde. Eine neuere Version eines Programms kann dann z. B. nicht installiert werden.

Account *(akount)* **ist, allgemein gesprochen, ein Zugang. Das kann ein Benutzerzugang sein oder ein E-Mail-Zugang. Kurzum, die Eintrittskarte zu Daten, die Ihnen persönlich gehören.**

Sind alle Daten korrekt eingetragen, klicken Sie erneut auf *Fortfahren*. Im nächsten Schritt ordnen Sie ein Bild dem Administrator zu. Wählen Sie aus den Standardfotos eines aus oder machen Sie von sich ein Bild mit der integrierten Kamera, danach wieder auf *Fortfahren* klicken. Geben Sie dann noch das Datum und die Uhrzeit an, gefolgt von der Zeitzone. Bei der *Zeitzone* wählen Sie am besten die nächstliegende größere Stadt aus – das kann München, Berlin, Zürich, Wien etc. sein.

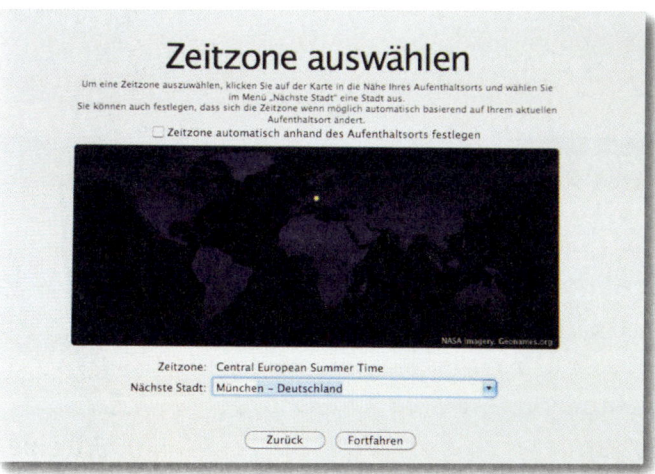

Datum, Uhrzeit und Zeitzone definieren.

Mit einem erneuten Klick auf *Fortfahren* haben Sie die Installationsprozedur auch schon überwunden. Klicken Sie beim nächsten Fenster auf *Fertig* und die Installation ist abgeschlossen. Damit haben Sie die letzten vorbereitenden Schritte erfolgreich hinter sich gebracht. Der Rechner ist jetzt bereit, mit Ihnen zu arbeiten.

Ihre Computeroberfläche müsste sich nun in etwa so präsentieren, wie Sie es auf dem folgenden Bildschirmfoto sehen können.

Der Benutzer ist angelegt.

! Aber wie schon erwähnt, sollten Sie jetzt **unbedingt einen weiteren Benutzer anlegen,** der standardmäßig mit diesem Rechner arbeitet, um nicht stets als Administrator zu agieren und versehentlich Dinge zerstören zu können.

Einen neuen Benutzer anlegen, den Standardbenutzer

Hierzu wählen Sie auf der Leiste unten folgendes Symbol aus:

Klicken Sie einmal auf die Systemeinstellungen in der unteren Leiste (Dock).

Sogleich erscheint eine Reihe von Symbolen. Wählen Sie dort denjenigen Eintrag aus, der *Benutzer* heißt.

Systemeinstellungen – suchen Sie die schwarzen Männchen namens Benutzer.

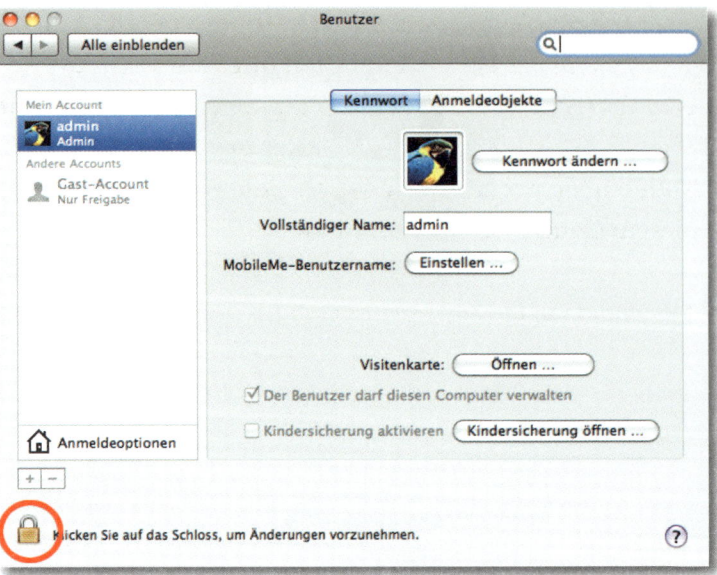

Systemeinstellungen Benutzer.

Sie sehen, es sind aktuell zwei Benutzer in der Liste, nämlich der vorhin erstellte administrative Account und ein Gastaccount. Öffnen Sie links unten durch einmaliges Klicken das Schloss und geben Sie Ihre Admin-Kenndaten ein. Jetzt klicken Sie auf das Plus-Symbol oberhalb des Schlosses, um einen neuen Benutzer zu erzeugen.

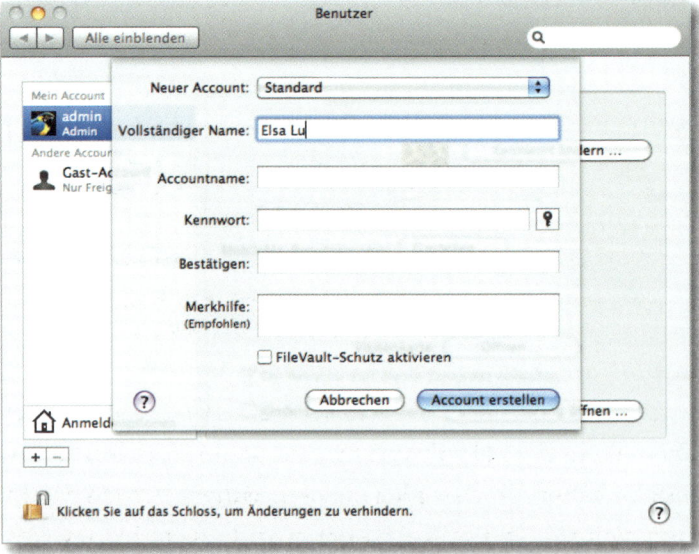

Einen neuen Benutzer generieren.

Geben Sie bei *Vollständiger Name* am besten Ihren Vor- und Zunamen ein. Bei *Accountname* können Sie diesen auf einen Teil Ihres Namens, zum Beispiel Ihren Vornamen oder Spitznamen, begrenzen. Vergeben Sie sich selbst ein *Kennwort*, welches Sie bei *Bestätigen* wiederholen. Auch hier können Sie eine Merkhilfe eintragen. Notieren Sie sich am besten auch diese Zugangsdaten, mit denen Sie ab jetzt an diesem Computer arbeiten werden.

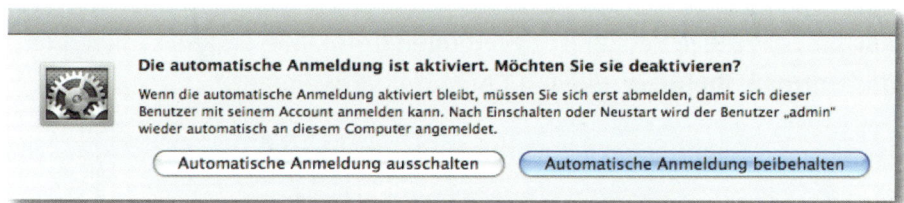

Ein neuer Benutzer wird angelegt.

Sind diese Eingaben erledigt, klicken Sie auf *Account erstellen*. Und sogleich wird eine Hinweismeldung erscheinen, die Sie über die automatische Anmeldung informiert. Die automatische Anmeldung ist derzeit aktiv. Wählen Sie dort die Eigenschaft *Automatische Anmeldung ausschalten*.

Automatische Anmeldung abschalten.

Das bedeutet, wenn Sie in Zukunft den Rechner starten, wird ein Anmeldefenster erscheinen, in dem Sie Ihren Namen (Standardaccount) und den Administrativbenutzer sehen. In den allermeisten Fällen werden Sie Ihren Namen anklicken, um sich mit Ihrem Kennwort einzuloggen. Im Kapitel *Grundlagen* sprechen wir gleich ausführlich über den Anmeldedialog.

Anmeldedialog nach dem Neustart – Name und admin.

So, damit ist die Installation, also die Ersteinrichtung, erfolgreich vollzogen. Starten Sie den Computer neu, klicken Sie auf Ihren Namen, geben Sie das Kennwort ein, klicken Sie auf *Anmelden* und schon sollten Sie wieder Zugang zu Ihrem Rechner haben, aber jetzt als Standardbenutzer.

> **Was Sie gerade gemacht haben, können Sie sich in etwa so vorstellen, wie wenn Sie sich ein Auto gekauft haben, aber mehrere Leute einen Schlüssel für dieses Auto besitzen.**
> **Es gibt eine Person, die sich mit diesem Auto noch deutlich besser auskennt als die anderen. Dieser Benutzer kann das Auto auch reparieren und warten usw. Diese Person ist der Administrator, alle anderen Anwender sind normale Benutzer, die den Computer verwenden.**

Damit ist der Rechner perfekt vorbereitet, um die nächsten Schritte mit Ihnen zu gehen – viel Spaß!

Inbetriebnahme einer Bluetooth-Maus

> **Bluetooth** *(bluutuus)*, **deutsch: Blauzahn, ist der heutige, oft verwendete Standard für drahtlose Datenübertragung.**

Für Laptop-Modelle eignen sich Bluetooth-Mäuse hervorragend, weil die Anschlüsse für die Maus auf der linken Seite des Gerätes sitzen, das Kabel einer Kabelmaus allerdings zu kurz wäre, um es hinter dem Rechner vorbeizuführen.

! **Die neuen festen Computerstationen von Apple werden nun alle mit drahtlosen Mäusen, der Magic Maus, ausgeliefert. Hier müssen Sie sich um die Installation nicht bemühen. Die Geräte sind schon mit dem Computer gekoppelt, wenn Sie alles ausgepackt haben.**

Die Bluetooth-Maus wird mit Batterien betrieben, was natürlich zu etwas höheren Betriebskosten führt. Jedoch schaltet die Maus – auch wenn man vergessen hat, sie auszuschalten – automatisch ab. So werden die Batterien geschont.

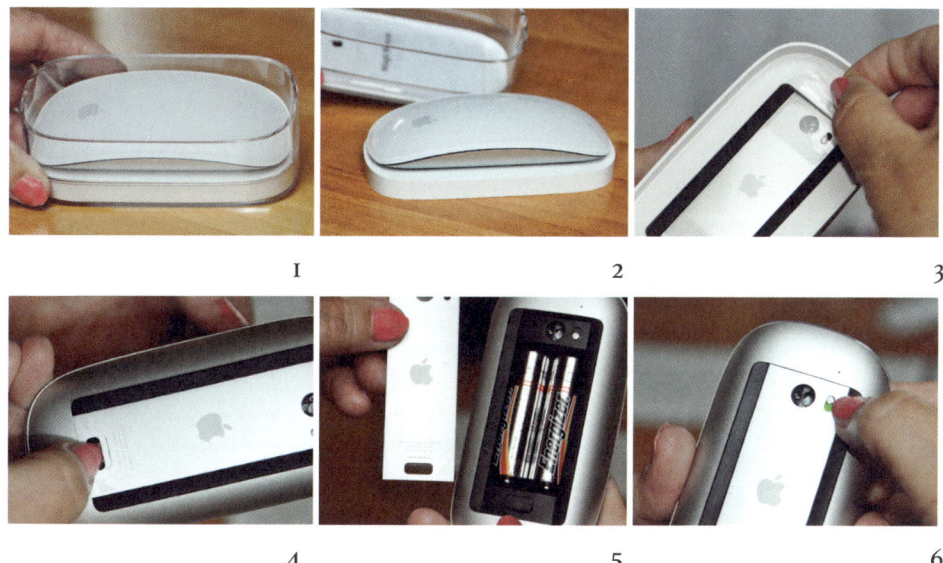

Die Bluetooth-Maus von Apple:

1. Die Magic Mouse kommt in einer durchsichtigen Verpackung daher.

2. Entfernen Sie seitlichen Klebestreifen an der Plexiglaskuppel.

3. Entfernen Sie nun äußerst vorsichtig den Klebestreifen, mit dem die Maus am Sockel festgeklebt ist.

4. und 5. Um das Batteriefach zu öffnen, mit dem Daumennagel den Schiebemechanismus nach unten drücken. Blech von oben wieder einklinken.

6. Zum Anschalten der Maus kleinen Schalter mit dem Daumennagel nach oben drücken.

! Wenn Sie die **Installation des Computers** und der **Bluetooth-Maus** beim Händler vor Ort durchführen haben lassen, so können Sie die Maus bereits nach dem Einschalten benützen und die nächsten Seiten überspringen. Wenn Sie die **Installation der Maus selbst durchführen,** so lesen Sie einfach weiter. Wir setzen nun allerdings voraus, dass Sie sich bereits etwas mit der Tastatur vertraut gemacht haben. Lesen Sie hierzu im Kapitel 2.

Installation der Maus via Bluetooth-Assistent

Wir gehen davon aus, dass Sie sich eine Maus zum Laptop dazugekauft haben. Sie müssen zur Installation das Trackpad am tragbaren Gerät dazu benutzen, den Mauszeiger zu führen und zu klicken (Kapitel 2). Bei festen Stationen wie dem iMac sind die kabellosen Mäuse bereits installiert.

Starten Sie den *Bluetooth-Assistenten,* indem Sie rechts oben in der Menüleiste (siehe Kapitel 2 Grundlagen – Der Schreibtisch) das *Bluetooth*-Symbol anklicken und zu dem Begriff *Bluetooth-Gerät konfigurieren...* gehen.

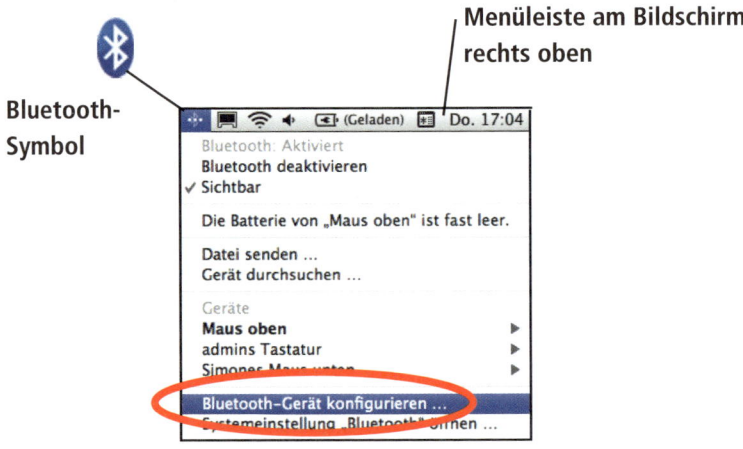

Bluetooth-Assistent starten.

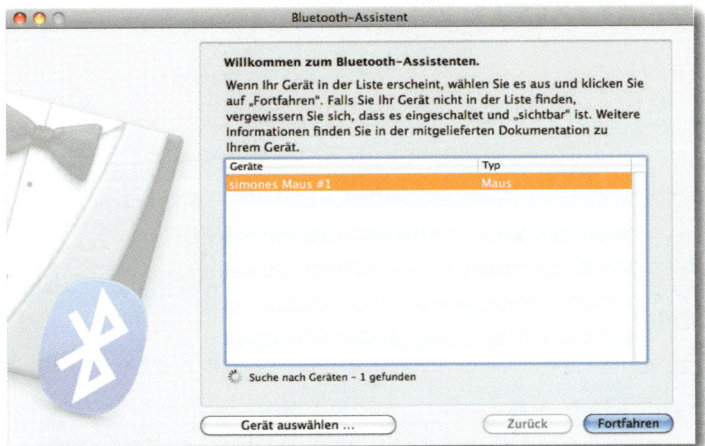

Der Assistent erscheint.

Schalten Sie nun Ihre Maus ein. Sie wird sich nach ein paar Sekunden im Fenster melden. Wählen Sie die Maus in der Liste an und klicken Sie auf *Fortfahren*. Danach erscheint ein Abschlussbild, im Anschluss ist die Maus bedienbar.

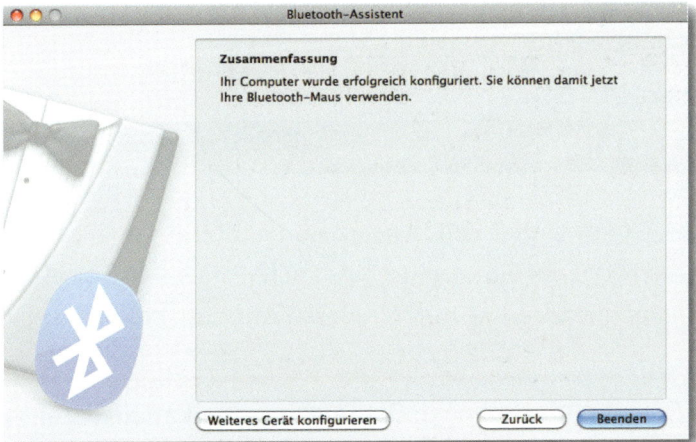

Der Assistent erscheint.

Wie Sie sehen, können Sie eine kabellose Maus jederzeit nachrüsten. Sie wird vom Einsteiger meistens als komfortabler empfunden wie das Trackpad, aber keinesfalls Bedingung. Sie können – ohne jegliche Installation – eine Maus mit Kabel an den USB-Anschluss anstecken. Wo sich diese Anschlüsse befinden, zeigen wir im Kapitel 2 Grundlagen.

DSL einrichten

! Wenn Sie einen Vorort-Service für die Einrichtung der DSL-Leitung bei Ihnen zu Hause von einem Apple Premium Reseller nutzen konnten, können Sie dieses Thema überspringen. Falls nicht – keine Angst! Es ist nicht so schwer, wie Sie vielleicht denken. Allerdings ist es hier schon ratsam, bereits etwas klicken zu können. Vielleicht hilft ihnen jemand bei der Einrichtung nach der folgenden Anweisung.

> **DSL = Digital Subscriber Line (engl. für digitaler Teilnehmeranschluss)** bezeichnet eine Reihe von Übertragungsstandards, mit denen Daten mit hohen Übertragungsraten über einfache Kupferleitungen wie die Telefon-anschlussleitungen gesendet und empfangen werden können.
> An der verlegten Teilnehmeranschlussleitung muss für DSL meist nichts geändert werden, denn die für den Massenmarkt eingesetzten DSL-Ver-fahren nutzen ein Frequenzband der bereits verlegten Kupfer-Doppelader des Telefonnetzes. (Auszug Wikipedia)

DSL bei T-Online

Wenn Sie bei T-Online den DSL-Anschluss beantragt haben, dann werden Ihnen frei Haus sowohl ein DSL-Splitter als auch je nach Vertrag ein sogenanntes DSL-Modem, möglicherweise mit Wireless-Funktion, zugesendet.

> **Wireless** *(weierless)* **= Funknetz. Die Telekommunikationsdaten werden per elektromagnetische Wellen übertragen.**

Zurück zu Ersterem: Der DSL-Splitter ist notwendig, um die Telefonate von den Internetdaten zu trennen. Er splittet, sprich trennt, also Daten von Sprache. Das Speedport-Gerät stellt die Verbindung zum Internet her. In diesem Gerät befindet sich Elektronik, die den Datenverkehr zwischen Ihrem Rechner und dem Internet regelt. Dort müssen noch Ihre Zugangsdaten hinterlegt werden, was wir später tun werden.

Besonders clever ist es, ein Gerät zu verwenden, das nicht nur kabelgebunden, sondern auch drahtlos den Internetzugang ermöglicht. Man spricht dann von einem WLAN-DSL-Modem.

Das DSL-Modem und der Splitter sind im Lieferumfang enthalten.

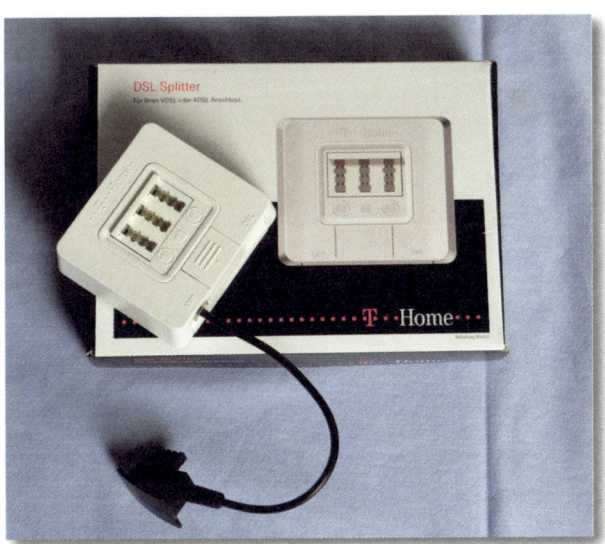

Der Splitter für mehrere Anschlüsse.

Der DSL-Splitter bietet drei Anschlussmöglichkeiten. Das heißt: Sie können neben einem Telefon noch zwei Nebengeräte, z. B. einen Anrufbeantworter oder ein Fax, anschließen. Wie schon erwähnt, regelt der Splitter die Trennung von Daten- und Sprachverkehr.

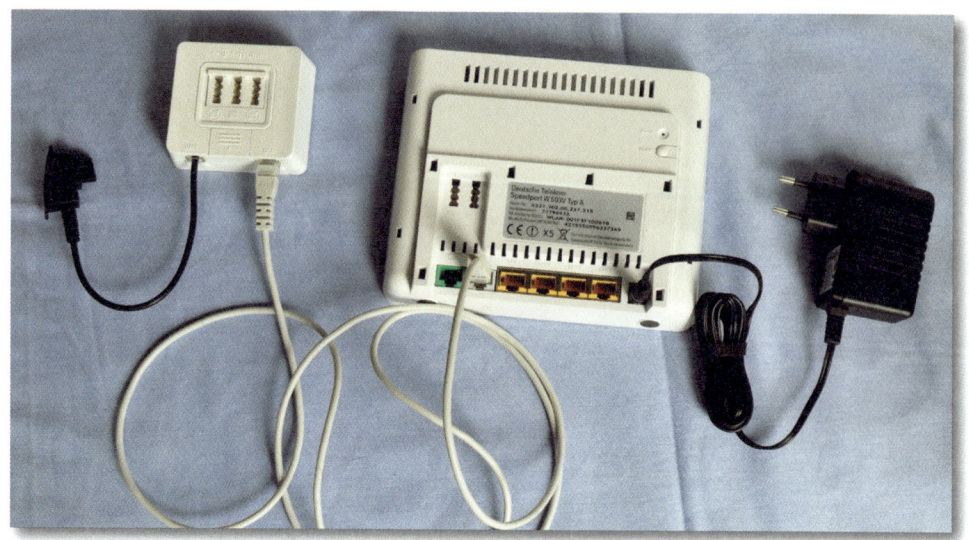

Splitter und Speedport-Rückseite.

Das Speedport-Gerät muss über das graue Kabel eine Verbindung zum Splitter aufbauen. Der Splitter mit seinem kleinen schwarzen Kabel wird ganz normal an Ihre bestehende Telefondose angeschlossen.

! Wichtig! Der Splitter muss immer an der Telefondose angeschlossen werden, an der sich die Amtsleitung befindet. Die Amtsleitung ist die erste direkte Telefonleitung im Haus. Wird der Splitter an Nebenleitungen (z. B. Telefonverteiler im ersten Stock) angeschlossen, funktionieren unter Umständen weder die DSL-Verbindung noch die vor der Verteilerdose angeschlossenen Geräte korrekt.

Vergessen Sie nicht, dass das Speedport-Gerät einen Stromanschluss benötigt. Deswegen sollten Sie schauen, wo Sie diese Geräte hinstellen. Der Splitter hingegen trennt nur Daten und benötigt keinen Stromanschluss.

Wenn Sie DSL zu einem bestehenden ISDN-Vertrag hinzugebucht haben, dann ist noch ein weiteres Verbindungskabel notwendig. Mit diesem Kabel leiten Sie das Telefonsignal auch an das Speedport-Gerät weiter, so dass Sie nun Telefone auch am Speedport anschließen können.

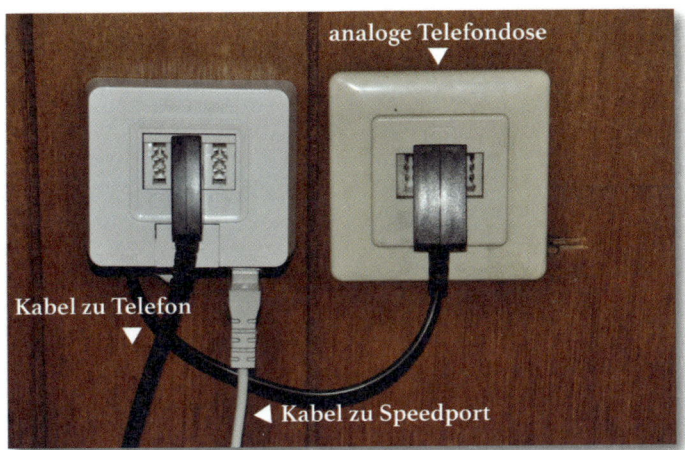

Analoger Anschluss.

! **Bitte noch nichts fest anschrauben,** denn Sie müssen die Installation zuvor beenden. **Dann erst macht es Sinn, alle Geräte zu verstauen.**

Sie sehen auf dem Foto, wie der Splitter nun an eine bestehende analoge Telefonleitung angeschlossen wird. Das kleine schwarze Kabel geht also jetzt in den mittleren Anschluss Ihres bisherigen analogen Telefons und aus der Unterseite kommt das graue Kabel, das hinüberführt zum Speedport. Das schwarze Kabel in der Mitte im Splitter ist in diesem Fall ein Telefon, das am Splitter angesteckt ist.

Versorgen Sie nun Ihr DSL-Modem noch mit Strom und beobachten Sie die kleinen Leuchtanzeigen auf der Oberseite des Geräts.

Aktivieren des WLAN auf der Rückseite.

Es funktioniert.

Es sollte nun das grüne Licht bei Power/DSL leuchten. Und falls Sie es auf der Rückseite des Gerätes bereits aktiviert haben, könnte auch das grüne WLAN-Licht leuchten, um Ihnen zu signalisieren, dass Sie die Drahtlosfunktionalität bereits eingeschaltet haben.

! **Ist an der Stelle bei Power/DSL kein grünes Licht vorhanden, dann haben Sie ein Problem. Vielleicht ist Ihre DSL-Leitung noch nicht freigeschaltet worden oder aber Sie haben beim Zusammenstecken etwas nicht richtig gemacht. Prüfen Sie noch einmal alle Verbindungen, um das grüne DSL-Licht zu erhalten. Erst wenn dieses leuchtet, haben Sie das Signal, um vom Rechner aus den Internetzugang einrichten zu können.**

Internet-DSL-Zugang am WLAN-DSL-Router einrichten

WLAN-DSL-Router *(welan-dsl-ruter)*, **ist ein Gerät, das auch drahtlose Netzwerke bedienen kann. Dieses Wort setzt sich zusammen aus W (Abkürzung für Wireless) und LAN (abk. Lokal Area Network), zu deutsch lokales Netzwerk. Als Router bezeichnet man ein Gerät, das mehrere Rechnernetze verbindet und trennt.**

Haben Sie Ihre DSL-Geräte, also den Splitter etc., korrekt angeschlossen, dann können Sie damit beginnen, den Internetzugang auf dem DSL-Modem zu hinterlegen. Dazu benutzen Sie das mitgelieferte gelbe Kabel.

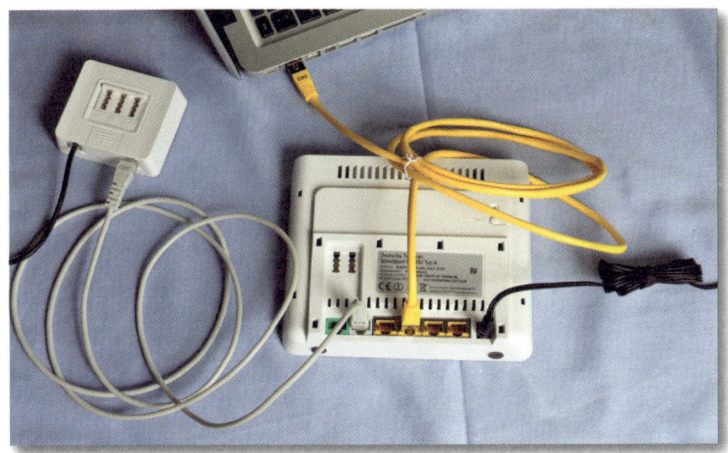

Stecken Sie das gelbe Kabel in eine der gelben Buchsen ...

... und dann an den Ethernetanschluss am Computer an.

Stecken Sie, wie auf dem Bild zu sehen, das Kabel in eine der gelben Buchsen auf der Rückseite des Speedport-Gerätes und das andere Ende in den Ethernetanschluss ↔ an Ihrem Rechner.

Um zu prüfen, ob die Kabelverbindung funktioniert, ob das DSL-Modem und der Splitter das DSL-Signal auch weitergeben, gehen Sie nun an den Apple-Rechner, klicken links oben in der Ecke das Apfel-Symbol an und öffnen damit das sogenannte *Apfel-Menü*. Dort finden Sie den Eintrag *Systemeinstellungen*. Klicken Sie auf diesen. Es erscheint ein Fenster mit weiteren Symbolen.

Systemeinstellungen –> Netzwerk.

Wählen Sie bitte das Symbol *Netzwerk*. Der Fensterinhalt müsste sich ändern und Sie sehen in der linken Spalte den Begriff *Ethernet*.

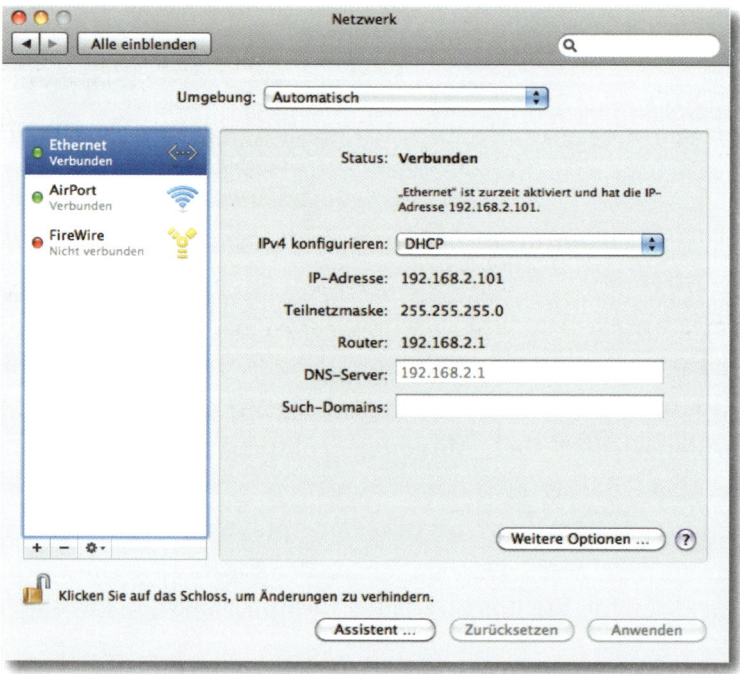

Systemeinstellungen/Netzwerk: Der Punkt vor Ethernet muss grün sein.

Wenn alles geklappt hat, befindet sich ein grüner Punkt vor dem Wort *Ethernet*. Damit ist gewährleistet, dass die Kabelverbindung zum DSL-Router funktioniert und dieser wohl eine Verbindung zum Internet aufgebaut hat. Diese muss jetzt noch mit Ihren persönlichen Benutzerdaten aktiviert werden.

Internetzugang einrichten

Schließen Sie mit dem roten Knopf das Netzwerkfenster, um dann das Programm *Safari* zu starten. Sie finden das *Safari*-Symbol unten am Bildschirmrand in der Leiste mit den vielen bunten Bildchen.

Das Programm Safari wird benötigt, um den Router einzustellen.

Klicken Sie das Symbol einmal an und geben Sie dann in der Adressleiste von Safari die IP-Adresse des DSL-Routers ein (siehe nächstes Bildschirmfoto). Speedport-Geräte von T-Online haben als Standard-IP-Adresse die Nummer 192.168.2.1.

Die Nummer ist so richtig eingegeben.

Im Regelfall ist diese Nummer auf der Rückseite des Gerätes oder auch in den Bedienungsanleitungen abgedruckt. Nachdem Sie die Adresse eingegeben haben, drücken Sie die ↵ *(Return)*- bzw. ⌤ *(Enter)*-Taste auf der Tastatur (Tastatur siehe Kapitel 2).

Nur wenige Augenblicke später sollte sich das Speedport-Gerät melden.

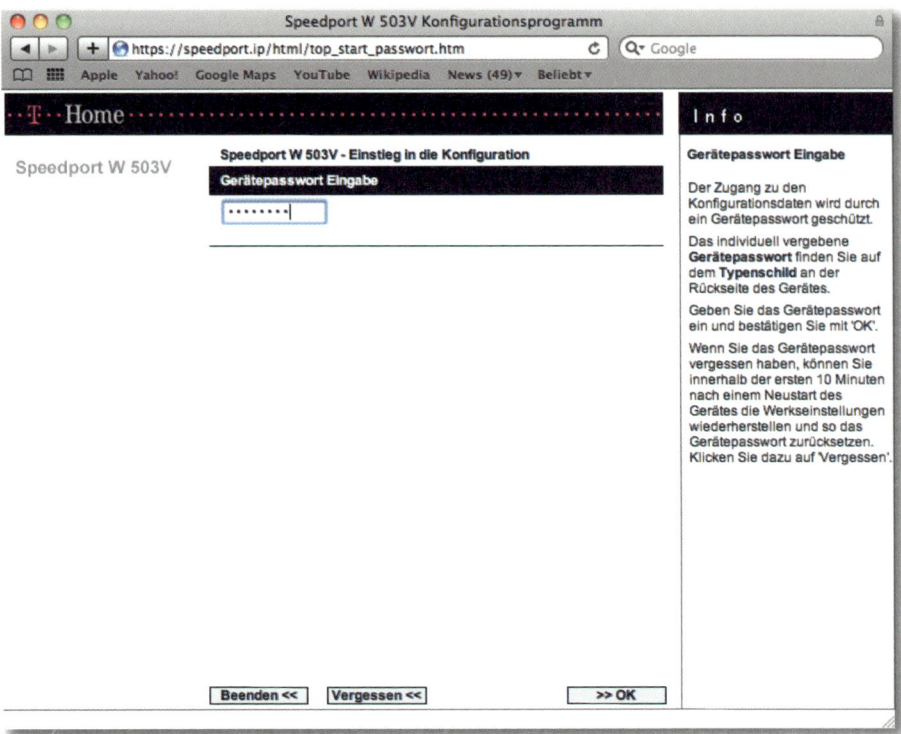

Speedport verlangt nach der Eingabe des Gerätepassworts.

Dieses Gerätepasswort finden Sie wiederum in der Bedienungsanleitung. Im Falle des Speedports befindet sich auf der Geräterückseite ein Aufkleber, der das Passwort Ihres Geräts aufweist.

Rückseite eines Gerätes.

Klicken Sie auf >>*OK*, nachdem Sie das Gerätepasswort korrekt eingegeben haben. Wieder ändert sich der Bildschirm und Sie kommen nun auf die Startseite mit den verschiedenen Konfigurationsmöglichkeiten.

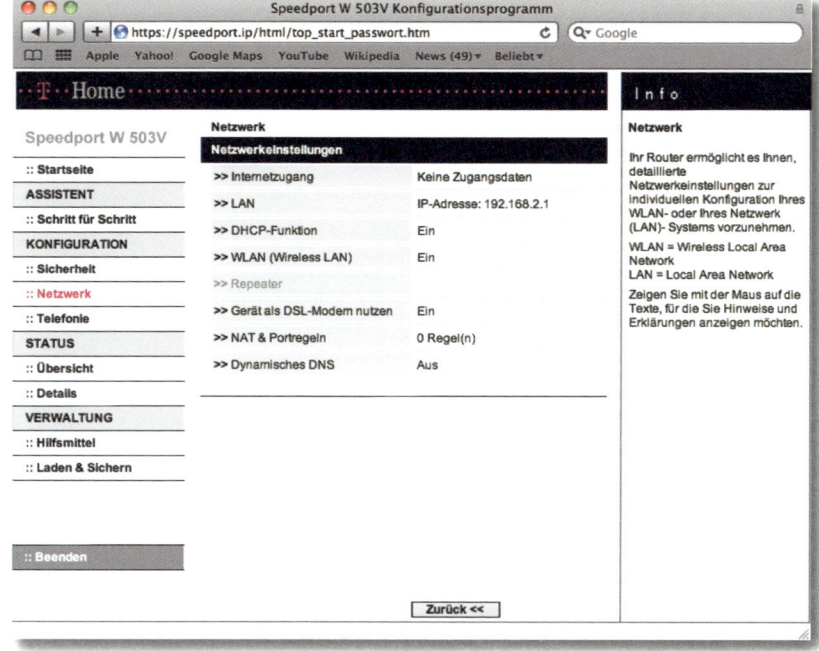

Netzwerk.

Sie sehen, es sind noch keine Internet-Zugangsdaten hinterlegt. Klicken Sie deshalb auf den Begriff *Internetzugang* und Sie erhalten eine Maske, in die Sie Ihre Zugangsdaten eingeben können.

Von woher stammen diese Zugangsdaten? Nachdem Sie bei T-Online Ihren DSL-Vertrag abgeschlossen haben, bekamen Sie Post. Und zwar wurde Ihnen ein Brief zugesandt, der Ihre persönlichen Zugangsdaten enthält.

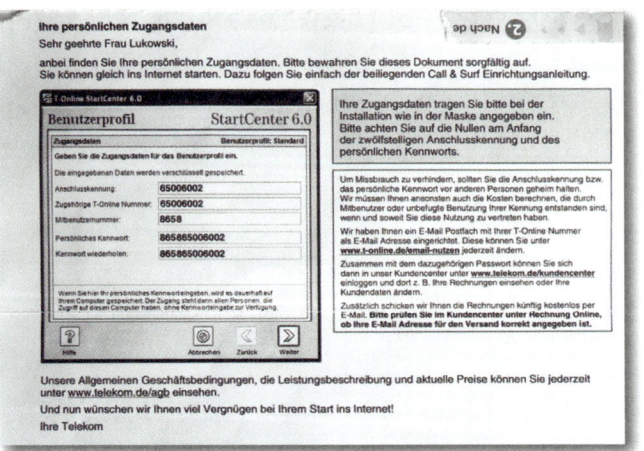

Ihre persönlichen Zugangsdaten kamen per Post ...

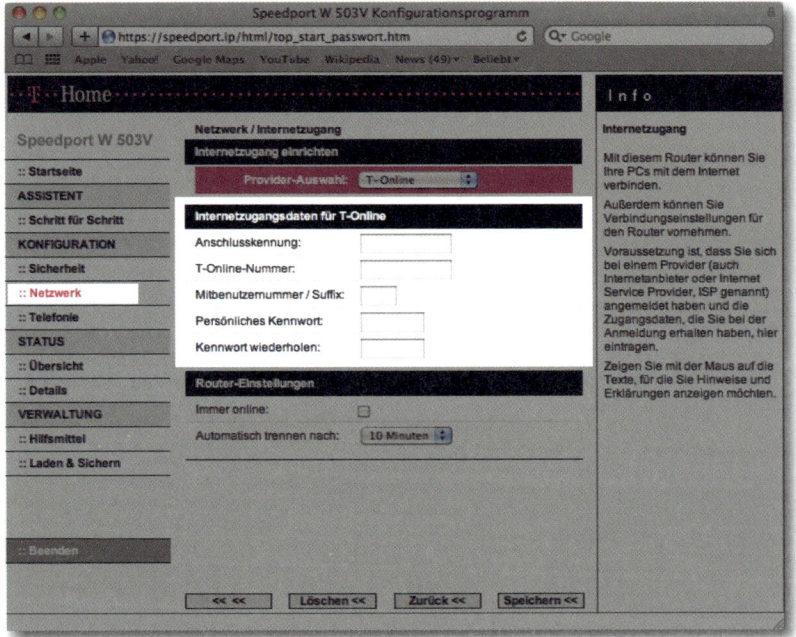

... und nun müssen die Daten hier eingetragen werden.

Tippen Sie also nun die Daten für *Anschlusskennung*, *T-Online-Nummer*, *Mitbenutzernummer/Suffix*, *Persönliches Kennwort* und *Kennwort wiederholen* in die Felder ein. Entscheiden Sie in der Eingabemaske auch, ob Sie immer online bleiben wollen oder ob nach einer bestimmten Zeit eine automatische Trennung erfolgen soll.

! Hier ist der Hinweis angebracht, dass man nur dann immer online bleiben sollte, wenn man auch wirklich eine Flatrate gebucht hat. T-Online bietet neben Flatrates auch noch DSL-Volumentarife und – Achtung Kostenfalle – Tarife mit Minutenabrechnung an. Router von Netgear zum Beispiel weisen – anders als die Speedport-Geräte der Telekom – in der Eingabemaske mit einem riesigen Hinweis darauf hin, dass man auf keinen Fall die Always-On-Funktion aktivieren sollte, wenn man sich nicht wirklich sicher ist, eine Flatrate zu besitzen (Stand Oktober 2009).

Flatrate *(fläträit)* = Dauerkarte. Man kann ein Produkt oder eine Dienstleistung unabhängig von der Abnahmemenge zu einem Pauschalpreis bekommen und damit das Internet ohne Zeit- und Datenbegrenzung nutzen. Der Begriff setzt sich zusammen aus flat (flach, eben) und rate (Tarif). Mit einem Flatratetarif sind alle Kosten des Internets und meistens auch die Festnetztelefongebühren inklusive. Hat man keine Flatrate, wird nach Zeit abgerechnet.

Sind alle Daten korrekt eingegeben, so klicken Sie auf *Speichern*.

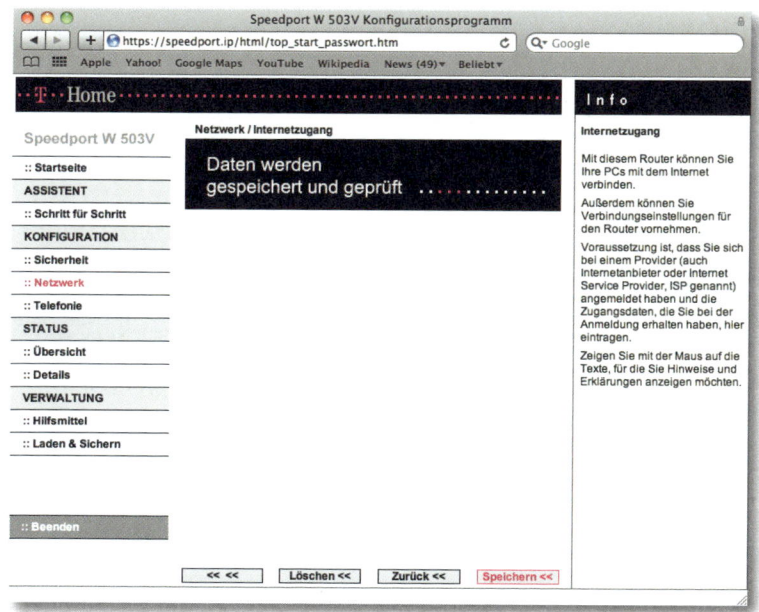

Die Daten werden überprüft und gespeichert.

Es hat funktioniert.

Und wie Sie sehen, meldet sich das Gerät und bestätigt Ihnen den erfolgreich konfigurierten Internetzugang. Jetzt können Sie jede beliebige Internetadresse in die Eingabezeile von Safari eintragen und sofort wird die Internetadresse ausgewertet und der entsprechende Inhalt am Bildschirm angezeigt.

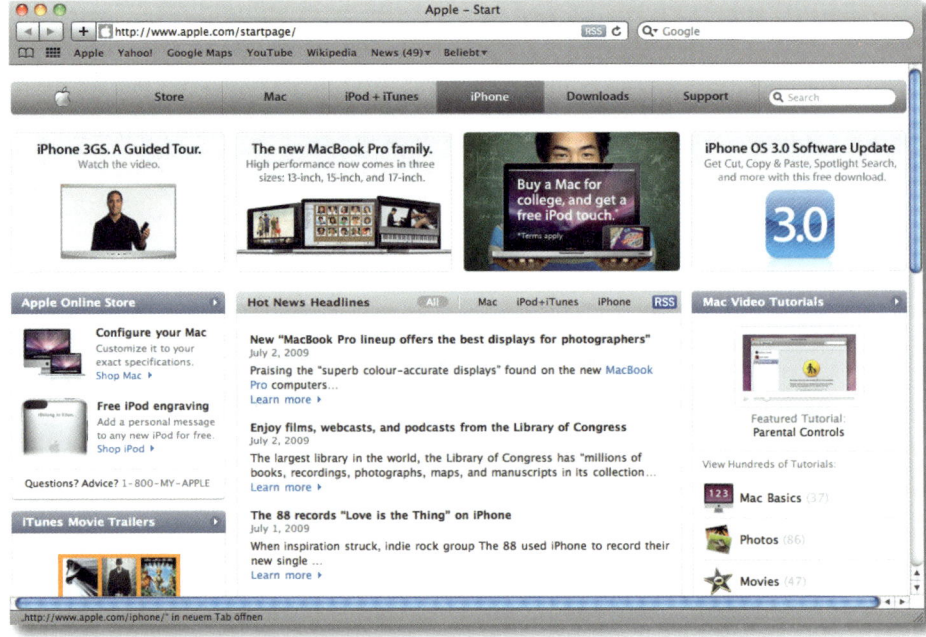

Das Internet ist bereit, von Ihnen erobert zu werden.

Drahtlosen Internetzugang aktivieren

Bis jetzt haben Sie die Option geschaffen, per Kabel, also per Ethernet, ins Internet zu gelangen. Aber Sie haben sich ja deswegen einen WLAN-Router geholt, um drahtlos überall in Ihrer Wohnung oder Ihrem Haus ins Internet zu gelangen. Diese Funktion muss nun noch aktiviert werden.

Im Falle des Speedports finden Sie auf der Rückseite des Gerätes einen kleinen Schalter, an dem Sie die WLAN-Funktion generell aktivieren können. Drücken Sie also auf der Rückseite des Gerätes auf den entsprechenden Knopf, um die WLAN-Funktion grundsätzlich zu aktivieren. Sie sollten aber noch Ihrem drahtlosen Netzwerk einen plausiblen Namen und ein Kennwort vergeben. Hier liefert das Gerät bereits Voreinstellungen mit und diese gilt es nun mit den eigenen Daten zu überschreiben. Lassen Sie also noch etwa eine Minute das Ethernetkabel angesteckt, damit diese Einstellungen vorgenommen werden können.

Gehen Sie noch einmal in den Safari-Webbrowser und geben Sie dort wiederum die IP-Adresse 192.168.2.1 ein. Gefolgt von dem Gerätepasswort kommen Sie auf die Konfigurationsseite.

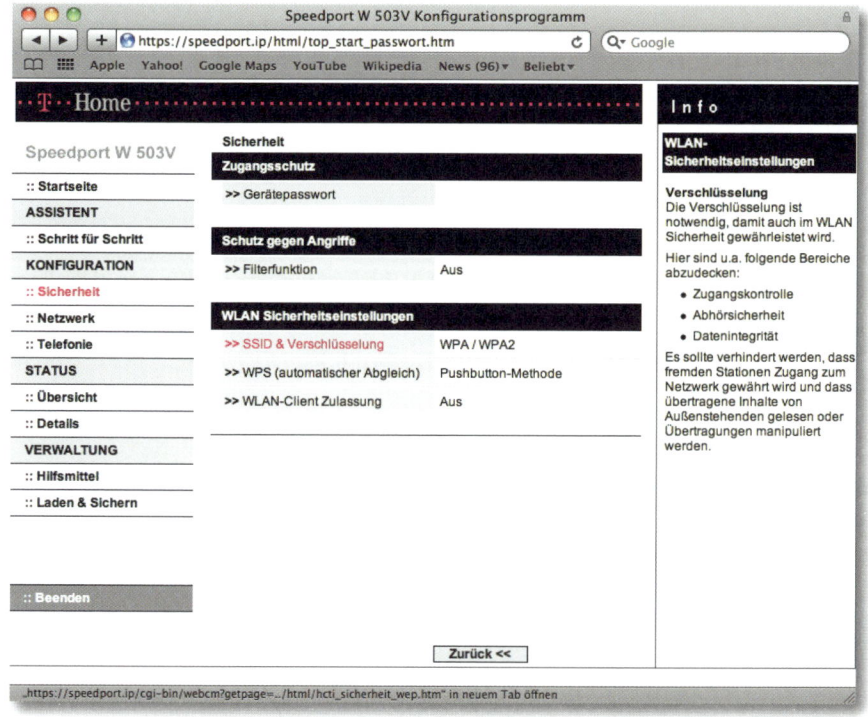

Vordialog für die Sicherheit des WLAN-Routers.

Wählen Sie nun in der linken Spalte bei Konfiguration den Eintrag *Sicherheit* aus. Sie sehen dann an der mittleren Stelle die WLAN-Sicherheitseinstellungen. Klicken Sie dort auf den Begriff *SSID & Verschlüsselung.*

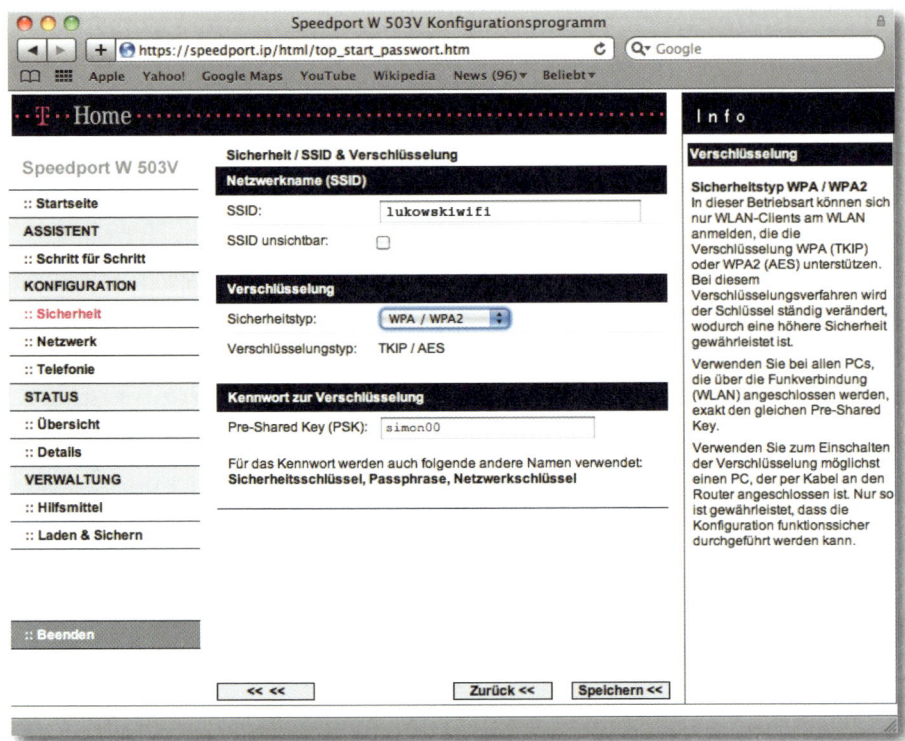

Sie sehen an der mittleren Stelle die WLAN-Sicherheitseinstellungen. Klicken Sie dort auf den Begriff „SSID & Verschlüsselung". Geben Sie hier bei „SSID" und bei „Pre-Shared-Key" die gewünschten Daten ein.

Nun können Sie neben *SSID* einen Namen für Ihr Drahtlosnetzwerk eintragen. Bei Verschlüsselung sollten Sie den Sicherheitstyp *WPA/WPA2* belassen, damit keine unberechtigten Personen auf Ihre Kosten im Internet surfen können. Und schlussendlich überlegen Sie sich ein Kennwort zur Verschlüsselung, das Sie bei *Pre-Shared Key (PSK)* eintragen.

! Dieses **Kennwort** müssen Sie nachher am Rechner eingeben, um die draht-
! lose Verbindung zu dem Internetgerät aufbauen zu können.

Haben Sie alle Daten eingetragen, klicken Sie erneut auf *Speichern*. Nun können Sie am Computer das gelbe Ethernetkabel abziehen, denn Ihr Rechner sollte jetzt bereits melden, dass er ein neues drahtloses Netzwerk gefunden hat.

Ihr Computer hat das Drahtlosnetzwerk gefunden.

Und Sie sehen: Es erscheint der Name, den Sie vorher bei *SSID* eingetragen haben. Und Sie erkennen ein Schloss; das bedeutet, dass dieses Netzwerk eines Kennworts bedarf. Geben Sie unten das Kennwort ein, das Sie vorhin auf dem DSL-Speedport-Gerät bei *Pre-Shared Key (PSK)* hinterlegt haben. Wenn Sie zusätzlich die Option *Dieses Netzwerk merken* mit einem Haken versehen, können Sie zukünftig ohne erneute Kennworteingabe dieses Netzwerk verwenden. Das heißt für die Zukunft, Sie starten Ihren Computer und sind sofort mit Ihrem Drahtlosnetzwerk verbunden. Probieren Sie es nachher erneut aus, das heißt starten Sie das Programm Safari, geben Sie eine beliebige Internetadresse ein und Sie werden sehen: Es funktioniert!

Gut gemacht! Jetzt kann es richtig losgehen.

Kapitel 2

Aller Anfang ist leicht:

Die Grundlagen

Einschalten, Anmelden, Ausschalten

Alles steht für Sie bereit: Internet, Computer, Maus. Aber wie fangen Sie an? Natürlich mit dem Einschalten des Rechners.

Dazu benötigen Sie den Einschaltknopf. Bei Laptops befindet sich dieser rechts oben, überhalb der Tastatur. Er ist ganz unscheinbar in die Oberfläche eingearbeitet und nur ein klein wenig abgesenkt. Bei iMacs befindet sich der Schalter an der Rückseite des Monitors auf der linken Seite.

Die Auswurftaste und der Ein-/Ausschaltknopf am Laptop ...

... und der Ein-/Ausschaltknopf am iMac auf der Rückseite des Gerätes.

Wenn Sie Ihren tragbaren Rechner einfach zuklappen, dann wird dieser nach wenigen Sekunden in den Ruhezustand übergehen. Sie erkennen diesen an der blinkenden Anzeige auf der Vorderseite Ihres tragbaren Mac-Rechners. Sobald Sie wieder aufklappen, wacht Ihr Computer auf und Sie können die Arbeit dort fortsetzen, wo Sie zuletzt geendet hatten.

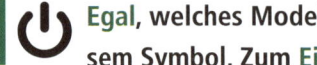 **Egal, welches Modell Sie besitzen, suchen Sie nach einer Taste mit diesem Symbol. Zum Einschalten die Taste etwas länger gedrückt halten.**

Der Computer beginnt seinen Startvorgang. Wenn alles eingerichtet wurde, wie im Buch beschrieben und empfohlen, sehen Sie nun den Anmeldedialog vor sich:

Anmeldedialog – Name und admin.

Klicken Sie auf Ihren persönlichen Namen. Der Bildschirm verändert sich leicht und ein Eingabefeld für Ihr Passwort erscheint. Bitte geben Sie es *GENAU* so ein, wie Sie es eingestellt haben. Groß- und Kleinschreibung sowie Leerräume müssen unbedingt eingehalten werden. Danach drücken Sie die sogenannte *Return-Taste* ←˩. Sie befindet sich auf der rechten Seite des Tastaturblocks, neben den Buchstaben. Im Abschnitt Tastatur finden Sie eine Übersichtskarte über die Tasten.

Anmeldedialog – Persönliche Anmeldung.

Die Tastatur

Bevor Sie nun richtig loslegen können, möchten wir Ihnen die grundsätzlichen Begriffe der Tastatur näherbringen.

Alle Tasten, die keine Buchstaben tragen, haben spezielle Namen. Die häufigsten und wichtigsten sollten Sie auf alle Fälle lernen. Erstens weil jeder

Computeranwender diese Begriffe kennt und zweitens, falls Sie einmal ein Problem telefonisch beheben müssen, wissen Sie, was damit gemeint ist, wenn es z. B. heißt: „Drücken Sie die Befehlstaste".

Die Tastaturbegriffe

Auf den Abbildungen der nachfolgenden Seiten können Sie die gängigsten deutschen Begriffe der Tasten ablesen und lernen. Jedoch werden im Computerzeitalter natürlich häufig englische Begriffe für die Tasten verwendet. Die folgende Tabelle soll Ihnen eine Übersicht geben, wie die Tasten noch genannt werden.

! In diesem Buch geben wir Ihnen zukünftig die **Symbole** der Tasten an. Dann können Sie dazu sagen, wie Sie möchten.

Tastennamen			
Deutsche Bezeichnung		**Zweitbegriff**	**Aussprache**
Befehlstaste	⌘	Command, Apfel, Propeller	*kommand*
Alttaste	⌥	Alt, Option	*alt*
Zeilenschaltung	↵	Return	*ritörn*
Rückwärts-Löschen-Taste	←	Backspace	*bäckspäis*
Umschalttaste	⇧	Shift, Hochstell	*schift*
Feststelltaste	⇪	Capslock	*käpslock*
Pfeiltasten	◄ ▲ ▼ ►	Cursor	*cörsor*
Escape-Taste	esc		*escäip*

Tastaturkombinationen

Viele Dinge, die Sie mit der Maus bzw. mit Menübefehlen erledigen, können Sie auch mit einer sogenannten Tastaturkombination ausführen. Dazu drücken Sie eine der Befehlstasten (⌘, ⌥, ⇧), halten Sie diese gedrückt und drücken Sie zusätzlich einen Buchstaben oder eine Zahl.

> **Im praktischen Beispiel sieht das Kommando dann folgendermaßen aus: Drücken Sie die ⌘-Taste, halten Sie diese gedrückt und drücken Sie den Buchstaben P. Wir kürzen das Ganze ab in: Drücken Sie ⌘ + P. Diese Schreibweise behalten wir ab jetzt im Buch bei. Deshalb sollten Sie sich das jetzt schon einmal merken.**

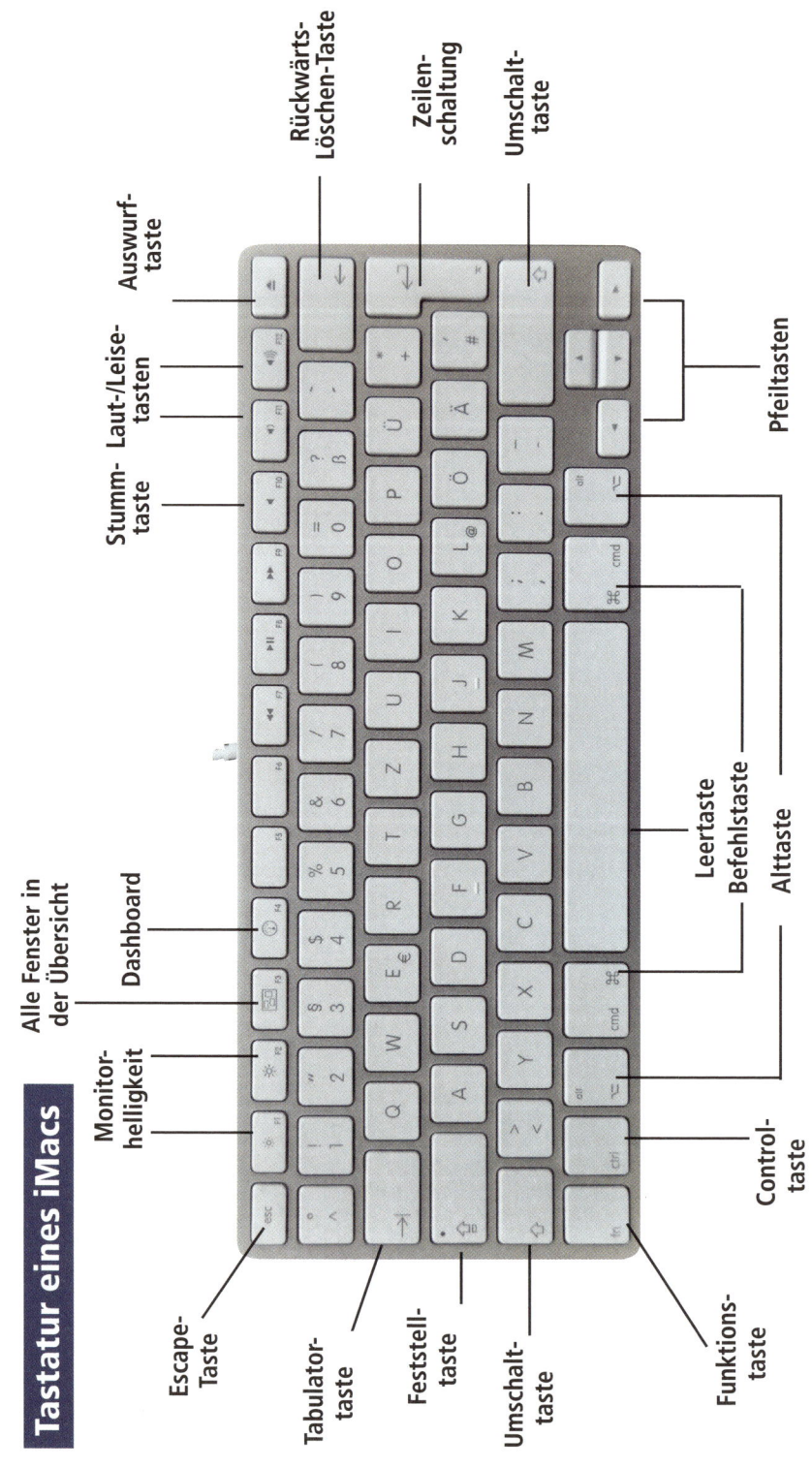

Tastatur eines iMacs

Rückwärts-Löschen-Taste

Zeilen-schaltung

Umschalt-taste

Auswurf-taste

Pfeiltasten

Laut-/Leise-tasten

Stumm-taste

Alle Fenster in der Übersicht

Dashboard

Monitor-helligkeit

Leertaste

Befehlstaste

Alttaste

Control-taste

Escape-Taste

Tabulator-taste

Feststell-taste

Umschalt-taste

Funktions-taste

Tastatur eines MacBook Pro

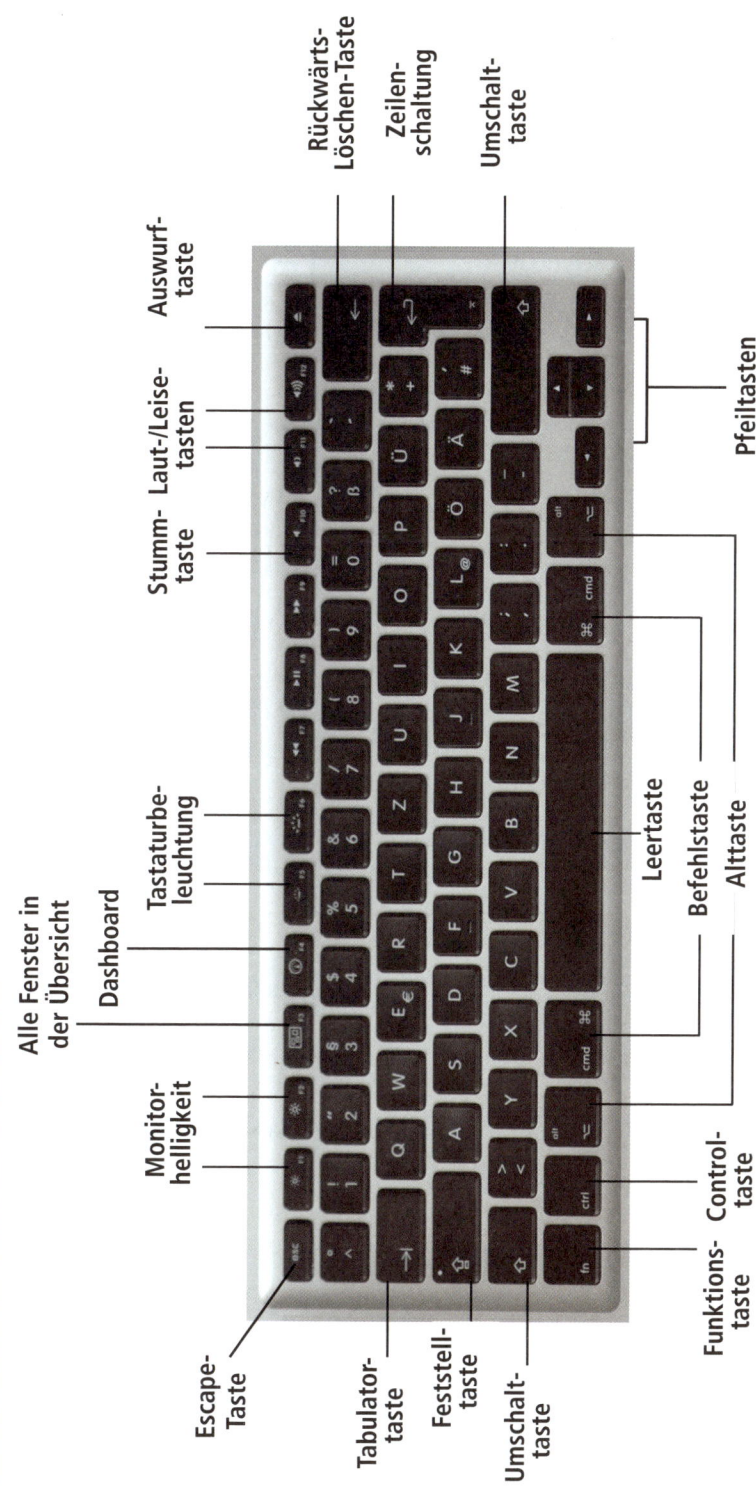

Rückwärts-Löschen-Taste

Zeilen-schaltung

Umschalt-taste

Auswurf-taste

Laut-/Leise-tasten

Pfeiltasten

Stumm-taste

Tastaturbe-leuchtung

Alle Fenster in der Übersicht

Dashboard

Leertaste

Befehlstaste

Alttaste

Monitor-helligkeit

Control-taste

Funktions-taste

Escape-Taste

Tabulator-taste

Feststell-taste

Umschalt-taste

65

Die Anschlüsse eines Macs

13" MacBook Pro

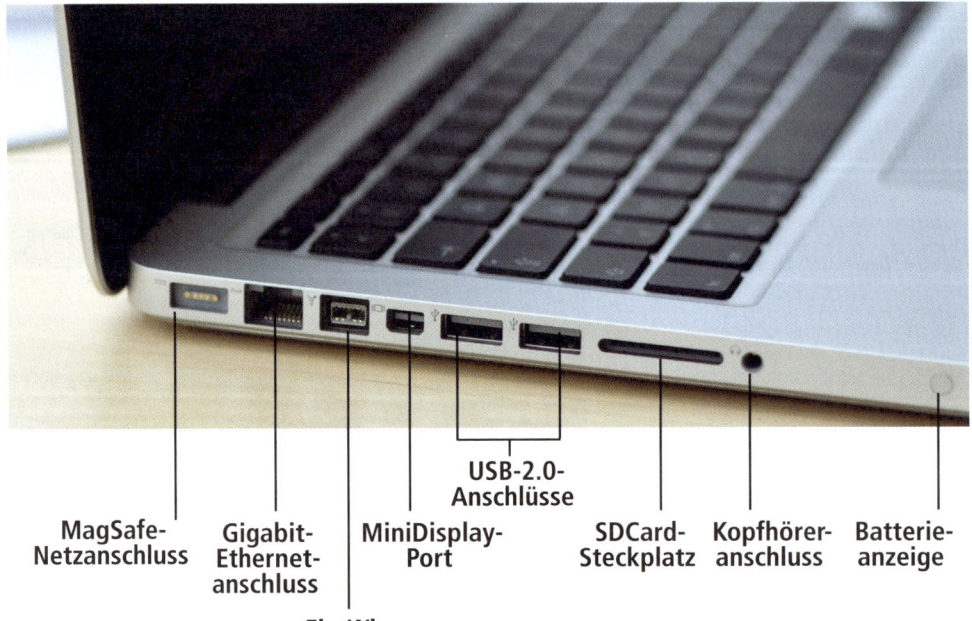

USB-2.0-
Anschlüsse

MagSafe-
Netzanschluss

Gigabit-
Ethernet-
anschluss

MiniDisplay-
Port

SDCard-
Steckplatz

Kopfhörer-
anschluss

Batterie-
anzeige

FireWire-
800-
Anschluss

Anschlüsse und Symbole

Bezeichnung		Zweck
MagSafe-Netzanschluss	⎓	Anschließen des Netzteils
Gigabit-Ethernet-anschluss	⟨··⟩	Für Netzwerke, Drucker und Internet mit Kabel
FireWire-Anschluss		Für schnelle externe Festplatten und Geräte, z. B. digitale Camcorder
MiniDisplay-Port	⎙	Für einen zweiten Monitor
USB-2.0-Anschlüsse	⇱	Tastatur, Maus, alle gängigen externen Festplatten, iPods, iPhones, Lautsprecher und viele andere Geräte
Kopfhöreranschluss	⌒	Anstecken eines Kopfhörers oder Lautsprechers
Mikrofonanschluss	⊠	Externer Mikrofonanschluss (nicht bei MacBook Air und MacBook 13")

Die Handhabung der Maus

Wenn Sie sich für einen iMac entschieden haben, so ist eine Magic Mouse (*mätschig maus*) im Paket enthalten. Bei Laptop-Modellen können Sie sich eine externe Maus dazu kaufen. Sie haben momentan zwei Mäuse von Apple zur Auswahl: Die drahtlose Magic Mouse oder die Mighty Mouse (*meiti maus*) mit Kabel (Stand Juni 2010).

Die Magic Mouse bedienen

Wow, was für eine Maus!

Eine dermaßen formschöne Maus hat die Welt noch nicht gesehen. Ohne Ecken und Kanten, Knubbel und Knöpfe. Diese neueste Generation aus dem Hause Apple nennt sich Magic Mouse. Sie ist drahtlos, dank neuer Technologie noch sensibler und bei allen iMacs Standard. Sie kann klicken und doppelklicken, *versteht Gesten, sie kann durch Seiten blättern und Bilder um 360° drehen. Natürlich sind ihre unsichtbaren Tasten individuell einstellbar (siehe Abschnitt Systemeinstellungen –> Maus).*

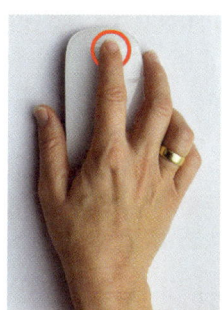 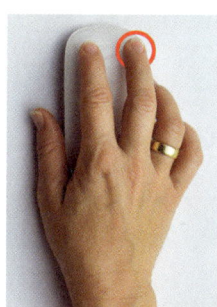 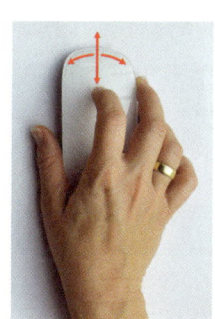 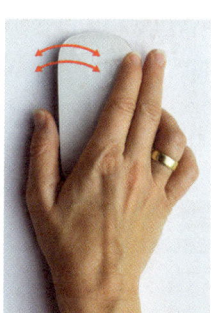

1. Klicken. 2. Der Rechtsklick. 3. Scrollen horizontal/vertikal.
4. Bilder durchblättern, Seiten umblättern.

! **Wenn Sie die Magic Mouse nachträglich gekauft haben, müssen Sie diese erst installieren (siehe Kapitel 1 Kauf und Installation).**

Die Mighty Mouse bedienen

Wenn Sie nachträglich eine Mighty Mouse mit Kabel gekauft haben, so hat diese standardmäßig erst einmal folgende Funktionen eingestellt. Sie können diese jedoch beeinflussen. Lesen Sie dazu in diesem Kapitel unter *Systemeinstellungen -> Maus (Mighty Mouse)*

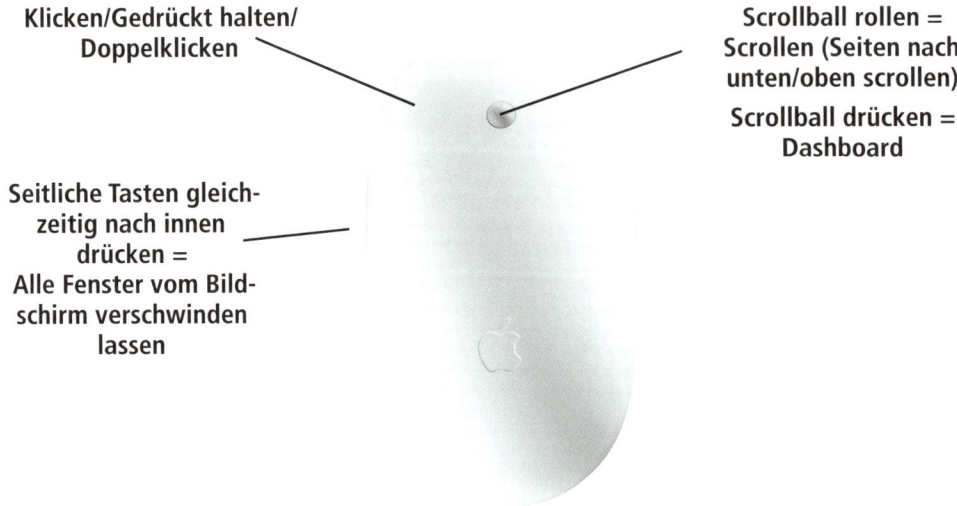

Klicken/Gedrückt halten/ Doppelklicken

Scrollball rollen = Scrollen (Seiten nach unten/oben scrollen)

Scrollball drücken = Dashboard

Seitliche Tasten gleichzeitig nach innen drücken = Alle Fenster vom Bildschirm verschwinden lassen

Das ist die Standardeinstellung für die Mighty Mouse von Apple.

Bitte wundern Sie sich nicht, dass Sie am Anfang diese Maus noch nicht so gut unter Kontrolle haben. Später lernen Sie, wie Sie die Maus auf Ihre Bedürfnisse anpassen. Zunächst aber müssen Sie mit den Gegebenheiten leben, denn Sie sollen ja zuerst lernen, wie man mit der Maus sicherer wird.

Das Laptop-Trackpad

Beim Laptop-Trackpad verhält es sich ähnlich wie mit der Maus. Hier finden Sie allerdings keine Tasten vor. Mit der folgenden Grafik möchten wir andeuten, wo Sie drücken müssen, damit Sie das gleiche Ergebnis erhalten wie mit einer Maus.

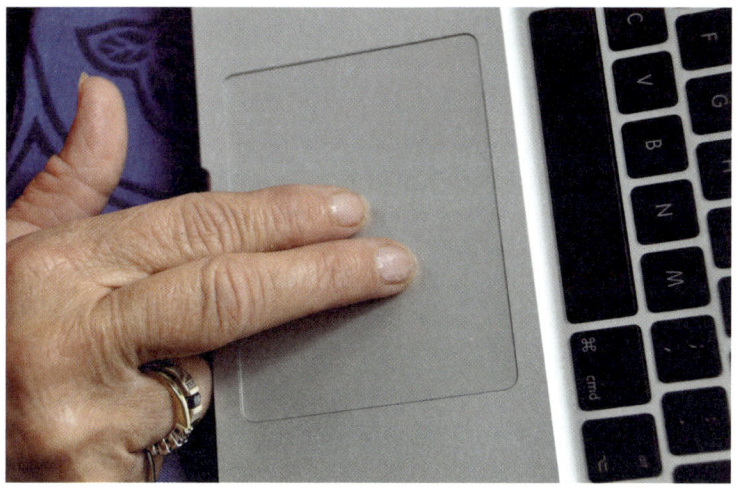

Das Trackpad eines tragbaren Computers.

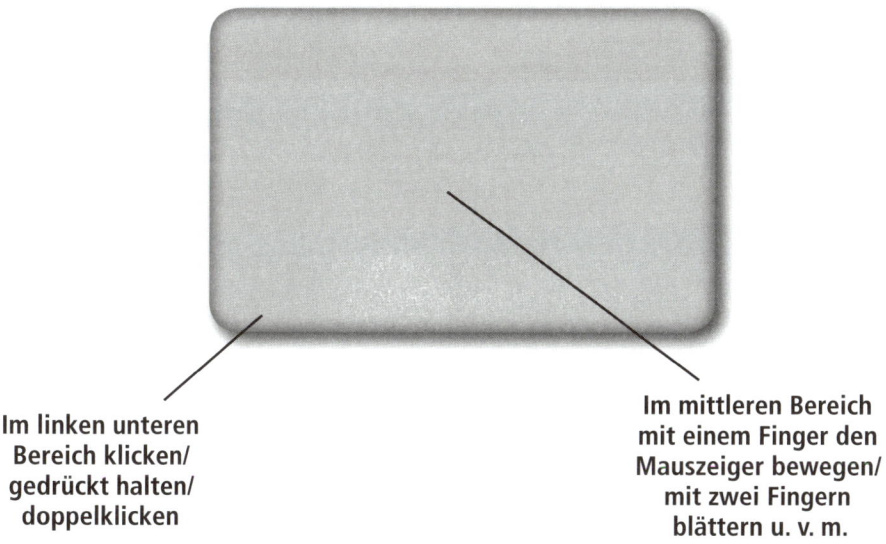

Im linken unteren
Bereich klicken/
gedrückt halten/
doppelklicken

Im mittleren Bereich
mit einem Finger den
Mauszeiger bewegen/
mit zwei Fingern
blättern u. v. m.

! Da das **Trackpad sehr sensibel** zu bedienen ist und es noch mehr Funktionen enthält als die aufgezeigten, wie z. B. vergrößern, Objekte drehen etc.,
würden wir Anfängern tatsächlich **zu einer Maus raten**.

Die weiteren Funktionen des Trackpads werden weiter hinten in diesem Kapitel unter der Überschrift *Systemeinstellungen* detailliert beschrieben.

Erste Lektion: Zeigen mit der Maus

Halten Sie die Maus mit der langen Seite parallel zum Rechner auf dem Mauspad (spezielle Unterlage für Computermäuse) liegend und bewegen Sie die Maus direkt flach auf dem Mauspad. Zeigen Sie mit dem Mauszeiger in die linke obere Ecke des Bildschirms.

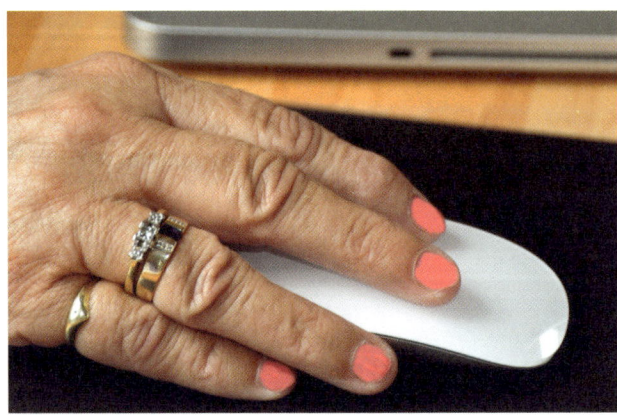

Maushaltung: Die lange Seite der Maus soll immer parallel zum Rechner bzw. zur Tastatur zeigen.

Wenn das Mauspad nicht ausreicht, so müssen Sie zu einem Trick greifen: Heben Sie die Maus an – der Mauszeiger bleibt auf dem Bildschirm stehen – und setzen Sie die Maus an der rechten unteren Ecke des Mausepads wieder ab. So haben Sie wieder den kompletten Platz des Mauspads zur Verfügung, um die Maus an den linken oberen Bildschirmrand zu bewegen.

! **Das Zeigen mit der Maus auf dem Bildschirm bedarf einiger Übung, zumal das Mauspad sehr klein ist und Sie sich an die virtuelle Welt gewöhnen müssen. Sie sollten aber nicht aufgeben.**

Das Mauspad (mauspäd) ist eine **Unterlage für die Maus.** Es gibt sie in allen Farben und Größen sowie in verschiedenen Materialien. Nicht alle Mauspads eignen sich gleich gut für die Lasermaus. Fragen Sie Ihren Fachhändler.

Versuchen Sie die ganze Zeit über, die Maus tatsächlich mit der langen Seite parallel zur kurzen Seite des Rechners zu halten. So ist Ihre Maus immer in der richtigen Position.

> **Übung: Mehr Routine, schnellere Bewegungen:** Versuchen Sie nun, dieses Abheben und Aufsetzen der Maus etwas schneller durchzuführen. So entsteht eine rudernde Bewegung aus dem Handgelenk heraus. Nach einiger Zeit wird diese Handbewegung zur Routine und Sie denken nicht mehr darüber nach. Wir vergleichen das mit dem Schalten beim Auto. In der Fahrschule dachten Sie vielleicht auch, das lerne ich nie!

Zweite Lektion: Klicken mit der Maus

Die Maus ist vor der Tastatur das wichtigste Werkzeug im Computerleben. Mit ihr wird der gesamte Computer zu dem, was er ist: ein virtueller Arbeitsplatz. Stellen Sie sich einfach vor, die Maus wären Ihre Hände, mit denen Sie schalten und walten. Wie im echten Leben holen Sie sich z. B. einen Stift, eine Schreibmaschine, einen Pinsel oder Farbe hervor. Sie holen einen Ordner aus dem Regal, Sie heften fertige Papierdokumente in Ordnern ab und stellen diese zurück ins Regal.

All das passiert hier virtuell. Auch am Computer gibt es Stifte, Schreibmaschinen etc. Dort nennt man diese Arbeitsgeräte Programme. Papierdokumente heißen Dokument oder Datei und Ordner/Register heißen Ordner. Es ist eben nur die Umstellung, nichts mehr richtig „anfassen" zu können. Dazu lernen Sie nun, wie Sie die Maus bedienen.

Die Funktionen im Überblick

1. Zeigen mit der Maus

Schieben Sie die Maus einfach über den Bildschirm an einen beliebigen Punkt. Mit dieser Methode bewegen Sie den Mauszeiger in eine Grundposition, von der aus weiter agiert werden kann.

2. Einmal klicken

Wenn Sie einmal klicken, markieren Sie in aller Regel ein Symbol für weitere Aktionen, z. B. Löschen oder Duplizieren einer Datei. Eine Ausnahme bildet das Dock: Klicken Sie einmal auf ein Programmsymbol im Dock, so startet das zugehörige Programm. Das Symbol hüpft auf und ab, damit zeigt das Programm an, dass es startet.

> Als Dock bezeichnet man die Leiste am unteren Rand des Bildschirms, sie enthält viele bunte Symbole. Wir kommen gleich noch darauf zurück.

3. Doppelklicken

Mit einem Doppelklick – zweimal einen Klick schnell hintereinander ausgeführt – starten oder öffnen Sie Programme oder Dokumente aus Fenstern heraus.

> In Kapitel 5 Fenster und Ordner erklären wir, was es mit Fenstern auf sich hat.

4. Maus drücken, halten und ziehen

Damit verschieben Sie ein Objekt von A nach B. Vorsicht bei Objekten im Dock: Wenn Sie dies bei den Symbolen im Dock ausführen, kann es passieren, dass Sie Programmbildchen aus dem Dock entfernen. Falls das passiert, so bieten wir Ihnen in diesem Kapitel unter „Hilfe, das Programmsymbol ist aus dem Dock verschwunden" Erste Hilfe an.

5. Scrollen mit der Maus

Mit dem Scrollball (Mighty Mouse) bzw. durch Wischen mit einem Finger auf der Maus (Magic Mouse, Trackpad) schieben Sie Seiteninhalte, die nicht komplett angezeigt werden, nach oben bzw. nach unten, links oder rechts. Bei kleinen Bildschirmen ist diese Funktion sinnvoll und notwendig, weil in vielen Fällen nicht die ganze Seite auf einmal dargestellt werden kann.

Praktische Beispiele für die Handhabung der Maus

Wenn Sie präzise auf einen Punkt zeigen können, so müssen Sie als Nächstes üben, mit der Maus zu klicken. Bewegen Sie den Mauszeiger nach unten an das Dock und zeigen Sie mit der Maus auf das Programm *Safari*. Das ist der kleine blaue Kreis mit dem Kompass darin. Wenn Sie darauf zeigen, wird der Name des Programms angezeigt.

Zeigen auf das Symbol Safari im Dock.

Klicken Sie nun einmal mit der Maus auf dieses Symbol. Dieses Drücken der Maus darf nicht zu lange dauern, sonst passieren andere Dinge, z. B. werden weitere Optionen des Docksymbols eingeblendet.

In diesem Fall hat das Klicken zu lange gedauert. Die Optionen werden sichtbar.
Einfach noch einmal schneller klicken.

Also: Kurzes Drücken der Maus nach unten, so dass ein Klickgeräusch entsteht. Wenn Sie richtig geklickt haben, dann beginnt das Symbol zu hüpfen und Safari startet. Was passiert weiter? Ein winzig kleiner blauer Punkt unterhalb des Programmsymbols zeigt an, dass das Programm nun arbeitsbereit ist.

Können Sie den kleinen blauen Punkt unterhalb des Icons entdecken?

Icon *(eikon)* **heißt „Bild". Man bezeichnet die kleinen Symbole für Programme, Dateien oder Ordner eben auch als Icon.**

Gleichzeitig öffnet sich das dazugehörige Programmfenster von Safari, das wir Ihnen auf der folgenden Seite zeigen möchten. Prägen Sie sich die genannten Begriffe ein, diese brauchen Sie nun immer wieder einmal.

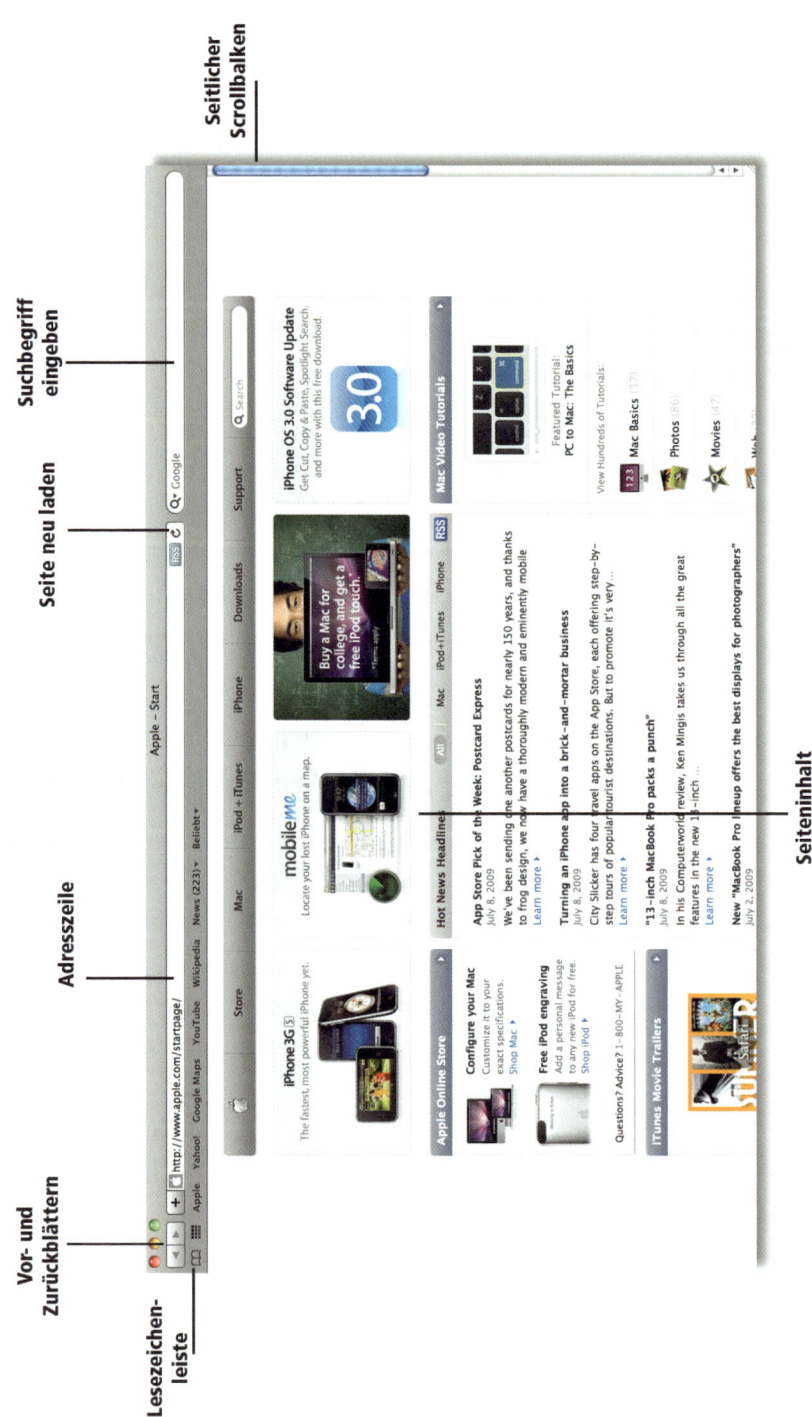

Safari ist gestartet.

In Safari Text schreiben

Wenn Sie nun mit einem Klick *Safari* gestartet haben, erscheint ein Fenster und standardmäßig wird die Apple-Website, also die Produktseite, die die Firma Apple zur Verfügung stellt, erscheinen. Es spielt momentan keine Rolle, was Sie sehen. Wahrscheinlich möchten Sie sowieso auf eine andere Seite wechseln. Oben erkennen Sie eine lange weiße Zeile, in der die Internetadresse von Apple steht. Das ist die Adresszeile.

Und rechts daneben sehen Sie ein kürzeres weißes Feld mit abgerundeten Ecken, in dem ganz schwach geschrieben *Google* steht. Ansonsten sehen Sie noch zwei Pfeile links am Rand neben der großen Zeile und die drei Fensterknöpfe darüber in roter, gelber und grüner Farbe. Unter den weißen Feldern steht eine Reihe von Begriffen in kleiner Schrift, z. B. Apple, Yahoo, YouTube, Wikipedia etc. Das sind sogenannte Links. Wenn man darauf klickt, werden sogleich die dazugehörigen Internetseiten im Fenster angezeigt.

> Als **Link** oder **Hyperlink** *(heiperlink)* **bezeichnet man eine Stelle,** auf die der Benutzer klickt und dabei eine Reaktion auslöst. In den meisten Fällen öffnet sich ein **neue** Seite im Internet. Manchmal werden auch nur **Teilbereiche der Seite ausgetauscht.** Einen Link erkennen Sie, wenn sich beim Zeigen mit der Maus der Mauszeiger in eine kleine Hand verwandelt.

Markieren einer Zeile

Versuchen Sie nun, durch drücken, gedrückt halten und ziehen mit der Maus die Adresse von Apple zu markieren (also blau zu machen), damit Sie diese Adresse überschreiben können.

Dazu zeigen Sie nun rechts an eine weiße Stelle in der Adresszeile (also dort, wo kein Text steht), drücken Sie die Maustaste, halten die Maustaste gedrückt und ziehen den Mauszeiger mit der Maus nach links über die Worte *http://...* links daneben, bis der ganze Text blau markiert ist.

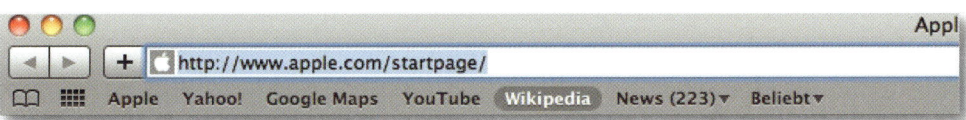

Die Zeile ist blau markiert und bereit für eine neue Eingabe.

Wenn die ganze Zeile blau markiert ist, tippen Sie einen Text darüber. Das kann nun eine beliebige Internetadresse sein, wie zum Beispiel *www.amac-buch.de* – das ist die Internetseite des Verlages, in dem dieses Buch erschienen ist. Wenn Sie die Eingabe abgeschlossen haben, müsste hinter Ihren Worten die Einfügemarke blinken. Drücken Sie nun die ←⟋-Taste (Return) zur Bestätigung Ihrer Eingabe. Die Seite müsste nun erscheinen.

> **Return** *(ritörn)* **– auch Zeilenschaltung genannt – kommt vom Maschinenschreiben. Dort ist dies die Taste, mit der man eine Zeile weiter schaltet, aber im Computerwesen hat die ←⟋-Taste auch andere Funktionen, z. B. das Bestätigen einer Eingabe in Eingabefeldern.**

Wenn Sie nun die Adresse eingegeben und die ←⟋-Taste gedrückt haben, müsste die Seite des Verlages nach kurzer Ladezeit erscheinen.

> **!** **Je nachdem, wie schnell Ihre Internetverbindung ist, sehen Sie rechter Hand möglicherweise ein kleines „Laden"-Symbol, während die Website lädt.**

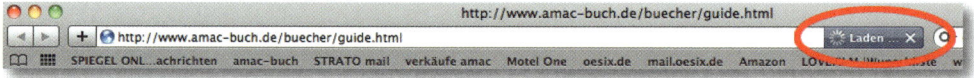

Bitte den Ladevorgang der Seite abwarten. Dies kann, je nach Geschwindigkeit Ihrer Internetverbindung, von ein paar Sekunden bis Minuten dauern.

Daran orientieren Sie sich bitte. Warten Sie den Ladevorgang der Website ab, denn wenn Sie vorher ungeduldig werden, könnte es sein, dass Sie Inhalte der Seite nicht sehen können.

> **Einfügemarke, Textmarke oder Cursor** *(cörsor)***: Das ist der kleine senkrechter Strich, der blinkt, sobald Sie mit der Maus in ein Textfeld klicken. Diese blinkende Einfügemarke zeigt die Position an, an der Text eingefügt wird, sobald Sie „in die Tasten hauen".**

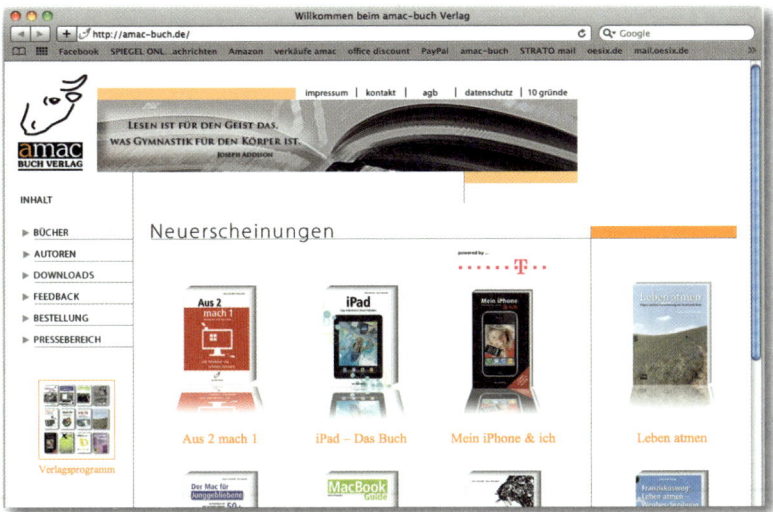

Die gewünschte Internetseite erscheint, wenn man nach der Eingabe der Internetadresse die ⟵ -Taste drückt.

Interessieren Sie sich für gewisse Themenbereiche, fällt es sicher nicht schwer, interessante Internetadressen herauszufinden. Fällt Ihnen nichts Konkretes ein, so achten Sie in Zeitung, Fernsehen und Radio auf Internetadressen, die angegeben werden. Vielleicht ist ja etwas dabei, das Sie in Zukunft interessieren wird.

Bei der Eingabe der Internetadresse in Safari können Sie getrost das oft genannte *http://* weglassen. In vielen Fällen benötigen Sie noch nicht einmal mehr das vorangestellte *www.* Das erledigt Safari automatisch für Sie. Die Endung, z. B. *.de* oder *.com,* hingegen ist als Eingabe unerlässlich, weil das die jeweiligen Länder angibt, wo die Seite zu finden ist. Die Appleseite beispielsweise gibt es in deutscher Sprache (*www.apple.de*) und in englischer Sprache (*www.apple.com*) oder auch in italienischer Sprache (*www.apple.it*). Wobei die Endung nicht unbedingt Aufschluss über die Sprache gibt. Seien Sie also sorgfältig bei der Eingabe der Endung einer Internetseite.

! **Sollten Sie sich in der Adresszeile** vertippt **haben, dann müssen Sie die Maus hinter den Text in der Adresszeile platzieren, so dass die Einfügemarke hinter dem Text blinkt.** Als Einfügemarke bezeichnet man den blinkenden senkrechten Strich. Drücken Sie danach so lange die ← Rückwärts-Löschen-Taste (auch Backspace-Taste genannt), bis Sie zum Fehler gelangen und tippen Sie die richtige Textpassage ein.

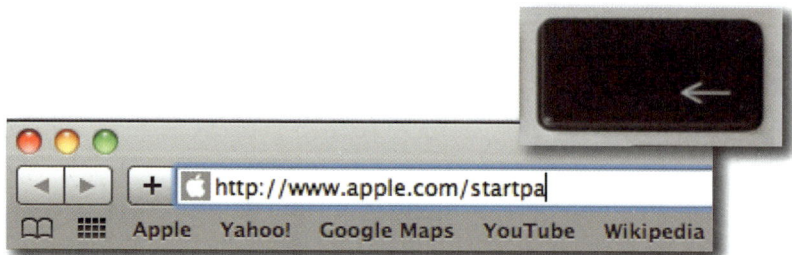

Positionieren Sie durch Klicken den Cursor ans Ende der Zeile und löschen Sie mit der Backspace-Taste bis zu der falschen Stelle den Text heraus.

Das Scrollen mit der Maus

Es kann sein, dass die Internetseite, die Sie aufgerufen haben, nicht vollständig dargestellt werden kann, weil mehr Text und Bilder vorhanden sind, als Platz auf dem Bildschirm ist. Dann muss eine Lösung her. Wenn dies der Fall ist, sehen sie am rechten Rand einen blauen senkrechten Balken, den Scrollbalken. Diesen können Sie bewegen. Dazu haben Sie mehrere Möglichkeiten.

1. Mit der Maus scrollen

Man zeigt mit dem Mauszeiger auf den blauen Balken an der rechten Seite des Fensters, drückt die Maustaste und hält sie gedrückt, während man den Balken nach unten zieht. Die Seite ist dann zu Ende, wenn der blaue Balken an die untere Seite des Fensters zu stoßen scheint.

! Bei den folgenden Punkten 2. und 3. ist die **Position des Mauszeigers** wichtig: Dieser muss inmitten des Inhaltes des Fensters ruhen, sonst funktioniert das scrollen nicht!

2. Mit der Magic Mouse bzw. mit dem Scrollball der Mighty Mouse scrollen

Mit der Magic Mouse „streicheln" Sie mit einem Finger auf der Maus nach oben bzw. unten. Sie haben an der Mighty Mouse – sofern Sie eine besitzen – einen

Scrollball. Das ist der kleine Knubbel oben auf der Maus. Diese Taste dient ebenfalls zum Scrollen, und zwar nicht nur nach oben und unten, sondern in alle Richtungen. Das macht das Ganze aber nicht einfacher.

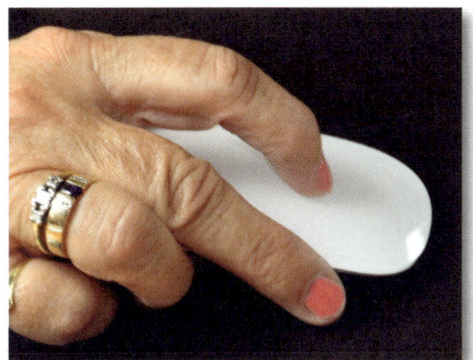 

Links: Mit der Magic Mouse streicheln Sie den Inhalt der Seite nach oben, unten, links und rechts. Rechts: Mit dem Scrollball scrollt man ebenfalls den Fensterinhalt nach allen Richtungen.

3. Scrollen mit dem Trackpad

Wenn Sie einen Laptop besitzen, dann nehmen Sie zwei Finger Ihrer Hand und streichen – Position des Mauszeigers in der Mitte des Fensterinhaltes – einfach mit beiden Fingern gleichzeitig auf dem Trackpad (der hervorgehobenen Fläche unterhalb Ihrer Tastatur) von oben nach unten oder von unten nach oben. So wird ebenfalls der Inhalt der Seite gescrollt.

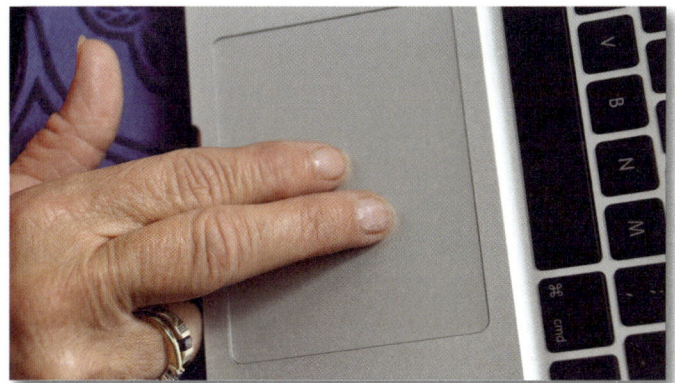

Mit zwei Fingern „streichen" Sie nach oben bzw. nach unten. Der Mauszeiger am Bildschirm ruht dabei auf dem Seiteninhalt.

Zurückblättern der Seiten

Wenn Sie die Seite angeschaut und vielleicht einige Links angeklickt haben, sehen Sie oben links unterhalb der drei bunten Kügelchen die beiden Navigationspfeile.

Die Pfeile ermöglichen ein Vor- und Zurückblättern auf einer Internetseite.

! **Wiederholung: Links sind interaktive Bereiche auf einer Internetseite, bei denen eine kleine Hand mit Zeigefinger erscheint, sobald man mit der Maus darüberfährt. Das können Textteile sein oder auch Bilder, die den Betrachter dann auf andere Seiten führen. Es können aber auch nur Teilbereiche einer Seite ausgetauscht werden.**

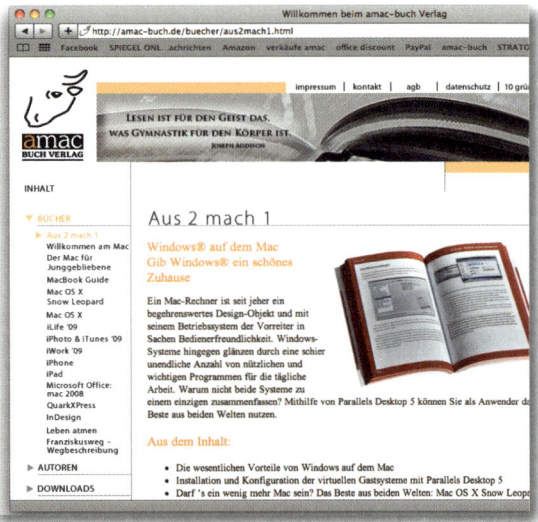

Klickt man auf das Symbol des Buches (links),
so öffnet sich die Detailbeschreibung (rechts).

Der Pfeil nach links ist nun schwarz. Wenn Sie den Inhalt einer vorher besuchten Seite noch einmal betrachten wollen, dann klicken Sie auf den Pfeil nach links, bis Sie wieder zu der Seite gelangen, die Sie interessiert hat. Natürlich können Sie das Ganze auch vorwärts betreiben. Kurzum, sind beide Pfeile schwarz, kann beliebig vor- und zurückgeblättert werden.

Eine kleine Einschränkung gibt es bei manchen Seiten, sogenannten „sicheren Seiten". Diese werden aus Sicherheitsgründen zum Zurückblättern gesperrt. Das bedeutet, dass Sie erneut von der ersten Seite aus starten müssen.

Programm Safari beenden

1. Safari über das Dock beenden

Haben Sie sich genug im Internet umgesehen und möchten die Sitzung beenden, dann können Sie das Programm beenden, indem Sie im Dock auf das *Safari*-Symbol zeigen. Sie drücken die Maus, halten die Maustaste gedrückt und sagen dann *Beenden*. Wenn Sie auf den *Beenden*-Begriff gefahren sind, lassen Sie die Maus wieder los.

2. Safari über das Menü beenden

Sie sehen die Menüleiste ganz oben am Bildschirmrand. Links der Apfel, rechts daneben die Menübefehle, beginnend mit *Safari*. Zeigen Sie auf den Begriff *Safari*. Klicken Sie darauf. Es öffnet sich das Menü. Der letzte Punkt in der Liste heißt *Safari beenden*. Fahren Sie mit der Maus auf den Begriff und klicken Sie darauf. Auch so wird Safari beendet.

Beenden von Safari über das Dock ...   *... oder über das Menü.*

3. Safari mit Tastaturbefehl beenden

Drücken Sie die Tastaturkombination ⌘ und den Buchstaben Q, und zwar gleichzeitig. Um nicht durcheinander zu kommen, halten Sie einfach die ⌘-*Taste* permanent gedrückt – da kann nichts passieren, Sie lösen keine Aktion aus. Erst wenn der erforderliche Buchstabe für den Befehl dazukommt, wird dieser auch ausgeführt. In diesem Fall ist es Q für „Quit", also englisch für „Beenden".

Die Oberfläche des Betriebssystems

Das Dock

Das Dock befindet sich im unteren Teil Ihres Bildschirmes. Sie haben daraus ja schon das Programm Safari gestartet. Schauen wir uns das Dock einmal genauer an. Standardmäßig sind im Dock die Programme enthalten, die Apple mit ausliefert.

Von links: Finder, Dashboard, Mail, Safari, iChat, Adressbuch, iCal, Vorschau, iTunes, iPhoto, iMovie, GarageBand, Spaces, Time Machine, Systemeinstellungen. Dann sehen Sie einen kleinen Trennstrich. Danach folgen keine Programme, sondern Ordner, und zwar: Dokumente, Downloads und zuletzt noch der Papierkorb.

! **Verstehen Sie das Dock als** Schaltzentrale **Ihrer** Programme. **Hier wird** gestartet, beendet, unterbrochen, geöffnet, neue Fenster erstellt**.**

Übung: Starten Sie Safari, wie Sie es gewöhnt sind, über das Dock. Starten Sie dann das Programm **Adressbuch.** Dann können Sie noch **iCal** und die **Systemeinstellungen** starten.

! **Zur Erinnerung:** Ein gestartetes Programm erkennt man daran, dass unterhalb des Programmsymbols ein kleiner blauer Punkt leuchtet. Sie sehen z. B., dass der **Finder** immer gestartet ist, denn das ist das Betriebssystem, das natürlicherweise immer geöffnet sein muss. **Sonst könnten Sie weder den Schreibtisch noch anderes sehen und bedienen.**

Sie sehen nun ein „Fensterchaos" vor sich. Aber keine Angst, alles hat seine Ordnung. Links oben am Bildschirm werden Sie, wenn Sie die Programme in der vorgeschlagenen Reihenfolge geöffnet haben, den Begriff *Systemeinstellungen* sehen.

! **Links oben in der Bildschirmecke** zeigt der Begriff gleich neben dem Apfel in der Menüleiste das im Vordergrund liegende, aktive Programm an. Daran können Sie sich in Zukunft orientieren, denn in weiteren Schritten kann es vorkommen, **dass das Programm zwar geöffnet, aber kein dazugehöriges Fenster zu sehen ist.**

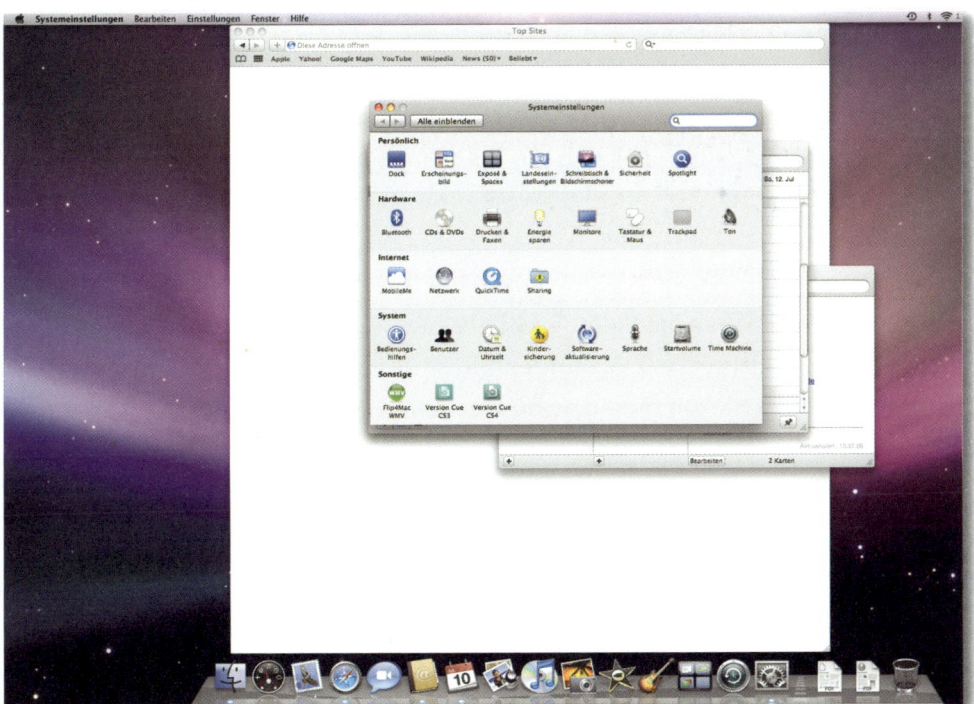

Vier Programme sind nun gleichzeitig geöffnet.

> **Übung:** Gehen Sie nun zurück zum Dock und klicken Sie erneut das Adress-
> buch an. Das Adressbuch wird in den Vordergrund treten und auch links
> oben, gleich rechts neben dem Apfel, wird der Name Adressbuch erschei-
> nen. Zeigen Sie nun im Dock auf das Safari-Symbol und klicken Sie Safari
> an, erscheint links oben der Begriff Safari. Die anderen Fenster rücken in
> den Hintergrund. Und schon haben Sie wieder etwas gelernt, nämlich den
> Wechsel zwischen verschiedenen geöffneten Programmen.

Beenden Sie nun die Programme, indem Sie jeweils eine der vorher gelernten
Methoden anwenden: ⌘ + Q oder über das Symbol im Dock auf *Beenden* klicken
oder über das Menü *Ablage –> Beenden*. Und so beenden Sie bitte alle geöffneten
Programme nacheinander, so dass im Dock nichts mehr aufleuchtet (außer dem
Finder natürlich).

Hilfe, das Programmsymbol ist aus dem Dock verschwunden!

Es kann passieren, dass Sie durch unachtsames oder ungeübtes Klicken mit der
Maus ein Programmicon aus dem Dock verlieren, indem es einfach verpufft. Mit
einer Rauchwolke entfernt es sich aus dem Dock und zu allem Schrecken ertönt
auch noch ein Geräusch, „Pfuff". Da ist guter Rat teuer.

Erste Hilfe:

* Gehen Sie zu *Spotlight*. Spotlight befindet sich rechts oben in der
  Bildschirmecke. Dort finden Sie das Symbol einer kleinen Lupe.
* Klicken Sie auf die Lupe, so erscheint ein blaues Eingabefeld.

Geben Sie den Begriff Safari in das längliche Eingabefeld ein.

* Geben Sie den Namen des Programmes in das längliche Eingabefeld
  bei Spotlight ein.
* Der Rechner sucht nun nach dem Namen des Programmes und wird
  in aller Regel das Programm als *Top-Treffer* anzeigen.

Spotlight hat das Programm Safari auf der Festplatte geortet.

✳ Wenn Sie das gesuchte Programm in der Liste vorfinden, dann fahren Sie mit der Maus auf den Begriff und starten es von Spotlight aus, indem Sie klicken. Und schon wird sich das Symbol im Dock zeigen.

✳ Damit ist das fehlende Programmsymbol aber noch nicht permanent im Dock verankert. Dazu müssen Sie ca. 1,5 Sekunden auf das Icon im Dock klicken, zu *Optionen* gehen und dann *Im Dock behalten* wählen.

! **Tun Sie das nicht, so wird** beim Beenden des Programmes **das Programmicon** wieder aus dem Dock verschwinden.

Ein verlorenes Icon wieder im Dock verankern.

Im nächsten Abschnitt wird erklärt, was Menüs- und Menüpunkte alles beinhalten können. Aber wann spricht man von einem Menü und wann von einem Menüpunkt? Die Menüleiste als Teil des Schreibtischs am Computer ist die Sammelstation für Menüs. Es wird von einem Menü gesprochen, wenn es als übergeordneter Begriff verwendet wird, wie z. B. Menü Ablage. Ein Menüpunkt ist ein Unterpunkt des übergeordneten Begriffs. Man kann ein Menü aufklappen und sieht darin die enthaltenen Menüpunkte.

Der Schreibtisch

Spotlight

Menüleiste

-Menü

Desktop bzw. Schreibtisch

Dock

Wenn Sie den Monitor vor sich sehen, so nennt man das Große und Ganze den Schreibtisch. Der Schreibtisch besteht im Prinzip aus drei Elementen:

* oben die Menüleiste,
* die große Fläche bezeichnet man als Schreibtisch,
* unten befindet sich das Dock.

Die Menüleiste

Als Menüleiste bezeichnet man die obere helle Leiste, in der Sie, je nach geöffnetem Programm, dazu passende Begriffe finden. Stellen Sie sich einfach vor, Sie hätten virtuelle Hände. Mit den Menüs können Sie schalten und walten.

Das Apfel-Menü

Wenn man die Menüleiste genauer betrachtet, finden sich folgende Begriffe darin: Ganz links oben sehen Sie den Apfel. Das ist das *Apfel-Menü*. Hinter diesem Apfel verbergen sich Einstellungen des Computers, wie zum Beispiel die *Systemeinstellungen*, der *Ruhezustand*, Notausgänge für abgestürzte Programme *(Sofort beenden)*. Des Weiteren erhalten Sie Menüs, die Auskunft über den Computer geben, wie zum Beispiel die Version des Betriebssystems *(Über diesen Computer)*.

Der Menüpunkt „Über diesen Mac" aus dem Apfel-Menü gibt Aufschluss über die Betriebssystemversion sowie über die Größe des eingebauten Arbeitsspeichers.

Menüpunkt Finder

Wenn keine Programme geöffnet sind oder das Betriebssystem, also der Finder, im Vordergrund ist, sehen Sie den Menüpunkt *Finder* gleich rechts neben dem Apfel. Wenn man den Menüpunkt *Finder* aufklappt, findet man dementsprechend

Begriffe zum Thema Betriebssystem, zum Beispiel *Papierkorb entleeren* oder andere nützliche Dinge wie *Fenster ausblenden*.

> **!** **Menüs klappt man auf, indem man mit der** Maus auf den entsprechenden **Menüpunkt klickt.** Es öffnet sich ein **Untermenü** mit weiteren Optionen.

Wie bereits vorher erklärt: Der Begriff *Finder* steht nicht immer rechts neben dem *Apfel-Menü,* hier hat stets das aktuell geöffnete und in den Vordergrund getretene Programm Vorrang.

> **Zur Erinnerung:** **Wenn Sie die Programme Safari und Adressbuch gleichzeitig gestartet haben und in Adressbuch arbeiten, so wird der Begriff Adressbuch rechts neben dem Apfel-Menü angezeigt.**

Die weiteren Menüpunkte

Zusätzlich erscheinen in der Menüleiste die zum Programm gehörigen weiteren Menüpunkte. Meistens folgen nach dem Programmnamen die Punkte *Ablage* und *Bearbeiten,* gefolgt von – zumeist in den Programmen unterschiedlichen – Punkten, wie z. B. *Darstellung, Gehe zu, Fenster* oder *Hilfe.* Alle Menüpunkte haben Untermenüs zur Auswahl.

Das Untermenü des Menüpunktes Darstellung im Programm Safari.

Der Schnellzugriff auf häufig benötigte Einstellungen

Im rechten Abschnitt der Menüleiste befinden sich weitere Icons und Begriffe: das *TimeMachine*-Icon für die Einstellungen zur Erstellung von Sicherungskopien, das *Bluetooth*-Symbol für drahtloses Zubehör wie Maus und Tastatur, gefolgt vom *Airport*-Symbol, der Anzeige für drahtlose Internetverbindungen. Das *Lautstärkesymbol* kann dazu benützt werden, die Computerlautsprecher zu regulieren. Wenn Sie auf die *Uhrzeit* klicken, sehen Sie das aktuelle Datum und die Optionen für die Uhr. Falls alles so eingerichtet ist, wie im Buch angegeben, steht auch noch Ihr Benutzername in der Menüleiste.

Von links: Time Machine, Bluetooth, Airport mit Zeit der drahtlosen Internetnutzung, Lautstärkeregler, Batterieanzeige (nur Laptops), Uhrzeit, Spotlight.

Ganz rechts sieht man das *Spotlight*-Icon, das wir zuvor schon einmal benutzt haben, um ein Programm zu suchen, das uns aus dem Dock „entkommen" ist.

Die Fenstertechnik

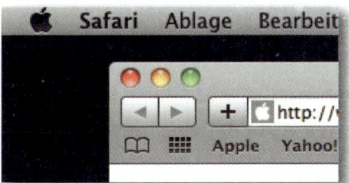

Ein Fenster erkennt man an den drei Knöpfen.

Als Fenster bezeichnet man alles, was drei Knöpfe an der linken oberen Ecke aufzuweisen hat. Sehen wir uns ein Beispiel am Programm *Safari* an. Starten Sie nun *Safari,* öffnet sich also ein Fenster: das Programmfenster. Das Programmfenster hat links oben in der Ecke eben diese drei farbigen Knöpfe: einen roten, einen gelben und einen grünen Knopf.

❗ Die Farbe der Knöpfe kann man später auch verändern, und zwar in den Systemeinstellungen –> Erscheinungsbild.

Roter Knopf: Schließen eines Fensters. Klicken Sie also auf den roten Knopf, so verschwindet das Fenster. Möchten Sie es wieder hervorrufen, so klicken Sie erneut auf das *Safari*-Icon im Dock. Ein neues Fenster wird geöffnet.

! Das Programm selbst bleibt in den meisten Fällen auch bei geschlossenen Fenstern weiterhin geöffnet. Das Schließen eines Fensters bedeutet nicht immer, dass das Programm dabei beendet wird. Achten Sie, wie mehrfach erwähnt, auf den kleinen leuchtenden Punkt unterhalb des Programm-Icons im Dock. Leuchtet dieser noch, muss das Programm extra beendet werden.

Stellen Sie sich das ungefähr vor wie im echten Leben: Um etwas zu schreiben, holen Sie die Schreibmaschine aus dem Schrank (Programmstart). Jetzt spannen Sie ein Blatt Papier ein (Fenster). Wenn Sie fertig geschrieben haben, holen Sie das Blatt aus der Schreibmaschine (Fenster schließen). Die Maschine bleibt weiterhin auf dem Schreibtisch stehen. Sie müssen sie wieder im Schrank verräumen (Programm beenden).

Gelber Knopf: Wenn Sie nun erneut ein Fenster aufgerufen haben, so probieren Sie den mittleren Knopf aus, den gelben. Der gelbe Knopf ist für das Minimieren des Fensters zuständig. Wenn Sie den drücken, sollten Sie gut hinsehen und aufpassen: Das Fenster verschwindet nach unten ins Dock, und zwar auf die rechte Seite. Um es wieder hervorzuholen, müssen Sie auf das Dock zeigen und das entsprechende minimierte Fenster anklicken. So wird das Fenster wieder auf dem Schreibtisch platziert. Das Minimieren dient dazu, den Bildschirm frei zu machen oder andere Fenster, die im Hintergrund liegen, zu betrachten, ohne das aktuelle Fenster zu verwerfen. Das hat den Vorteil, dass Sie es wieder im Zugriff haben, wenn Sie es brauchen.

Ein minimiertes Safari-Fenster im Dock.

Grüner Knopf: Optimiert bzw. maximiert das entsprechende Fenster. Es könnte sein, dass in *Safari* der Effekt dieses Knopfes nicht so gut zu sehen ist. Bei anderen Programmen, z. B. in TextEdit oder im Finder, werden Sie eher wahrnehmen können, wie sich das Fenster in der Größe verändert.

Manuelle Größenänderung eines Fensters

Wenn Sie das Fenster manuell größer machen möchten, so zeigen Sie in die rechte untere Ecke des Fensters. Dort finden Sie eine schraffierte kleine dreieckige Fläche. Auf diese Fläche drücken Sie mit der Maus, halten Sie fest und ziehen das Fenster über die ganze Bildschirmbreite.

Und so können Sie das Fenster auch wieder kleiner machen. Sie können es auch ganz klein schieben, so dass Sie nur noch ganz wenig vom Inhalt des Fensters sehen.

Achtung! Die Fläche zur manuellen Änderung der Fenstergröße ist wirklich superklein. Exaktes Klicken und Ziehen sind hier erforderlich, sonst wird es nicht funktionieren.

Wenn Sie genug gezogen und geübt haben, können Sie das Programm beenden. Wählen Sie die Methode, die Sie bereits kennen: Klicken Sie auf das Icon im Dock und wählen den Menüpunkt *Beenden*.

Oder: Drücken Sie den Kurzbefehl ⌘ + Q zum Beenden des Programms.

Systemeinstellungen – Alles, was das Leben am Mac noch schöner macht!

Das Apfel-Menü beherbergt unter den bereits kurz angesprochenen Menüpunkten die *Systemeinstellungen*. Die Systemeinstellungen dienen dazu, sich den Macintosh so einzustellen, dass Sie sich als individueller Benutzer daran wohlfühlen.

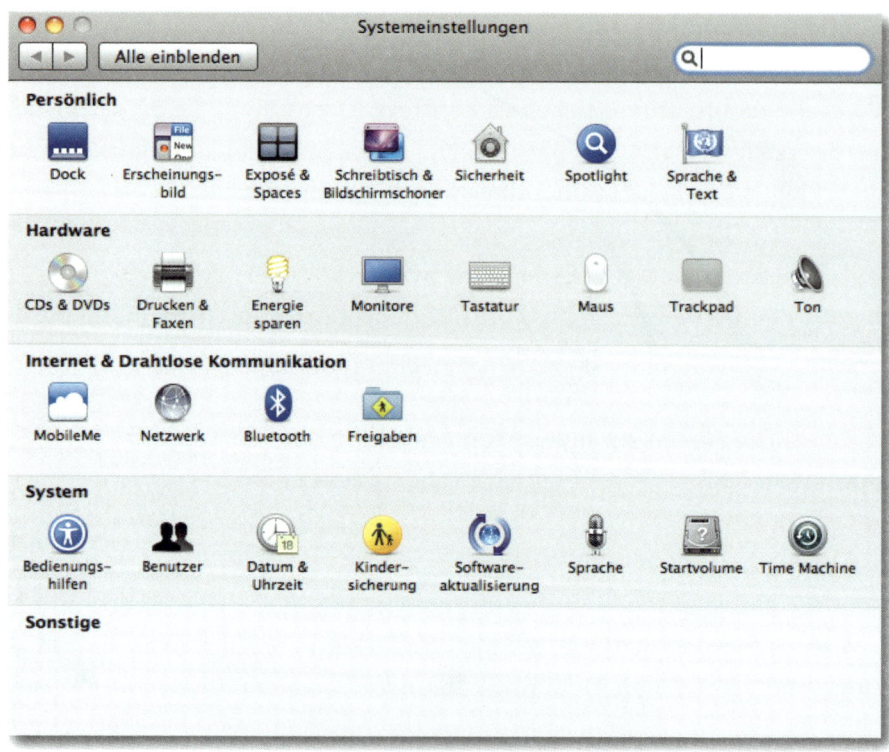

Die Systemeinstellungen eines Macs.

Wenn Sie die Systemeinstellungen öffnen, so sehen Sie jede Menge Icons. Manche sind im Moment noch nicht so interessant. Wir schauen uns die wichtigsten einmal im Einzelnen an.

Schreibtisch & Bildschirmschoner

In der oberen Leiste bei „Persönlich" finden Sie als ersten interessanten Punkt die Einstellung für *Schreibtisch & Bildschirmschoner*. Bei *Schreibtisch & Bildschirmschoner* stellen Sie sich einen neuen Schreibtischhintergrund ein oder aktivieren den Bildschirmschoner.

Schreibtisch

Im Moment zeigt Ihr Schreibtisch das Standardbild, das mit den violetten Funken, die aus dem Hintergrund kommen. Sie können jetzt entweder vorgegebene Bilder auswählen oder Ihre eigenen Bilder (im Kapitel über das Programm iPhoto lernen Sie, wie Sie eigene Fotos auf den Rechner laden) als Schreibtischhintergrund verwenden.

Wählen Sie aus vielen Motiven einen neuen Hintergrund für Ihren Schreibtisch aus.

Wenn Sie nun auf den Menüpunkt *Schreibtisch* innerhalb des Fensters klicken, sehen Sie in der linken Spalte eine Auswahl an Ordnersymbolen.

Ordner auf dem Computer sind wie Ordner im echten Leben. Sie dienen dazu, mehrere Dateien zu sortieren. Im Kapitel 5 sprechen wir ausführlich über Ordner und deren Funktion.

Diese Ordner sind thematisch geordnet nach: *Hintergrundbilder, Natur, Pflanzen, Bild oder Grafik, Schwarz & Weiß, Abstrakt, Muster* oder *Einfarbig*. Wählen Sie aus der Fülle einen Hintergrund, der Ihnen gefällt, aus. Durch Klicken auf den Ordner und Auswählen des jeweilige Bildes (wird auch durch Klicken ausgeführt) verändert sich Ihr Schreibtischhintergrund sofort und zeigt das gewählte Bild.

Wählen Sie ab und an ein anderes Foto aus. Das macht Spaß und ist eine gute Übung.

Bildschirmschoner

Bei der zweiten Kategorie *Bildschirmschoner* wird eingestellt, wie Ihr Bildschirm aussehen soll, wenn Sie längere Zeit nicht am Computer sitzen, dieser aber dennoch eingeschaltet bleiben soll. Mit der Zeit nimmt der Bildschirm Schaden, wenn zu lange das gleiche Bild angezeigt wird. Das Bild „brennt" sich ein. Um dem vorzubeugen, steht neben dem Spaß also auch ein sinnvoller Nutzen hinter dem Bildschirmschoner.

Bildschirmschoner-Einstellungen.

Und auch in diesem Feld sehen Sie in der linken Spalte eine Reihe an angebotenen Bildschirmschonern und Sie sollten sich einfach durch Klicken ein Bild davon machen, wie der Schoner aussehen wird – auf der rechten Seite wird Ihnen sofort eine kleine Vorschau angezeigt.

Sie können aber auch *Testen* wählen und schon wird Ihr Bildschirm mit dem Bildschirmschoner belegt. Sobald Sie mit der Maus rütteln, verschwindet dieser Bildschirmschoner wieder und Sie kommen zurück zu den *Systemeinstellungen*.

Mit der Zeitskala unterhalb von *Testen* können Sie bestimmen, nach wie vielen Minuten der Bildschirmschoner in Kraft gesetzt werden soll.

! **Standardmäßig ist bei Laptops eingestellt, dass nach wenigen Minuten der Bildschirm abgedunkelt wird, wenn dieser nicht an den Strom angeschlossen ist. Darauf wird bei der Zeitskala auch hingewiesen. Sie werden den**

Bildschirmschoner wahrscheinlich nicht zu sehen bekommen, ehe Sie bei den **Systemeinstellungen –> Energie sparen** die Zeit nicht verlängern, wann der Bildschirm abgedunkelt werden soll, da sonst der sogenannte **Ruhezustand vor dem Bildschirmschoner** aktiviert wird.

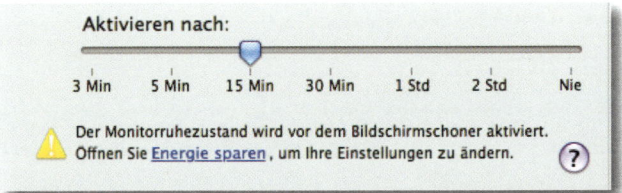

Diese Warnmeldung erscheint in vielen Fällen. Sie können eine Kollision erst vermeiden, wenn Sie die nächste Systemeinstellung richtig eingestellt haben.

Gehen Sie nun auf *Alle einblenden,* damit wir noch weitere Systemeinstellungen beleuchten können.

Energie sparen

Die Systemeinstellung *Energie sparen* kann man nur bedienen, indem man die Administratorkennung eingibt. Momentan ist alles noch grau, man kann nichts einstellen. Diese Systemeinstellung ist also dem Administrator vorbehalten, Sie erinnern sich, dem Benutzer, der alles darf.

Sperren Sie zunächst das Schloss auf, das sich in der linken unteren Ecke befindet, indem Sie darauf klicken. Dann möchte der Computer die Administratorabfrage beantwortet haben. Sie haben, wenn Ihr Computer nach unseren Richtlinien installiert worden ist, einen Benutzernamen und ein Kennwort namens *admin.*

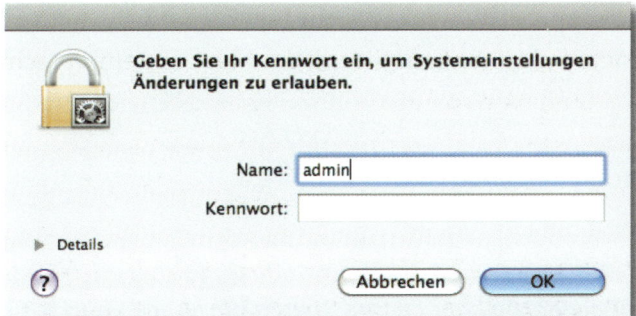

Geben Sie den Namen und das Kennwort des Administrators ein.

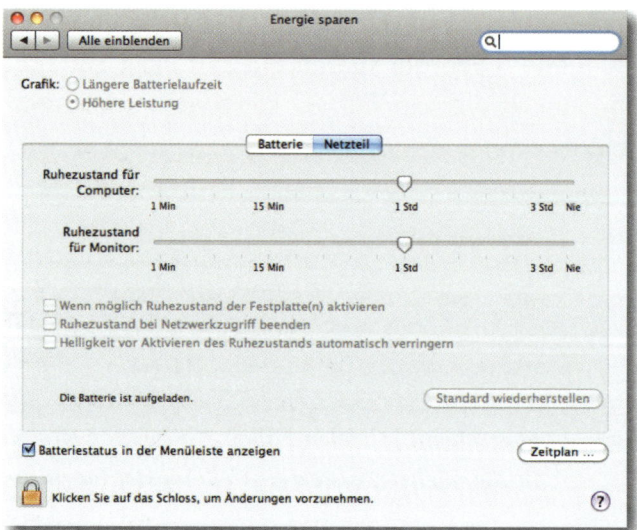

Hier die Systemeinstellung „Energie sparen" für Laptops ...

Bei tragbaren Geräten müssen Sie die Eingaben getrennt für Batterie und Netzteil vornehmen. Wenn Ihr Computer am Netzteil angeschlossen ist, kann die Zeit für den eintretenden Ruhezustand ruhig verlängert werden, hingegen sollte im Batteriebetrieb der Akku geschont werden, um längere Laufzeiten des Gerätes zu ermöglichen.

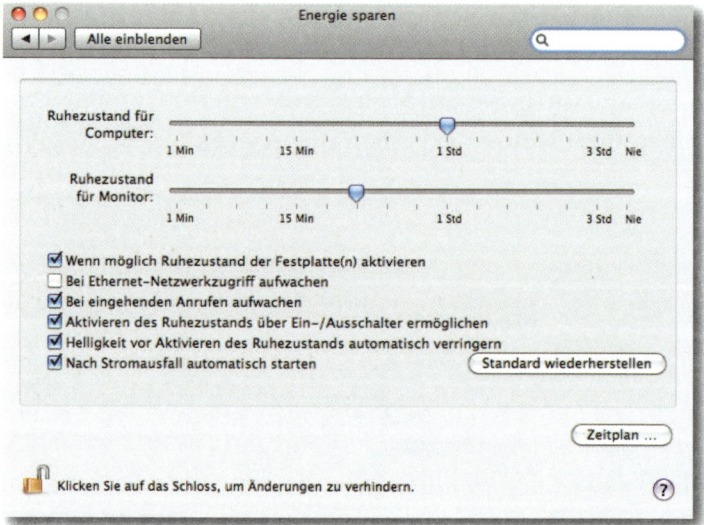

... und hier die Einstellung Energie sparen für fest installierte Computer

Jetzt bestimmen Sie, ab wann der Computer bzw. der Monitor in den Ruhezustand gleitet. Lesen Sie alles aufmerksam durch und entscheiden Sie selbst, wie der Computer reagieren soll.

Wenn Sie die Einstellungen abgeschlossen haben, dann bitte wieder zurück auf *Alle einblenden*.

Tastatur

Suchen Sie sich des Weiteren den Begriff *Tastatur* aus den Systemeinstellungen aus. Hier können Sie die Einstellungen für die Tastatur vornehmen. Sollten Sie irgendwelche Probleme beim Anschlag der Tastatur haben, so können Sie hier sagen, dass die Wiederholrate sich verzögert. Also, wenn Sie dazu neigen, etwas länger auf der Taste zu bleiben, so werden Sie nicht gleich zehn Buchstaben statt einem bekommen. Auch die Ansprechverzögerung der Taste selbst können Sie bestimmen.

! **Ansprechverzögerung:** Wenn Sie eine Taste durchdrücken, so spricht die Taste bei kurzer Ansprechverzögerung sofort und bei langer Ansprechverzögerung nach einer **kurzen Weile** an. **Die längere Ansprechverzögerung hat folgenden Vorteil:** Wenn man länger auf der Taste bleibt, „sprudeln" nicht gleich die Buchstaben heraus. Gerade als Beginner kommt Ihnen eine etwas längere Ansprechverzögerung zugute.

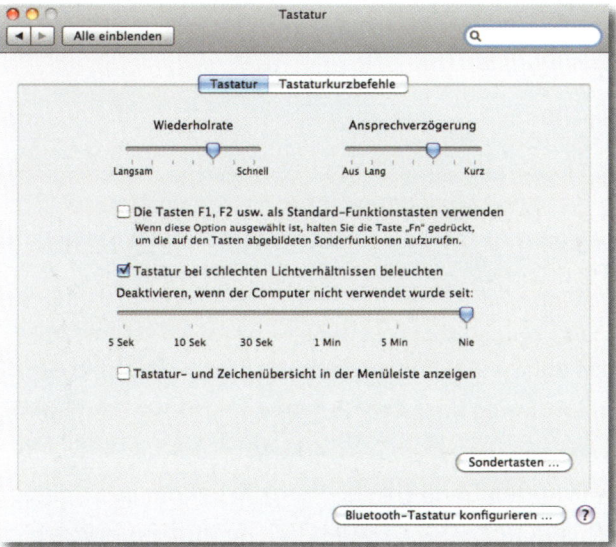

Passen Sie die Tastatur Ihren Bedürfnissen an.

! Bei **tragbaren Computern** befindet sich noch eine Einstellung für die Tastaturbeleuchtung in der Mitte des Fensters: **Tastatur bei schlechten Lichtver-
hältnissen beleuchten**.

Maus (Magic Mouse)

Jetzt wird es spannend: Wenn Sie eine Bluetooth-Maus an Ihrem tragbaren
Rechner angeschlossen haben oder eine fest installierte an Ihrem iMac, so ist
es jetzt an der Zeit, diese Maus zu konfigurieren. Sie erhalten in den *Systemeinstellungen –> Maus* verschiedene Menüs, aus denen Sie die gewünschten Einstellungen auswählen können.

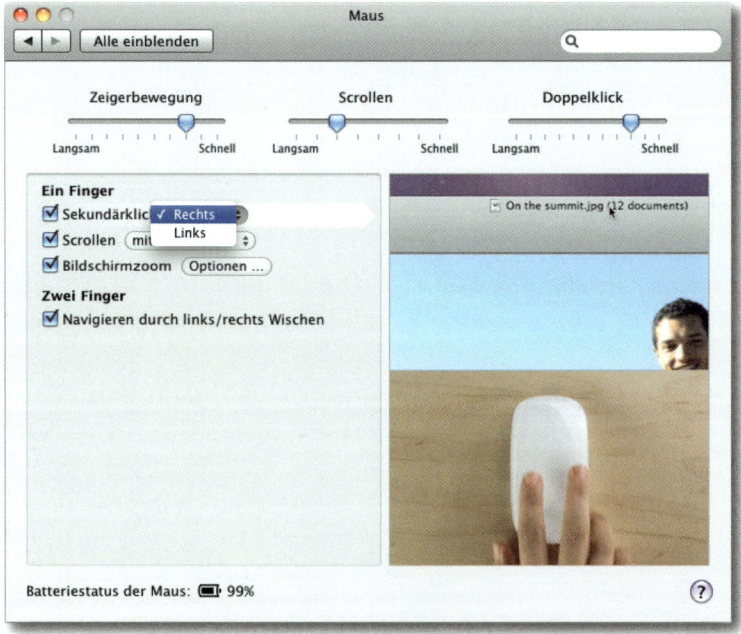

Die Einstellungen für die Magic Mouse.

Ein Finger

Gehen wir zuerst auf die *Ein Finger*-Bedienung ein. Wählen Sie bei *Sekundärklick*
unter folgenden Optionen aus: *Rechts, Links*. Damit stellen Sie von Rechtshänder
auf Linkshändermaus um. Der Sekundärklick bedeutet für Sie: Wenn Sie die
Maus in Zukunft rechts oben (links oben) drücken, so werden Sie nicht mehr,
wie gewohnt, einen Klick oder Doppelklick ausführen, sondern das sogenannte
Kontextmenü aufrufen.

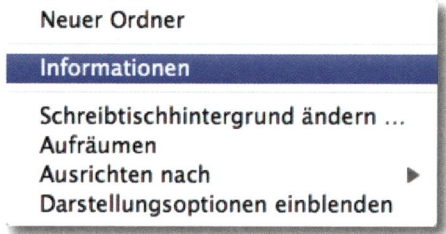

Das Kontextmenü für den Schreibtisch.

! Im **Kontextmenü** befinden sich wichtige Befehle, die davon abhängen, an welcher Stelle man klickt. Diese Einstellung setzt aber voraus, dass Sie schon recht sicher mit der Maus umgehen können. Sollten Sie sich noch nicht so sicher fühlen, so belassen Sie auch die rechte Seite auf **Primäre Maustaste**. So wird ein Doppelklick oder ein Klick sicher ausgeführt.

Scrollen mit der Maus mit oder ohne Nachlauf.

Das Scrollen mit der Maus

Hier ist standardmäßig die Funktion *mit Nachlauf* eingestellt, das bedeutet, wenn Sie mit einem Finger über die Maus „streichen", läuft der Seiteninhalt der Seite z. B. des Safarifensters, noch ein wenig nach. Bitte schauen Sie sich die dazugehörige Animation an. Der Nachlauf lässt dich nur schwer in Worte fassen. Wenn Sie Schwierigkeiten haben, korrekt nach oben und unten zu scrollen, dann sollten Sie hier *ohne Nachlauf* einstellen, dann tun Sie sich vielleicht leichter damit.

Bildschirmzoom-Optionen bei Ein-Finger-Bedienung.

Wenn Sie den Bildschirm ab und an vergrößert dargestellt haben möchten, so können Sie die Zoom-Optionen optimieren. Achten Sie auch hier auf die gezeigten Animationen innerhalb der Systemeinstellung.

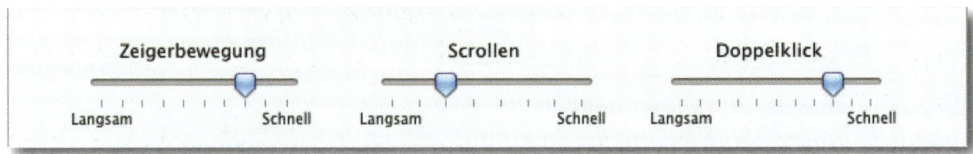

Zeigereinstellungen, Scrollbewegung und Doppelklickintervall.

Das obere Paneel der Systemeinstellung für die Maus hat drei Skalen zum Justieren. Probieren Sie nach Herzenslust einmal aus, was passiert, wenn Sie die Zeiger auf den Skalen verändern. Die Maus übernimmt diese Einstellungen mit sofortiger Wirkung. So ist ein Nachjustieren ein Leichtes.

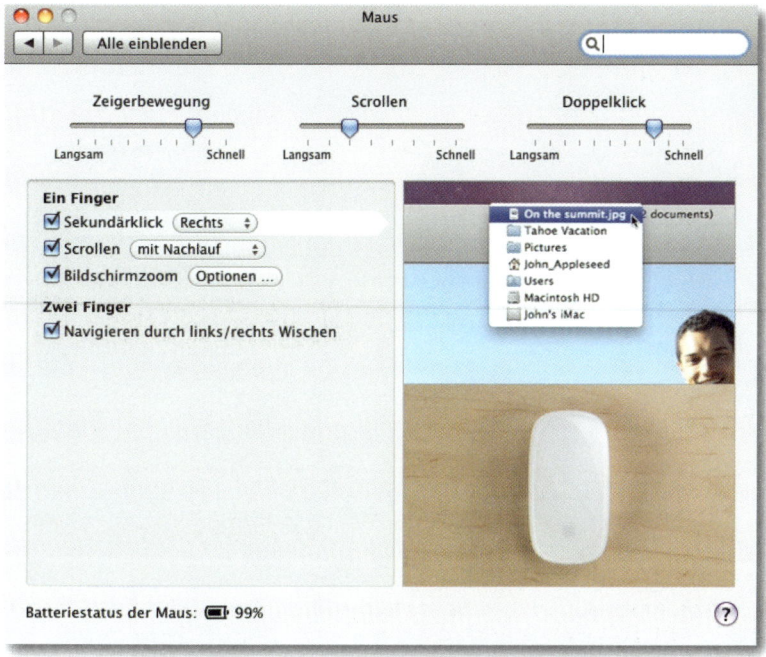

Zwei Finger – Navigieren durch Wischen.

Zwei Finger

Die Bedienung der Maus mit zwei Fingern ist sicher gewöhnungsbedürftig. Lassen Sie sich dennoch inspirieren von der gezeigten Animation. Dabei dürfen Sie bei der Bedienung der Maus nicht mehr so nachlässig sein, was Ihre Fingerhaltung betrifft.

Wenn Ihnen die Maus nun zu sensibel ist, so schalten Sie die Zwei-Finger-Navigation erst einmal aus und probieren Sie diese später noch einmal aus, wenn Sie schon routinierter im Umgang mit der Maus sind.

Maus (Mighty Mouse)

Für die Mighty Mouse mit Kabel gelten andere Einstellungen als für die Magic Mouse. Die Systemeinstellungen für die Mighty Mouse sind von vorneherein anders aufgebaut als die der Magic Mouse, wie Sie selber gleich sehen werden.

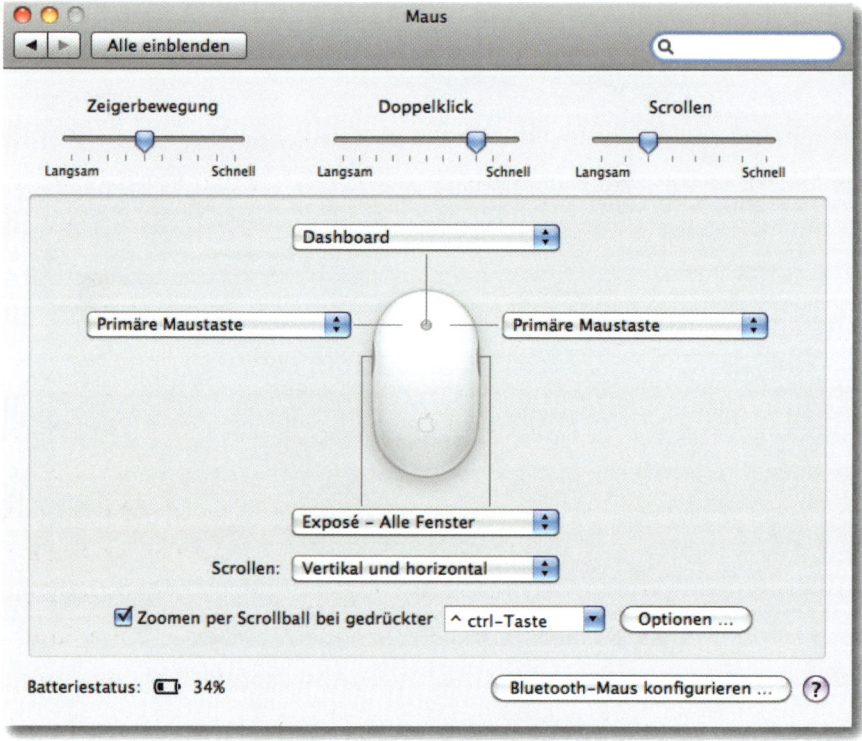

Die Einstellungen für die Mighty Mouse.

Gehen wir zuerst auf die *primäre Maustaste* auf der linken Seite ein. Wenn Sie dieses Menü anwählen, also mit der Maus darauf klicken, so sehen Sie eine Liste der einstellbaren Funktionen, wenn Sie mit der Maus links oben klicken. Zum Beispiel *Sekundäre Maustaste, Exposé, Dashboard, Programmumschalter, Spotlight* und *Andere...* Wir möchten Ihnen aber an dieser Stelle empfehlen: Lassen Sie auf der linken Seite die *Primäre Maustaste* eingestellt. Mit der rechten Seite können Sie zum Beispiel die *Sekundäre Maustaste* hervorrufen. Wenn Sie die Maus in Zukunft rechts oben drücken, so werden Sie nicht mehr einen Klick oder Doppelklick ausführen, sondern das Kontextmenü aufrufen (siehe Seite 99).

Der Scrollball der Maus

Hier ist standardmäßig die Funktion *Dashboard* eingestellt, wenn Sie den Scroll-ball drücken. Das Dashboard enthält kleine nützliche Progrämmchen, die Ihnen beispielsweise das Wetter anzeigen. Dashboard wird Ihnen im Kapitel 4 noch genauer erklärt. Möchten Sie das nicht oder ist es Ihnen gar schon passiert, dass diese kleinen Progrämmchen auftauchen, weil Sie den Scrollknopf aus Versehen gedrückt haben, so können Sie diese Funktion hier deaktivieren, indem Sie den Schalter auf *Aus* stellen.

Die Option *Scrollen* gilt für den Scrollball. Wenn Sie Schwierigkeiten haben, korrekt nach oben und unten zu scrollen, dann können Sie hier von *Vertikal und horizontal* auf *Nur vertikal* umstellen, um so den Scrollball nur nach oben und unten blättern zu lassen. Ansonsten lassen Sie einfach die Einstellungen so, wie sie sind.

Die seitlichen Knöpfe der Maus

Die seitlichen Knöpfe der Maus muss man, um sie zu aktivieren, gleichzeitig drücken. Im Moment sind diese standardmäßig auf *Exposé – Alle Fenster* gestellt. Das bedeutet, wenn Sie die Maus seitlich „zusammenquetschen", so werden alle Fenster von allen geöffneten Programmen gleichzeitig auf dem Schreib-tisch angezeigt. Diese Funktion wird erst deutlich, wenn man mit mehreren Programmen arbeitet. Wenn Sie dies eher behindert, so deaktivieren Sie die Funktion. Alternativ können Sie dies Funktion *Exposé - Alle Fenster* aber auch über die Funktionstaste *F3* auf der Tastatur aktivieren/deaktivieren.

Die drei Skalen *Zeigerbewegung*, *Scrollen* und *Doppelklick* geben Ihnen vor, wie schnell sich der Mauszeiger bewegt, wie schnell gescrollt wird und wie der Dop-pelklick ausgeführt werden muss. Gerade für Anfänger empfiehlt es sich, den Doppelklick etwas langsamer einzustellen. So haben Sie etwas mehr Zeit, um den zweiten Klick auszuführen. Wird die Zeitspanne zwischen den Klicks aller-dings zu lange gewählt, so könnte der Computer zwei hintereinander folgende Klicks als Doppelklick werten und Dinge tun, die Sie so nicht möchten.

Trackpad (nur Laptops)

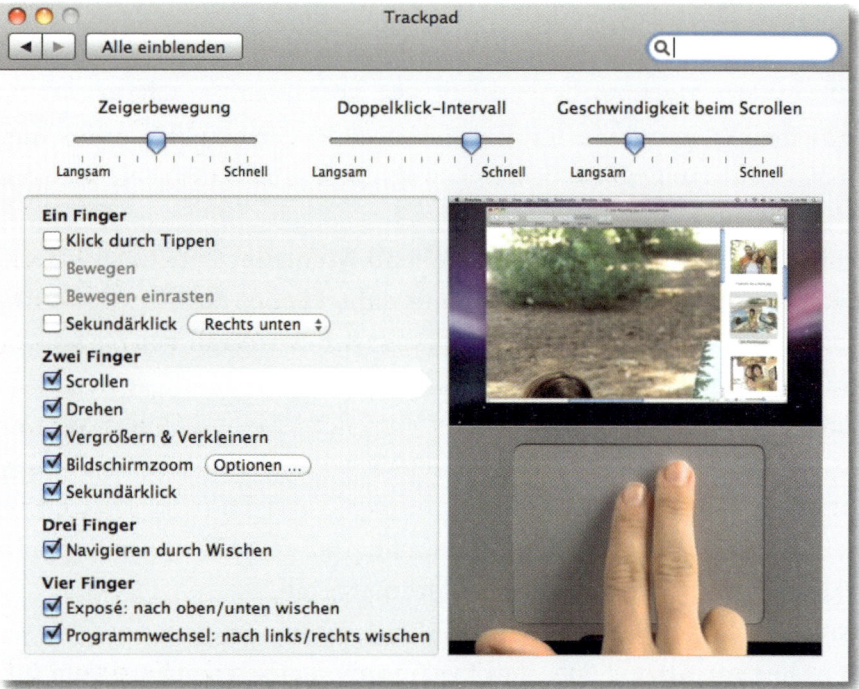

Die umfangreichen Einstellungen des Trackpads.

Diese Systemeinstellung gilt nur für die tragbaren Geräte. Das Trackpad ist ein Ersatz für die Maus. Das Trackpad der MacBooks Pro hat hierfür ganz komplexe Einstellungen. Wenn Sie die Systemeinstellungen *Trackpad* geöffnet haben, sehen Sie – wie bei der Systemeinstellung *Maus* – ebenfalls die *Zeigerbewegung*, das *Doppelklickintervall* und die *Geschwindigkeit* beim Scrollen.

Die linke Spalte zeigt Ihnen, was alles passiert, wenn Sie z. B. mit einem Finger klicken.

Ein Finger

Die Einstellung *Klick durch Tippen* hat zur Folge, dass Sie das Trackpad nicht durchdrücken müssen, sondern es nur mit dem Finger berühren oder anzutippen brauchen. Daraufhin startet z. B. ein Programm.

❗Empfehlung für Anfänger: Schalten Sie diese Funktion ab. Denn wir möchten bewusst, dass Sie das Trackpad drücken, damit Sie das Klicken erlernen.

Der *Sekundärklick* ruft das Kontextmenü hervor. Das heißt: An der Stelle, an der man sich befindet, wird das vorher in *Systemeinstellungen Maus* beschriebene Kontextmenü aufgerufen.

Zwei Finger

Die Bedienung des Trackpads mit zwei Fingern ist standardmäßig vergeben und kann nicht aktiviert oder deaktiviert werden. Das muss einfach wie voreingestellt hingenommen werden. Zum Beispiel das Scrollen: Mit zwei Fingern scrollt man durch den Bildschirminhalt, auf dem der Mauszeiger steht, z. B. eine Internetseite in *Safari*. Die Grafik daneben und das kleine Video im Fenster zeigen anschaulich, wie Sie sich verhalten müssen, um das Scrollen mit zwei Fingern auszuführen.

Aktivieren Sie *Drehen* und auch hier wird der kleine Videofilm veranschaulichen, wie Sie etwas drehen können. Das geht natürlich nur in gewissen Programmen. Im Video wird am Beispiel des Programms *Vorschau* gezeigt, wie man Bilder innerhalb des Fensters drehen kann.

Vergrößern & Verkleinern

Dazu „schnippt" man auf dem Trackpad ein bisschen mit den Fingern. Auch hier zeigt das Video schön und anschaulich, wie die Fingerbewegung erfolgen muss, damit die Zoomfunktion klappt.

Bildschirmzoom

Das ist die Vergrößerung des Bildschirminhaltes mithilfe des Trackpads. Hier können Sie wiederum bestimmen, welche Zusatztaste Sie drücken wollen, damit Ihr Bildschirminhalt vergrößert dargestellt wird.

Navigieren durch Wischen mit drei Fingern

Sie können auch in einem Programm blättern, nämlich mit drei Fingern. Ohne zu klicken, streichen Sie einfach mit drei Fingern über das Trackpad. Auch hier sieht man im Beispielfilm, dass mit dem Programm *Vorschau* gearbeitet wird und die Bilder gewechselt werden, indem man mit drei Fingern hin und her wischt.

Vier Finger

Ja, das Trackpad lässt sich sogar mit vier Fingern bedienen. Sie können so nämlich die Fenster vom Bildschirm verschwinden lassen, nach außen oder nach innen.

Oder Sie können mit vier Fingern auch nach rechts oder nach links wischen. Wenn Sie nach rechts wischen, so sehen Sie die geöffneten Programme aus dem Dock in einer vergrößerten Darstellung.

Die letzte Möglichkeit ist, nach unten zu wischen, so werden alle geöffneten Fenster in der Übersicht dargestellt.

! Am Anfang ist es jetzt nur wichtig, zu wissen, dass es diese Möglichkeiten gibt. Testen Sie diese Funktionen zu einem späteren Zeitpunkt.

! Sollten Sie die Vier-Finger-Technik jetzt gleich ausprobieren wollen, so werden Sie wahrscheinlich scheitern, denn Sie haben – wenn Sie den Anleitungen gefolgt sind – nur ein Fenster geöffnet. Warten Sie also ab, bis Sie mehrere Fenster geöffnet haben.

Gehen Sie nun wieder zurück zu *Alle einblenden,* links oben im Fenster.

Systemeinstellung Ton

Toneffekte

In den *Systemeinstellungen* –> *Ton* im Untermenü *Toneffekte* bestimmen Sie, wie Ihr Warnton klingen soll, wenn Sie etwas falsch gedrückt haben. Die Liste der Toneffekte ist lang und Sie können durch Drücken auf den Ton den Sound Probe hören. Dieser Ton wird auch gleich fest eingestellt.

Toneffekte und mehr.

Darunter befinden sich die *Lautstärke* und weitere Einstellungen rund um den Ton. Die *Lautstärke in der Menüleiste anzeigen* bewirkt, dass Sie ein kleines Lautsprecher-Symbol auf der rechten Seite in der Menüleiste bekommen, mit dem Sie in Zukunft die Lautstärke des Computerlautsprechers nicht umständlich über die Systemeinstellungen regeln müssen, sondern bequem über das kleine Menü.

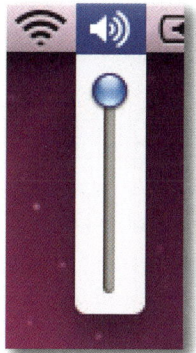

Toneffekte und mehr.

Ausgabe

Im nächsten Reiter in *Systemeinstellung –> Ton (Ausgabe)*, können Sie wählen, welche Lautsprecher Sie verwenden möchten. Alle Macs sind mit internen Lautsprechern ausgerüstet, die auch in der Liste zu sehen sind *(Interne Lautsprecher)*.

Sie können zusätzliche Lautsprecher an den Mac anschließen. Es gibt zwei Arten von Lautsprechern:

1. Lautsprecher, die man an den USB-Anschluss anschließt. Diese melden sich, wie im folgenden Bildschirmfoto zu sehen ist, als *Typ USB*.

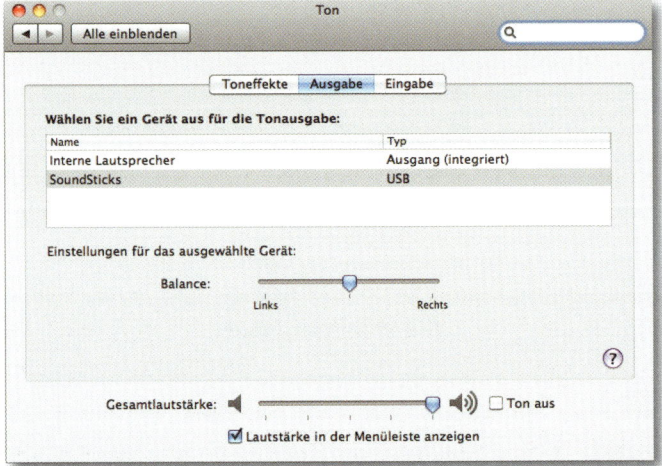

In diesem Fall sind USB-Lautsprecher angesteckt worden.

2. Lautsprecher, die man an die Klinkenbuchse des Kopfhörerausgangs anschließt. So wertet der Computer die Boxen automatisch als Kopfhörer. Die Internen Lautsprecher „verschwinden" dabei aus der Liste. Sie können in diesem Fall nicht mehr zwischen den Boxen und dem internen Ausgang wählen.

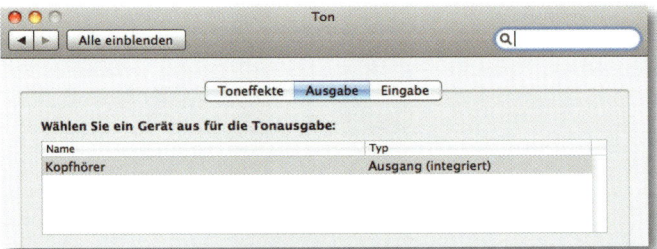

Hier sind Lautsprecher verwendet worden, die am Kopfhörer-Anschluss angeschlossen sind.

Eingabe

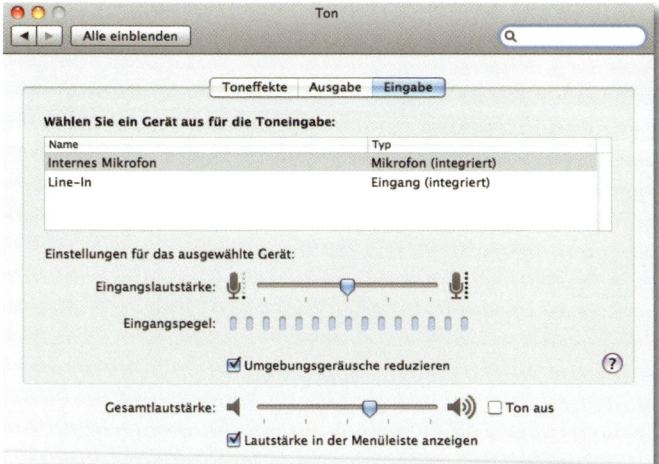

Welches Mikrofon soll verwendet werden?

Falls Sie ein extra Mikrofon angeschlossen haben, so wird hier unterschieden, ob das interne Mikrofon oder das externe Mikrofon verwendet werden soll. Diverse Regler für die Einstellung des Mikrofons stehen Ihnen hier zur Verfügung.

Verlassen Sie nun die *Systemeinstellungen*, indem Sie mit dem roten Knopf das Fenster schließen.

Kapitel 3

Kommunizieren:

Safari, E-Mail, iChat, Mail, und Skype

Im Internet unterwegs: Safari

Im Kapitel 2 Grundlagen haben Sie anhand des Programms Safari gelernt, wie Sie ein Programm öffnen, Text eingeben, Text löschen und Seiten aufrufen. Sie haben gelernt, wie Sie vor- und zurücknavigieren und wie Sie das Programm beenden. In folgendem Abschnitt möchten wir noch näher auf die Bedienung des Programms Safari eingehen und Ihnen Tipps zur Verwaltung Ihrer Lieblingsseiten geben sowie Ihnen einige interessante Internetseiten vorschlagen.

Lesezeichen in Safari

Zur Erinnerung: Es gibt eine Lesezeichenleiste in der Kopfleiste des Browsers.

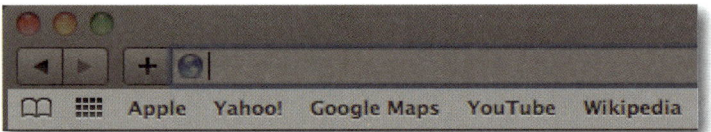

Die Lesezeichenleiste unterhalb des Adresseingabefeldes ist von Apple bereits vordefiniert. Sie finden dort Begriffe wie Apple, Yahoo!, Google Maps etc.

Die Lesezeichen, die Apple vorschlägt, sind ja gut gemeint, jedoch hat jeder Mensch andere Vorlieben, welche Internetseiten er denn gerne besucht.

Lesezeichen aus der Leiste entfernen

Zunächst könnten Sie die vordefinierten Begriffe aus der Leiste verwerfen. Wie geht das? Ganz einfach: Wählen Sie einen Begriff aus der Leiste an, halten Sie die Maustaste gedrückt, während Sie den Begriff z. B. nach oben aus dem Fenster ziehen. Der Begriff wird dabei in einem dunkelgrauen Oval dargestellt und verpufft, sobald Sie die Maustaste außerhalb der Lesezeichenleiste loslassen.

Am Beispiel Yahoo!-Lesezeichen (links) sehen Sie, wie es sich in einer Wolke auflöst (rechts), wenn man den Begriff aus der Lesezeichenleiste nach oben zieht.

Enfernen Sie nun alle Lesezeichen aus der Leiste, die Sie nicht benötigen. Sollten Sie einen Begriff aus Versehen löschen, ist das nicht schlimm, denn im nächsten Schritt lernen Sie, wie Sie neue Lesezeichen erstellen.

Ein neues Lesezeichen anlegen

Die Lesezeichenleiste ist nun leer und hat viel Platz für Ihre eigenen Internetseiten. Nehmen wir zum Beispiel an, Sie surfen gerne auf der Internetseite von Amazon. Zunächst gehen Sie, wie gewohnt vor, um www.amazon.de anzusteuern. Daraufhin erscheint die Homepage von Amazon.

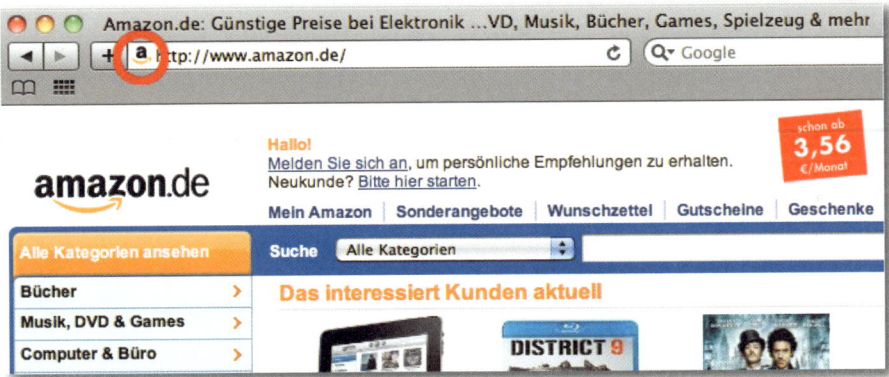

amazon.de-Homepage. Beachten Sie das kleine Logo vor der Internetadresse in der Eingabeleiste.

Die meisten Firmen haben sich ein Logo mit in die Eingabezeile der Internetadresse gelegt. Um nun ein neues Lesezeichen anzulegen, zeigen Sie mit der Maus auf dieses kleine Logo und ziehen es in die Lesezeichenleiste.

Sobald Sie das kleine Amazon-Logo in der Lesezeichenleiste loslassen ...

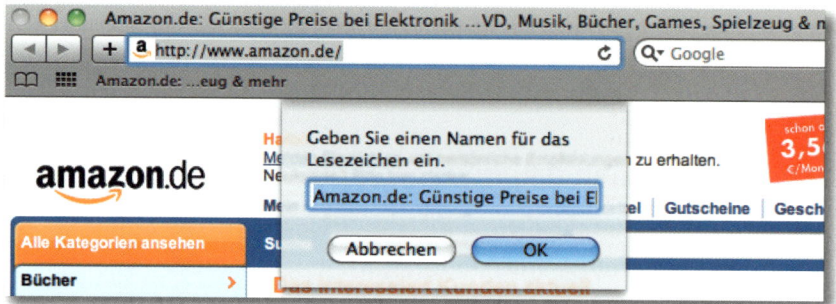

... können Sie Ihrem Lesezeichen einen Kurznamen vergeben.

Beim Loslassen des Logos in der Lesezeichenleiste öffnet sich inmitten des Safari-Fensters ein kleiner Dialog. Dieser enthält den vorgegebenen Namen, den auch die Homepage trägt. Im Falle von Amazon ist er zum Beispiel sehr lang. Da Sie wahrscheinlich noch mehr Lesezeichen wünschen, ist es ratsam, jedem Lesezeichen einen Kurznamen zu vergeben. Überschreiben Sie einfach den Namen mit dem Begriff „amazon".

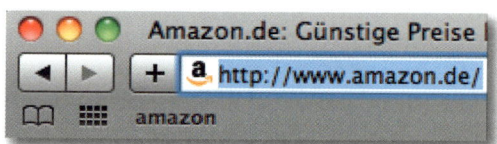

Fertiges Lesezeichen der Seite von Amazon.

Wenn Sie nun den Begriff anklicken, wird jedes Mal die Homepage von Amazon aufgerufen. Verfahren Sie mit all den Seiten so, die wichtig für Sie sind.

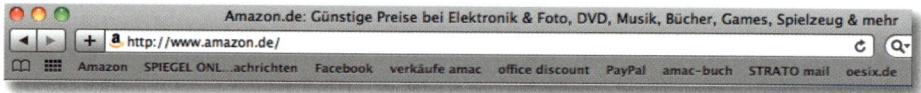

Die Lesezeichenleiste füllt sich.

! Da Sie nur begrenzt Plätze frei haben, raten wir Ihnen, nur wirklich wichtige Seiten in die Lesezeichenleiste aufzunehmen. Sollte es einmal unübersichtlich werden, einfach einige Begriffe nach oben wegziehen.

Alternative Einbringung von Lesezeichen

Was tun Sie aber, wenn Firmen ihr Logo nicht in der Eingabeleiste hinterlegt haben? Dann haben Sie die Möglichkeit, mit dem Pluszeichen vor der Eingabeleiste die Seite der Lesezeichenleiste hinzuzufügen. Klicken Sie auf das Plus, so wird auf die gleiche Weise die Seite hinzugefügt.

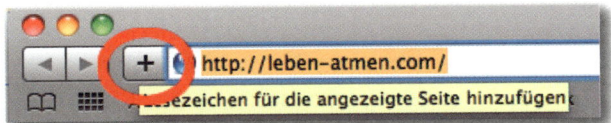

Mit dem Plus können Sie ebenfalls Lesezeichen hinzufügen.

Das Lesezeichen-Icon

Das kleine Lesezeichensymbol zeigt nicht nur an, dass Sie hier Lesezeichen platzieren können. Dahinter steckt auch der komplette Verlauf Ihrer zuletzt angewählten Seiten.

Klicken Sie auf das Lesezeichenicon, dann erweitert sich das Safari-Fenster.

Es verbirgt den Verlauf der angewählten Internetseiten.

Aus diesem Verlauf können Sie nun entweder unten in der Liste die in der Vergangenheit besuchten Seiten erneut anklicken oder in der dreidimensionalen CoverFlow-Ansicht die Seiten „durchblättern".

Anlegen von Ordnern in den Lesezeichen

Links im Fenster können Sie weiterhin Ordner für die thematische Ordnung von Seiten anlegen und verwalten.

Das Anlegen eines Ordners erledigen Sie mit dem kleinen Plus links unten in der Ecke. Ist der Ordner angelegt und beschriftet, so können Sie Seiten aus dem Verlauf in diesen Ordner ziehen.

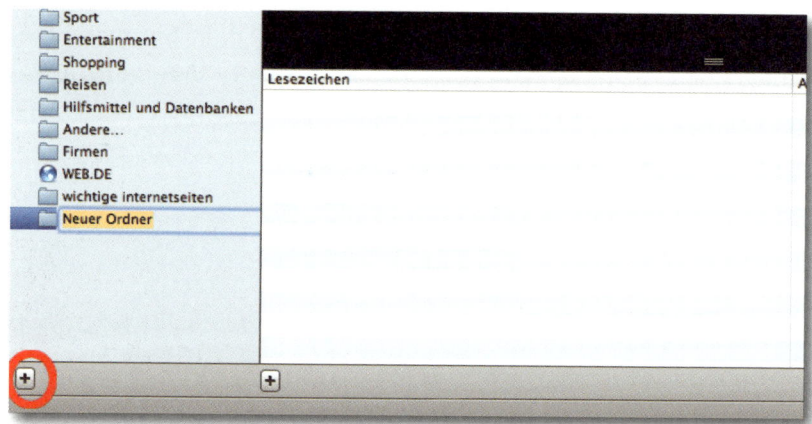

Das kleine Plus legt Ordner an, in die man Seiten sortieren kann.

Einen Begriff auf der Internetseite suchen

Kennen Sie das? Es gibt Internetseiten, die sind zwar interessant, aber sehr überladen, was das Design angeht. Sucht man ein bestimmtes Thema, kann man sich schon einmal minutenlang „verirren". Manchmal führt es so weit, dass man entnervt aufgibt und die Internetseite wieder verlässt. Damit Sie immer finden, was Sie suchen, ist folgender Tipp sicher sehr interessant für Sie: das Suchen eines Begriffs innerhalb einer Internetseite.

1. Drücken Sie den Tastaturbefehl: ⌘ + F. Daraufhin erweitert sich das Safari-Fenster.

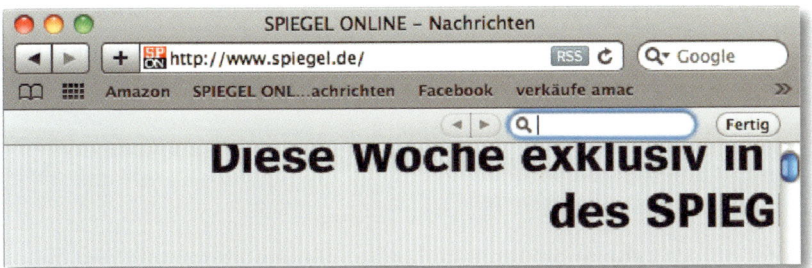

Erweiterte Kopfleiste nach Drücken des Kurzbefehls ⌘ + F.

2. Tippen Sie nun den Suchbegriff in das dafür vorgesehene Feld ein:

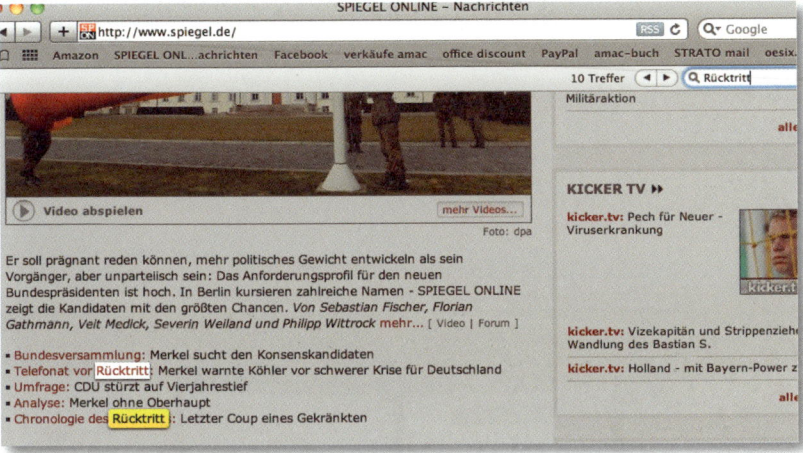

Zunächst wird die Anzahl der Treffer angegeben.
Gleichzeitig verdunkelt sich die Internetseite.

3. Klicken Sie nun mit den kleinen Pfeilen links neben dem eingegebenen Begriff die Fundstellen nacheinander an. Der gefundene Begriff wird jeweils in Gelb hervorgehoben.
4. Wenn Sie genug gelesen haben, klicken Sie auf *Fertig* oder geben Sie einen neuen Suchbegriff ein.

Top Sites anlegen

Ähnlich wie bei den Lesezeichen verhält es sich mit den sogenannten Top Sites *(topseits)*. Dies sind Seiten, die Sie immer wieder gerne aufrufen bzw. aufgerufen haben. Im Gegensatz zu den Lesezeichen erhält man gleich einen optischen

Eindruck der Homepage und gelangt so schnell an den gewünschten Ort. Außerdem werden Seiten automatisch dort gespeichert, die man früher schon aufgerufen hat. Steuert man diese öfter an, kann man sie auch als Top Site festlegen. Wie das geht, erfahren Sie im folgenden Abschnitt.

Top-Site-Übersicht aufrufen

Rechts neben dem Lesezeichensymbol sehen Sie ein kleines Raster. Klicken Sie darauf, so öffnet sich eine völlig neue Ansicht. Internetseiten, die Sie in der Vergangenheit geöffnet hatten, erscheinen in einer gewölbten 3D-Ansicht.

Top-Sites-Button.

Diese Seiten wurden in der Vergangenheit aufgerufen.

Wenn Sie jetzt mit der Maus auf eine Internetseite zeigen, wird diese jetzt blau umrandet und unten in der Mitte wird die Adresse angezeigt.

Im Moment zeigt die Maus auf www.amac-buch.de.

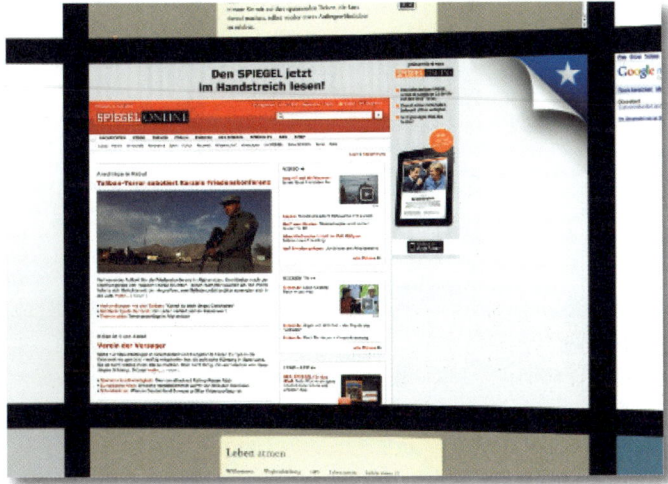

Hat sich seit Ihrem letzten Besuch auf der Internetseite etwas geändert, so erscheint ein kleiner blauer Stern in der rechten oberen Ecke.

Wenn Sie nun auf die Seite klicken, wird sie aufgerufen. Zurück zu den Top Sites gelangen Sie, wenn Sie erneut auf den Top-Site-Button klicken.

Beliebte Top Sites festlegen

Vielleicht gefällt Ihnen ja diese Art der Darstellung und Sie möchten gerne beeinflussen, welche Top Sites dargestellt werden sollen. Normalerweise werden die letzten Seiten einfach der Reihenfolge nach aufgeführt, die der Verlauf zeigt. So können Sie Seiten an einem bestimmten Platz festlegen: Sie sehen im linken unteren Bereich den Button *Bearbeiten*. Klicken Sie auf diesen, so bekommen alle dargestellten Internetseiten links oben in der Ecke ein Symbol mit einem x und einer Stecknadel.

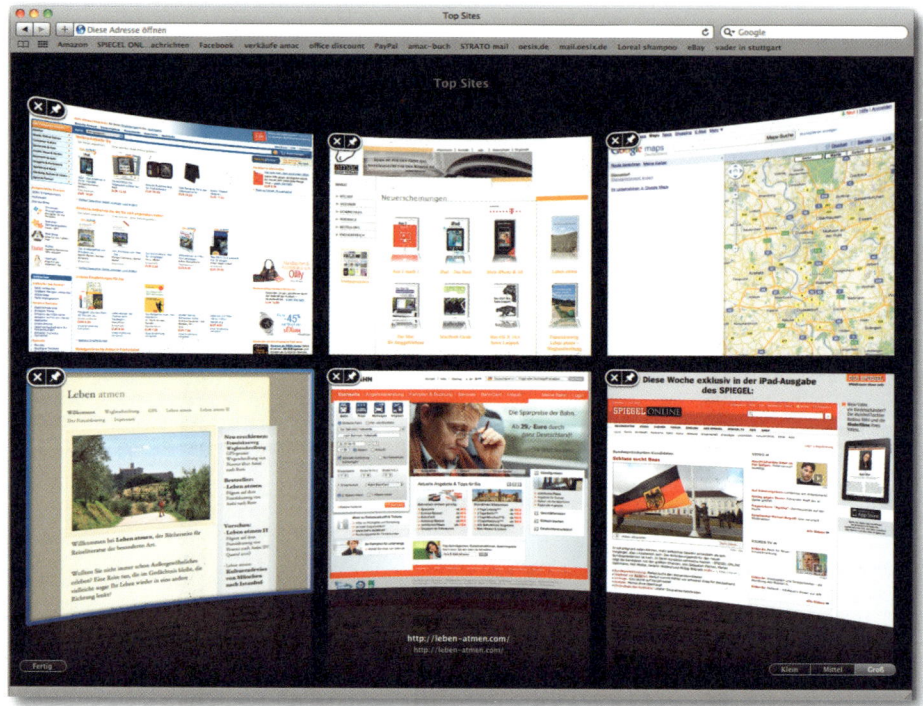

Top Sites im Bearbeiten-Modus.

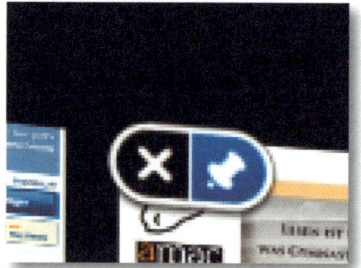

Richtig geraten: Aktivieren Sie die Stecknadel, so bleibt die Seite als Top Site immer im Top-Site-Fenster an derselben Stelle.

Möchte man eine Internetseite nicht in dieser Darstellung haben, so klickt man auf das x. Die Seite verschwindet und macht Platz für die nachfolgende Seite, die man irgendwann einmal aufgerufen hatte.

Wenn Sie nicht so viele Top Sites haben, können Sie auch die Darstellung von *Mittel* auf *Groß* umstellen. Das Top-Sites-Fenster zeigt dann weniger Seiten, diese dafür größer an.

Wenn Sie weiterhin im Bearbeiten-Modus sind, können Sie die Anzahl der dargestellten Seiten rechts unten ändern.

Eigene Top Sites hinzufügen

Möchten Sie eine völlig eigene Seite den Top-Sites hinzufügen, so gehen Sie folgendermaßen vor:

1. Rufen Sie zusätzlich ein neues Safari-Fenster auf. Dies geschieht mit dem Kurzbefehl ⌘ + N *(Ablage –>Neues Fenster)*.
2. Geben Sie eine Internetadresse in das neu erstellte Fenster ein, z. B. www.leben-atmen.com.
3. Ziehen Sie mit der Maus das Logo (wie beim Lesezeichen) in das nun dahinter liegende Top-Sites-Fenster.
4. Schließen Sie das Fenster mit ⌘ + W *(Ablage –>Fenster schließen)*.
5. Gegebenenfalls können Sie den Vorgang mit einer anderen Seite wiederholen.
6. Wenn Sie mit der Bearbeitung des Top-Sites-Fensters fertig sind, so klicken Sie links unten auf den Button *Fertig*.

Welche Internetseiten sind interessant?

Die Geschmäcker und Vorlieben sind, so auch bei Internetseiten, total verschieden. Trotzdem folgen nun ein paar Internetadressen, die auch für Sie interessant sein könnten:

Bezeichnung	Zweck
Nachrichten/Aktuelles/Medien	
www.zdf.de, www.ard.de	Die Fernsehsender stellen neueste Berichte, Ergänzungen und Inhalte von Fernsehbeiträgen zur Verfügung. Des Weiteren können über eine Mediathek ältere Fernsehsendungen abgerufen und nachträglich angesehen werden.
www.spiegel.de	Für Menschen, die schnell und aktuell Nachrichten in Kurzform lesen möchten, Ergänzung zur Tageszeitung.
www.(ihre Regionalzeitung).de	Ergänzung zur Tageszeitung, Beiträge und Fotos aus der Region.
Reisen/Informationen	
www.flughafen-(Stadt).de	An- und Abflugauskunft des Flughafens in Ihrer Nähe.
www.telefonbuch.de	Das Telefonbuch in elektronischer Form. Anbieter: Telekom.
www.wikipedia.de	Das virtuelle Lexikon für Fragen aller Art rund um den Globus.
www.tuifly.de, www.dertour.de, www.opodo.de etc.	Buchen von Pauschal- und Individualreisen, Billigflugreisen.
www.lufthansa.de	Flüge und mehr.
www.maps.google.de	GoogleMaps als Routenplaner für Auto, Fahrrad u. v. m.
Gesundheit/Kontakte	
www.50plustreff.de	Seriöse Kontaktbörse für Freundschaften und Bekanntschaften aller Art für die Generation 50+.
www.netdoktor.de	Haben Sie Fragen rund um Ihre Gesundheit? Dann wäre das eine Adresse für Sie. Der Gang zum richtigen Arzt wird damit allerdings nicht erspart.

Bezeichnung	Zweck
Konsum	
www.amazon.de	Großer virtueller Markt, mittlerweile nicht mehr nur für Bücher. Im Prinzip lässt sich dort alles für Haushalt, Freizeit und Bildung besorgen.
www.otto.de	Kleidung und mehr.
www.ebay.de	Längst nicht mehr nur ein Gebrauchtmarkt für Waren aller Art. Man benötigt allerdings eine Anmeldung, um kaufen und verkaufen zu können.
Kochen/Essen	
www.bringmirbio.de	Bioprodukte werden von Ihnen ausgesucht und nach Hause geliefert.
www.obst.de	Frisches Obst, online bestellt, einmal in der Woche liefern lassen.
Messen	
www.messen.de	Überblick über die Messen in Deutschland.
Kultur/Veranstaltungen	
www.theaterverzeichnis.de	Nahezu alle Theater in Deutschland können aufgerufen werden.
www.viagogo.de	Fußballtickets und viele andere Karten wie für Theater, Sport etc.
www.musicals.com	Musicalfreunde können hier Karten beziehen.

Eine E-Mail-Adresse besorgen

E-Mails sind Briefe, die elektronisch erfasst und – statt per Post – über das Internet versandt werden. Das Postfach des Empfängers ist ebenfalls elektronisch und bereit, Ihre abgesendeten Briefe zu empfangen. Der Vorteil liegt auf der Hand: Geschriebenes wird in Sekundenschnelle zugestellt und kann – samt Fotos oder sogar kleinen Videos – sofort und überall auf der Welt betrachtet und beantwortet werden.

Dieses Kapitel befasst sich zunächst mit der Beschaffung einer E-Mail-Adresse und der Frage, wo man denn ein Postfach eröffnen soll. Danach beschreibt es die Handhabung des Programmes *Mail* und die Verwaltung der E-Mails über das Internet.

Wenn Sie den Internetzugang (Kapitel 1) erfolgreich konfigurieren konnten und nun schon sicherer klicken und schalten können, dann ist der nächste für Sie wichtige Schritt, sich eine eigene E-Mail-Adresse zu besorgen.

! **Wenn Sie einen Vorort-Service für die Einrichtung des E-Mail-Programmes Mail und die Einrichtung einer eigenen E-Mail-Adresse von einem Apple Premium Reseller nutzen konnten, können Sie dieses Kapitel überspringen. Falls nicht – keine Angst! Es ist nicht so schwer, wie Sie vielleicht denken. Sie können dieses Kapitel auch zu einem späteren Zeitpunkt lesen, wenn Sie sich schon etwas sicherer im Umgang mit Ihrem Computer fühlen.**

Überlegungen vor der Einrichtung einer E-Mail-Adresse

Der Aufbau einer E-Mail-Adresse

Die Zeichen vor dem @ geben immer den Namen des Absenders an. Er kann sich nennen, wie er möchte. Der Name kann aus Buchstaben und/oder Nummern bestehen, also z. B. ismail123 oder simone78. Er kann aber auch noch einen Punkt enthalten, der z. B. den Vornamen vom Nachnamen trennt, wie z. B. *elma.lumomski* oder einfach nur *e.lumomski*.

Die Zeichen nach dem @ beschreiben den Anbieter/das Postfach, bei dem der Adressat seine E-Mail-Adresse hinterlegt hat. Wenn Sie bei T-Online eine E-Mail-Adresse haben, so heißt der Ort *@t-online.de*, bei Web.de heißt er *@web.de* und bei GMX lautet die Endung *@gmx.de*.

Nach dem . folgt meistens das Land, in dem sich der Anbieter aufhält. So steht die Endung .de für Deutschland, .com für USA, .eu für Europa, .it für Italien usw.

! **Sehr wichtig:** Achten Sie darauf, dass Sie **keine Leerräume** zwischen den Worten haben. Die sind bei E-Mail-Adressen nicht zulässig. Eine E-Mail-Adresse muss immer ein @ und einen . aufweisen. Hier zwei Beispiele: **s.ochsenkuhn@web.de, petra.mustermann@amac-buch.de**.

Schreiben Sie sich schon mal ein paar Varianten auf einen Zettel. Dann können Sie sich nachher ganz auf die Eingaben konzentrieren. Abgesehen von allem Technischen, sollte Ihnen Ihre E-Mail-Adresse ja auch gefallen.

Wenn Sie einen Internetzugang bei T-Online haben, kann damit kostenfrei eine E-Mail-Adresse verwendet werden. Diese ist bereits im DSL-Paket enthalten. Um die individuelle E-Mail-Adresse einzurichten, benötigen Sie natürlich den Internetzugang und das Blatt mit Ihren T-Online-DSL-Daten, weil dort Ihr persönliches Kennwort hinterlegt ist.

E-Mail-Adresse bei T-Online einrichten

Starten Sie *Safari* und geben Sie als Adresse *www.t-online.de* ein.

Die Schrift auf der Internetseite von T-Online ist sehr klein. Mit der Tastenkombination ⌘ + + (plus) vergrößern Sie den Inhalt einer Internetseite. Dies hat den Nachteil, dass man mehr scrollen muss. Mit ⌘ + - (minus) verkleinern Sie den Inhalt. Bitte betrachten Sie diese etwas unübersichtliche Seite ganz genau, damit Sie in diesem Moment keine Fehler machen. Die meisten Anwendungsfehler passieren eben, weil man nicht genau genug gelesen hat.

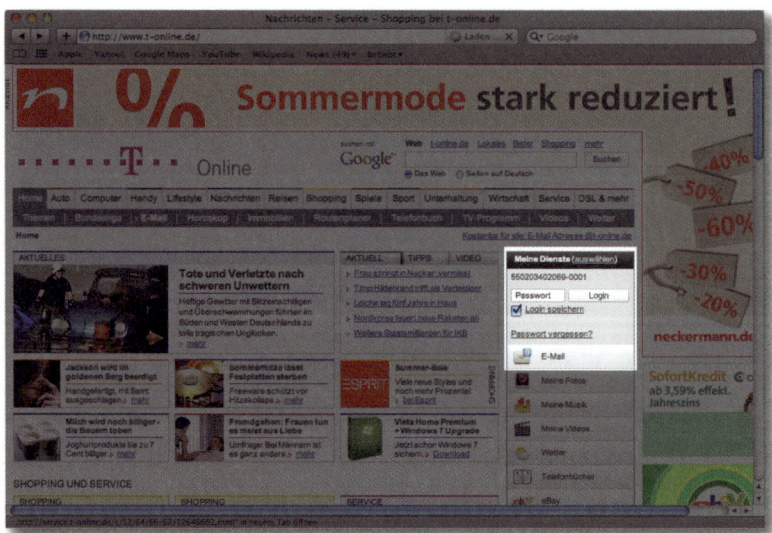

Aufrufen der T-Online-Startseite.

Die Seite müsste sich dann melden und Sie sehen rechter Hand, dass T-Online Sie sofort aufgrund Ihres Internetzuganges erkannt hat und unterhalb des Begriffes *Meine Dienste* Ihre Teilnehmernummer abbildet. Noch etwas weiter darunter sehen Sie den Eintrag *E-Mail*.

Sie müssen sich nun für den E-Mail-Dienst anmelden.

Sie haben bereits eine E-Mail-Adresse, nur ist diese Adresse zurzeit für andere Personen nicht einfach zu merken, denn sie besteht aus der Nummer, die Sie vorhin unten sahen, sie ist identisch mit Ihrer Teilnehmernummer bei T-Online. Deshalb ist es ratsam, dass Sie sich eine E-Mail-Adresse einrichten, die z. B. aus Ihrem Vor- und Zunamen besteht.

@-Zeichen: **Wie erhält man dieses Zeichen auf der Tastatur? Drücken Sie die ⌥ -Taste und den Buchstaben L, also den Kurzbefehl ⌥ + L.**

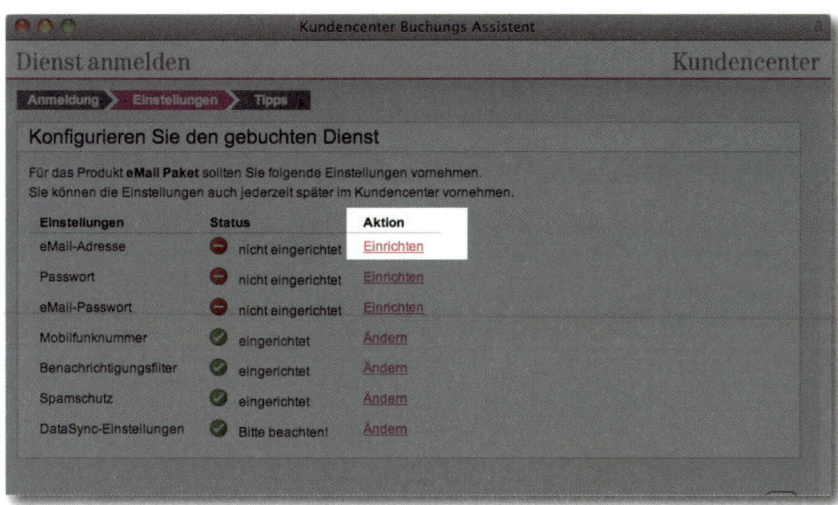

E-Mail-Adresse(n) einrichten.

Wenn Sie auf die *Einstellungen* klicken, sehen Sie, dass für Sie zurzeit noch keine E-Mail-Adresse mit einem Namen und einem Passwort eingerichtet ist. Klicken Sie deswegen unterhalb von *Aktion* den Eintrag *Einrichten* in der Zeile *E-Mail-Adresse* an.

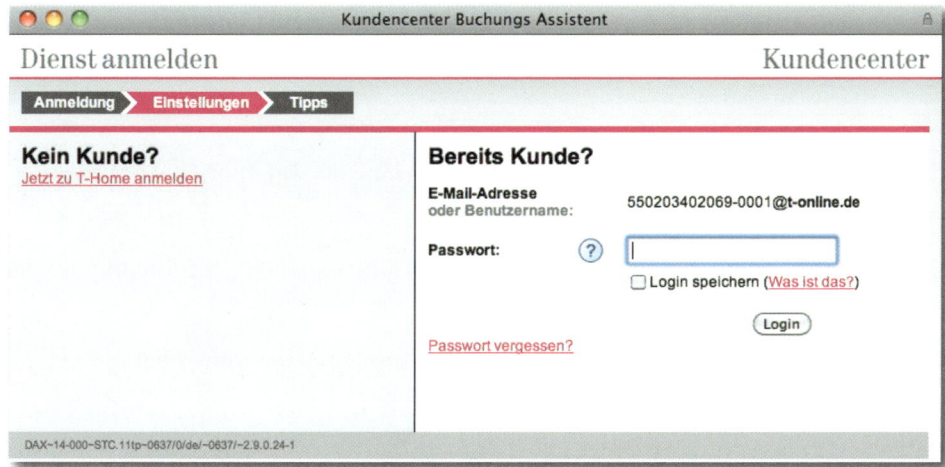

Geben Sie Ihr Passwort aus den mitgelieferten DSL-Unterlagen ein (siehe Kapitel 1).

Haben Sie die Passworteingabe erfolgreich hinter sich gebracht, erscheint im nächsten Bildschirm die Möglichkeit, einen neuen Namen einzugeben und somit Ihre E-Mail-Adresse einzurichten (unterhalb von „Geben Sie eine neue E-Mail-Adresse ein"). Klicken Sie hernach auf „E-Mail-Adresse prüfen". Sogleich wird überprüft, ob Ihre E-Mail-Adresse eindeutig ist. Denn Sie müssen wissen: Jede E-Mail-Adresse ist genauso wie eine Telefonnummer nur einmal weltweit zu vergeben.

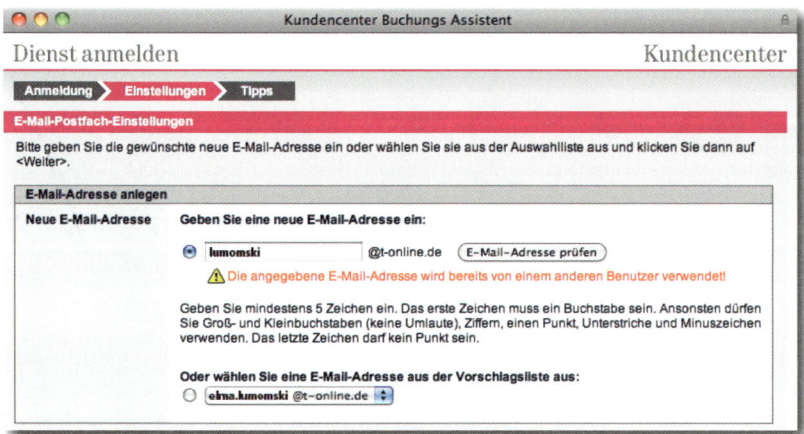

Der Name lumomski@t-online.de ist bereits registriert.

Wie Sie anhand des Bildschirmfotos sehen, ist für diesen Namen bereits eine E-Mail-Adresse von einer anderen Person eingerichtet worden. Deswegen müssen Sie eine Alternative eingeben. Probieren Sie doch einfach mal das Format *Vorname.Nachname* aus.

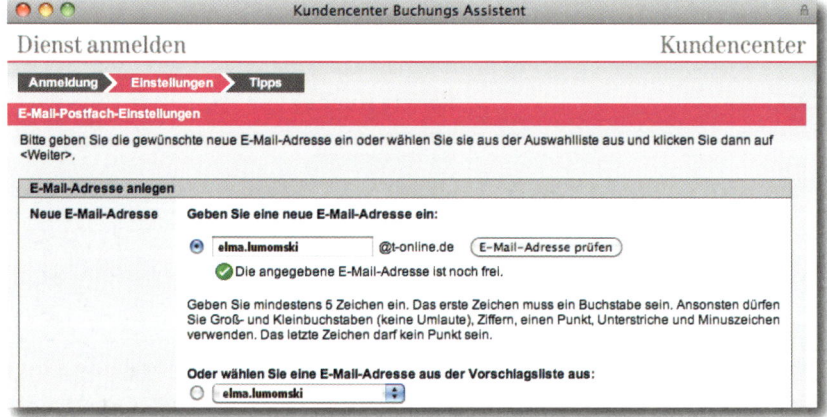

Der Name elma.lumomski@t-online.de ist noch zu haben.

Prima! Jetzt hat es also geklappt. elma.lumomski@t-online.de ist in unserem Fall noch nicht vergeben und kann deswegen verwendet werden. Mit einem Klick auf den Button „Weiter" kommen Sie in die letzten Einstellungen und müssen für Ihr E-Mail-Postfach noch ein Kennwort hinterlegen. Dieses Kennwort benötigen Sie für den Abruf der E-Mails. Ohne Kennwort haben Sie keinen Zugriff auf Ihre elektronische Post.

Ist all das geschehen, ist Ihre E-Mail-Adresse fertig eingerichtet und Sie bekommen auf der Seite *Tipps* eine Übersicht.

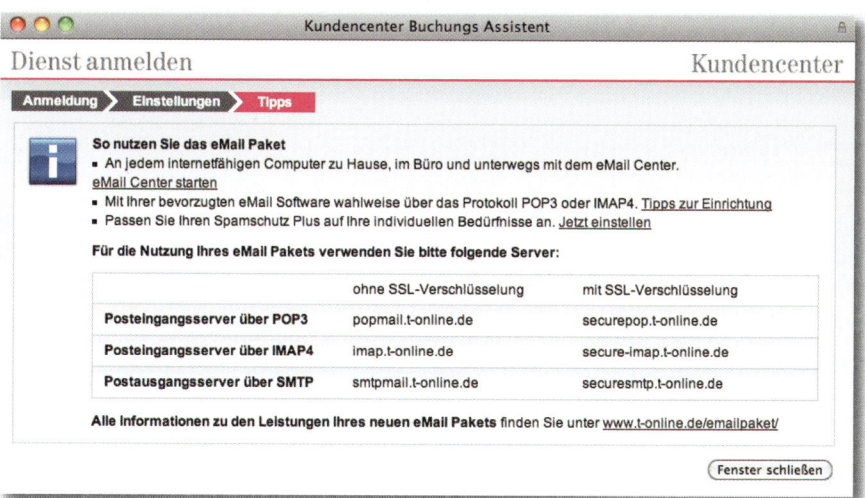

Vergeben Sie ein Kennwort, das Sie sich merken können,
weil Sie es wenige Minuten später bereits benötigen.

Hier sehen Sie noch mal eine Übersicht der technischen Daten
Ihres E-Mail-Accounts.

Diese technischen Daten, die Sie auf dem letzten Bildschirmfoto gesehen haben, sind für Sie weniger von Interesse, denn Apple verwendet ein E-Mail-Programm, das diese Daten bereits kennt. Es genügt also, in Ihrem Apple-E-Mail-Programm später lediglich Ihren Namen einzutragen.

Noch ein allgemeiner Hinweis an dieser Stelle: Wenn Sie nicht bei T-Online DSL-Kunde sind, sondern bei einem anderen Anbieter, sollten Sie prüfen, ob dort auch E-Mail-Adressen Bestandteil Ihres Vertrages sind. Ist dies der Fall, dann sollten Sie sich informieren, auf welche Internetseite Sie gehen müssen, um dort Ihre E-Mail-Adresse zu beantragen und einzurichten. Hat Ihr DSL-Dienstleister keine kostenfreien E-Mail-Adressen in seinem Programm, dann können Sie andere Anbieter, wie z. B. web.de oder gmx.de, verwenden, die für Sie ebenfalls kostenlose E-Mail-Adressen bereithalten.

E-Mail-Adresse bei anderen Anbietern einrichten

Es gibt eine Menge Anbieter, die E-Mail-Dienste kostenlos anbieten, und es gibt auch kostenpflichtige Anbieter. Wir stellen Ihnen zwei kostenlose Accounts und einen kostenpflichtigen E-Mail-Account vor.

Account bedeutet im Zusammenhang von E-Mails **Auflistung**, also eine Liste Ihrer E-Mails. In einem **E-Mail-Account** werden alle für Sie bestimmten E-Mails gesammelt und aufgehoben, bis Sie dazu kommen, sie im **Account-Postfach** zu bearbeiten.

E-Mail-Adresse bei web.de (kostenlos)

Zunächst betrachten wir uns einmal das Einrichten des E-Mail-Accounts bei web.de. Wenn Sie die Internetseite *www.web.de* angewählt haben, so sehen Sie rechter Hand einen Link, der sich *Hier kostenlose E-Mail-Adresse einrichten* nennt – auf den klicken Sie.

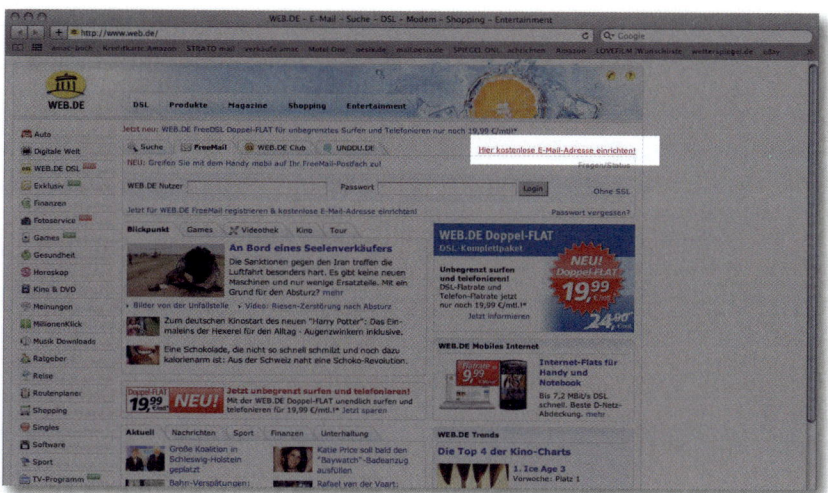

Die Startseite von www.web.de. Der Inhalt wechselt ständig.

Wenn Sie *Hier kostenlose E-Mail einrichten* angeklickt haben, so führt *Web.de* Sie weiter zu einem größeren Button, der *Jetzt kostenlos anmelden* heißt.

Den blauen Knopf „Jetzt kostenlos anmelden" anklicken.

Jetzt geht es ans Ausfüllen eines Formulars. Das ist mitunter sehr mühsam, aber da kommt man nicht drum herum. Denn auch E-Mail-Anbieter, die ihren Dienst kostenlos zur Verfügung stellen, möchten wissen, wo Sie wohnen und woher Sie kommen.

Der zweite Schritt ist auch hier, sich eine E-Mail-Adresse zu sichern. Das passiert alles in dem Formularfenster. In der Mitte befindet sich die Prüfung der Verfügbarkeit, der gewünschten E-Mail-Adresse. Bevor Sie alles andere ausfüllen, können Sie ja auch erst die Verfügbarkeit der von Ihnen gewünschten Adresse prüfen.

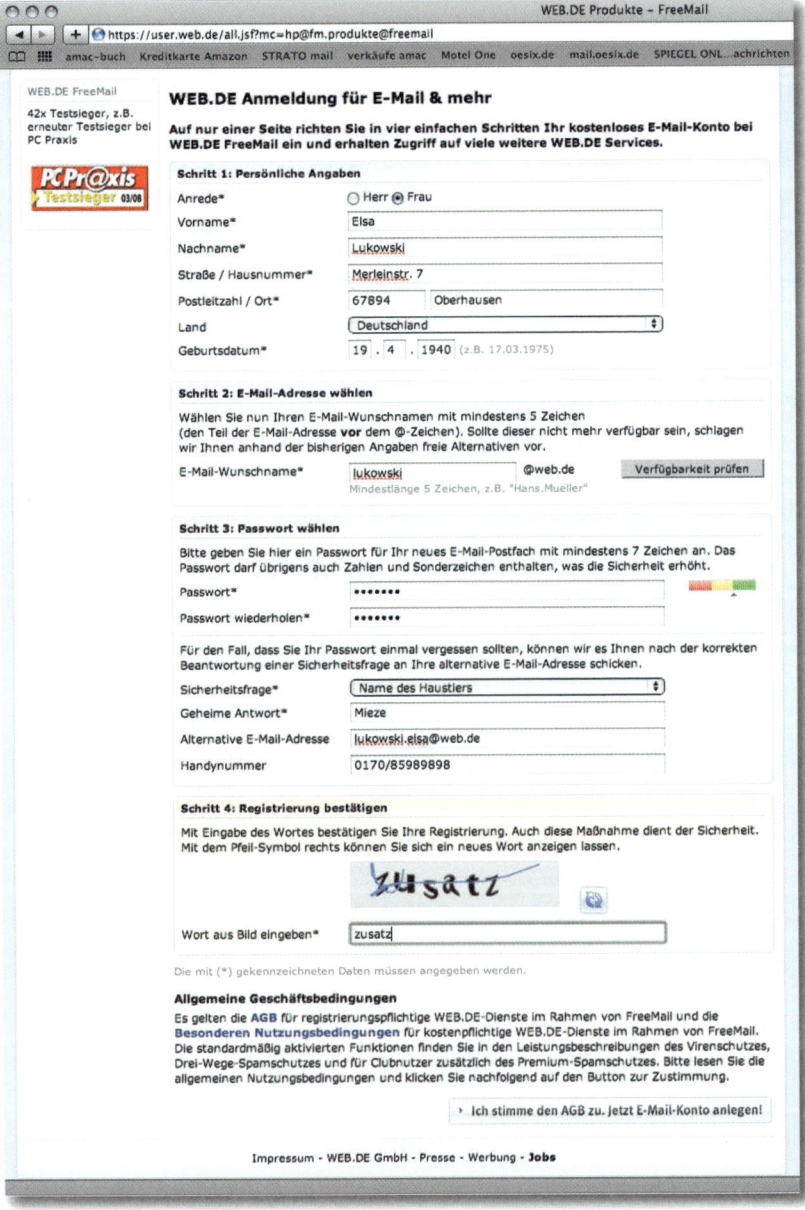

Das Formular ausfüllen erfordert Konzentration.

Ist die E-Mail-Adresse frei, so geht es an das Passwort und die Sicherheitsabfragen, falls Sie einmal Ihr Passwort vergessen sollten.

! **Bitte schreiben Sie sowohl Ihre E-Mail-Adresse als auch das Passwort, das Sie vergeben haben, auf. Bewahren Sie den Zettel so auf, damit Sie ihn jederzeit wiederfinden. Dies dient dazu, dass Sie immer wieder nachsehen können, denn anfänglich sitzen die Begriffe sicher noch nicht hundertprozentig.**

Gut wäre auch, wenn Sie eine alternative E-Mail-Adresse angeben könnten, an die dann z. B. ein neues Passwort weitergeleitet wird, falls Sie es doch einmal vergessen sollten. Das ist zwar nicht Pflicht, sofern diese Adresse Ihre einzige E-Mail-Adresse sein soll, aber vielleicht haben Sie ja einen Vertrauten, dem Sie so etwas zusenden lassen könnten.

Der vierte und letzte Schritt ist eine Sicherheitsabfrage. In dem Formular befindet sich weiter unten ein Feld mit krakeligen Buchstaben, in dem das Wort, das etwas verschlüsselt aussieht, einzutragen ist.

Zuletzt stimmen Sie den Allgemeinen Geschäftsbedingungen (AGB) zu.

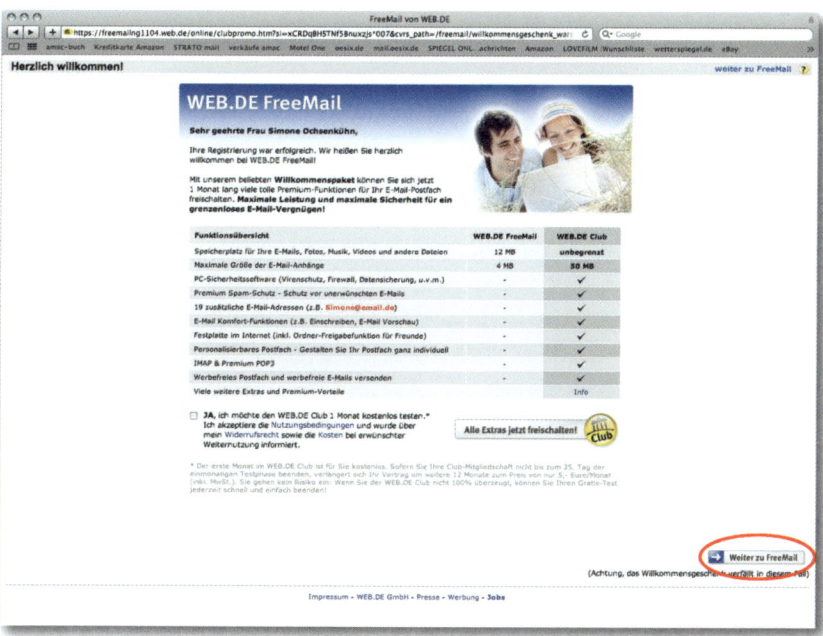

Wenn alles geklappt hat, folgt die Bestätigungsseite. Aber jetzt Vorsicht, sonst wird aus dem kostenlosen Spaß ein teurer. Bitte nichts anderes betätigen, sondern nur den blauen Pfeil rechts unten „Weiter zu Freemail" anklicken.

Ist das passiert, bietet Ihnen Web.de einen kostenpflichtigen Teil gratis zum Test an. Wir empfehlen Ihnen, dies erst einmal nicht zu tun. Machen Sie einfach weiter bei Freemail – unten rechts ist der Pfeil – und schon können Sie den E-Mail-Dienst nutzen.

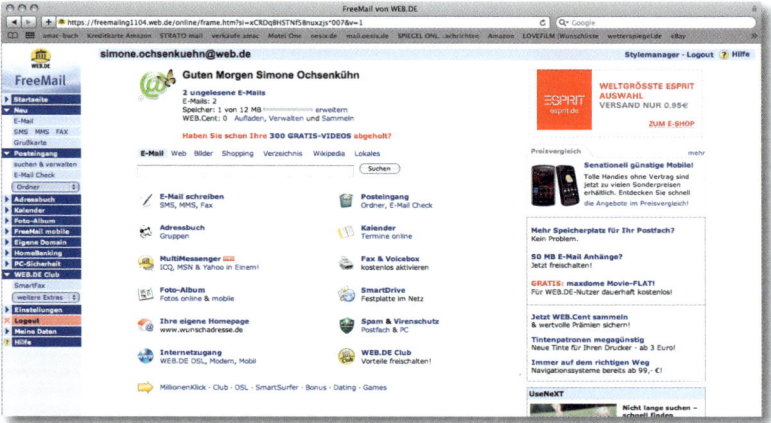

Die E-Mail-Oberfläche von web.de.

Drücken Sie den rosafarbenen Knopf *Logout* in der linken Spalte des Fensters, denn hier sind erst einmal fertig. Sie lernen später, wie Sie über *Safari* E-Mails in Freemail verwalten und schreiben.

E-Mail-Adresse bei GMX (kostenlos)

Wenn Sie den vorangegangenen *web.de*-Abschnitt gelesen haben, so ist Ihnen der Anmeldevorgang bei GMX eigentlich auch nicht mehr ganz fremd.

Die E-Mail-Oberfläche von gmx.de.

Hier finden Sie ebenfalls einen großen Knopf *Jetzt kostenlos anmelden* und Sie müssen das gleiche Procedere durchlaufen wie bei *web.de*.

1.   Formular ausfüllen,
2.   E-Mail-Adresse aussuchen,
3.   Sicherheitsabfrage über sich ergehen lassen.

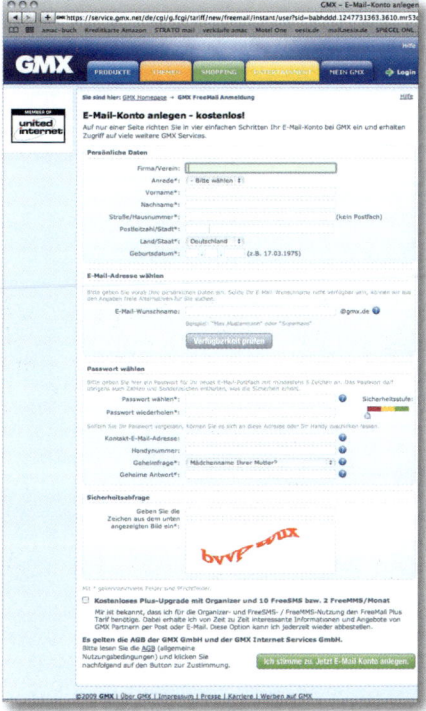

Formular ausfüllen, AGBs zustimmen und fertig.

Danach melden Sie sich über den *Logout*-Knopf ganz rechts oben im Fenster wieder ab.

> Viele dieser kostenlosen E-Mail-Adressen haben einen kleinen Nachteil. Sie erhalten dadurch, dass sie eben gebührenfrei sind, Werbe-E-Mails von diversen Anbietern und werden dadurch eventuell gestört. Des Weiteren haben Sie nicht so viel Platz zur Verfügung, zum Beispiel zum Empfangen von E-Mails mit großen Bildern.

Dafür gibt es Alternativen, die allerdings etwas kosten, ähnlich wie bei T-Online.

Kostenpflichtige E-Mail-Accounts

Vertrauen Sie den kostenlosen Online-Anbietern nicht, bekommen Sie zu viele Werbe-E-Mails oder ist Ihnen die Handhabung zu unübersichtlich, so raten wir Ihnen, eine E-Mail-Adresse zu kaufen. Unsere persönliche Empfehlung ist eine Adresse bei Apple. Für 79,00 € im Jahr bekommen Sie viele Leistungen und wenig Werbung.

E-Mail-Account bei me.com

Wenn Sie die Adresse *www.me.com* eingeben, so erscheint ein Anmeldedialog.

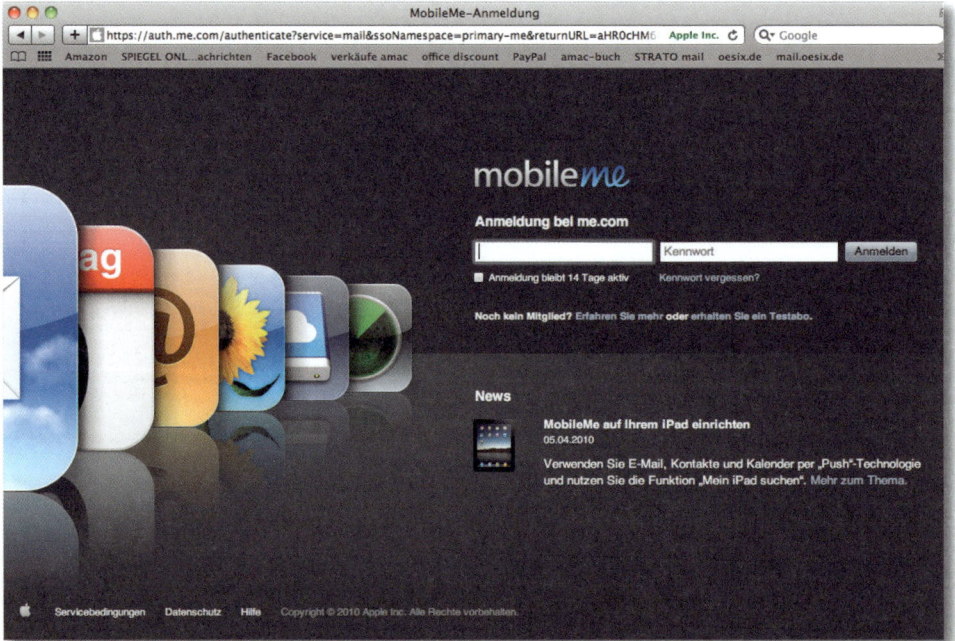

Die Oberfläche von MobileMe.

Klicken Sie auf *Erfahren Sie mehr,* können Sie sich erst einmal über die Serviceleistungen des MobileMe-Accounts informieren.

Die umfangreichen Leistungen von me.com.

Weiter unten steht rechter Hand dann auch der aktuelle Preis für die Leistungen. Des Weiteren können Sie diesen Dienst 60 Tage lang kostenlos testen. Wenn Sie zufrieden sind, wird Ihnen rechtzeitig Bescheid gegeben und Sie werden daraufhin zu einem Formular geführt, das Sie zu Zahlungen verpflichtet. Füllen Sie also das Formular für die kostenlose Testversion erst einmal aus und erfahren Sie alles Weitere.

! Bei Diensten, die man **über das Internet bezahlen muss**, wird **häufig eine Kreditkarte benötigt**. Es wäre gut, wenn Sie zukünftig, um in die Welt des Computers einzutauchen, auch eine **VISA- oder Mastercard** besitzen. Sonst können Sie viele Dinge einfach nicht nutzen. Sprechen Sie mit der Bank Ihres Vertrauens.

Bonus: iChat für MobileMe

Entscheiden Sie sich für einen MobileMe-Account, so können Sie das Apple-eigene Kommunikationsprogramm namens iChat nutzen. Das Programm iChat dient u. a. dazu, mit anderen MobileMe-Adressaten Kurznachrichten auszutauschen. Aber auch das Telefonieren mit Ton und Bild ist möglich. Wenn Sie keinen Account bei MobileMe möchten, so können Sie diesen Abschnitt überspringen. Zum Thema Chat beschreiben wir später in diesem Kapitel das kostenlose Programm Skype, das gleichermaßen für Chat und Videotelefonie verwendet werden kann.

> **Chat** (engl. to chat *(tschätt)* „plaudern, sich unterhalten") bezeichnet elektronische Kommunikation in Echtzeit über das Internet. **Eine frühere Form des Chats gab es in den 80er-Jahren über den CB-Funk.**
> Die ursprüngliche Form des Internet-Chats ist der reine Textchat, bei dem nur Zeichen ausgetauscht werden konnten. Mittlerweile kann – je nach System – eine Ton- und/oder Videospur dazukommen bzw. den **Textchat** ersetzen. Man spricht von **„Audio-"** bzw. **„Videochat"** (Quelle: Wikipedia).

Falls Sie einen MobileMe-Account eingerichtet haben und das Programm nutzen möchten, öffnen Sie die *Systemeinstellungen –> MobileMe*. Zur Erinnerung: Diese befinden sich links oben im Apfelmenü oder im Dock.

Tragen Sie Ihre E-Mail-Adresse und Ihr Kennwort ein.

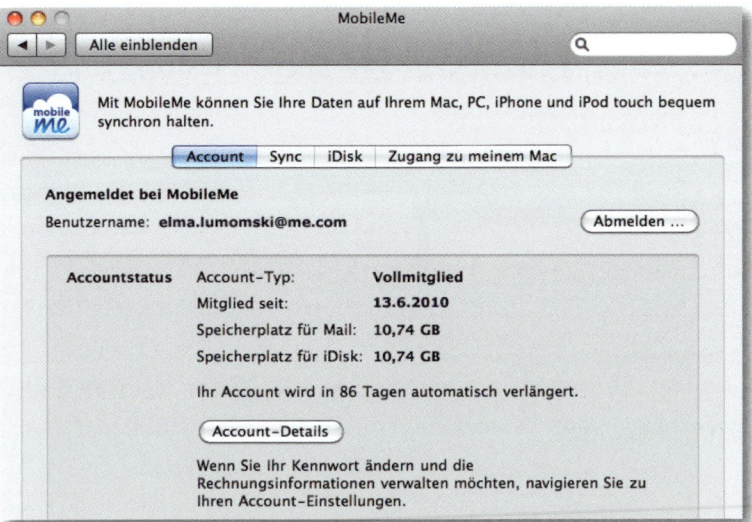

MobileMe hat Sie als Vollmitglied erkannt.

Starten Sie nun iChat, so sind noch ein paar kleine Eingaben zu machen:

Links: Hier werden die Eintragungen automatisch ausgefüllt. Klicken Sie einfach auf „Fortfahren". Rechts: Es folgt ein Dialog zur Eingabe der Verschlüsselung der Übertragung. Damit werden Ihre Daten für Unbefugte unkenntlich gemacht. Danach bestätigen Sie mit „Fortfahren".

Wenn Sie die Verschlüsselung aktiviert haben, so erscheint noch ein Zwischendialog, den es zu bestätigen gilt. Danach folgt die Zusammenfassung und dann kann es schon losgehen. Klicken Sie auf „Fertig".

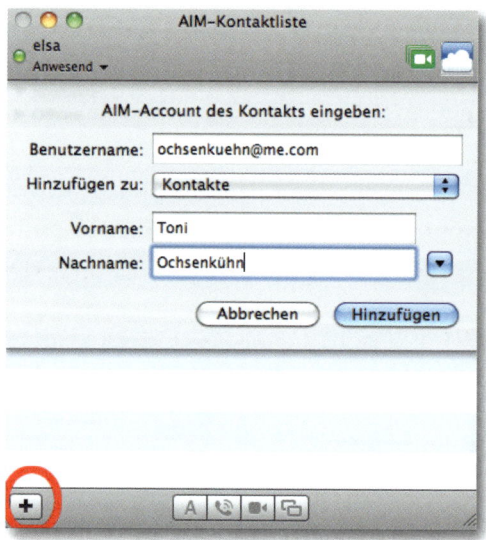

Die AIM-Kontaktliste erscheint. Um einen Teilnehmer hinzuzufügen, klicken Sie auf das kleine Plus links unten in der Ecke. Geben Sie dann E-Mail-Adresse und Namen ein.

! Wie aber nimmt ein anderer von außen mit Ihnen Kontakt auf? Geben Sie ihm Ihre E-Mail-Adresse bei MobileMe (z. B. elma.lumomski@me.com). Damit kann er Sie zu seiner Teilnehmerliste hinzufügen und Sie kontaktieren. Der Dienst iChat steht nur MobileMe-Kunden sowie GoogleTalk-, Jabber- oder AIM-Kunden zur Verfügung. Andere E-Mail-Adressen wie GMX oder t-online funktionieren nicht.

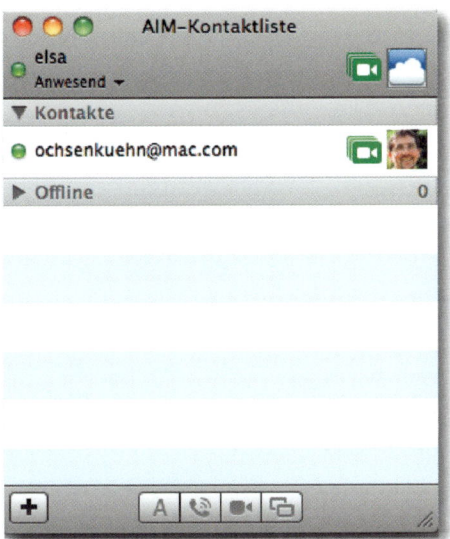

Wenn sich dieser Teilnehmer gerade online befindet, erscheint er in Ihrer Kontaktliste mit Bild und grünem Punkt. Der grüne Punkt bedeutet, dass der Teilnehmer gesprächsbereit ist.

Wenn Sie mit dem Teilnehmer Kontakt aufnehmen möchten, so haben Sie mehrere Möglichkeiten. Sie können ihm zum Beispiel eine Textnachricht schreiben. Klicken Sie den Teilnehmer doppelt an, so erscheint ein Textfenster.

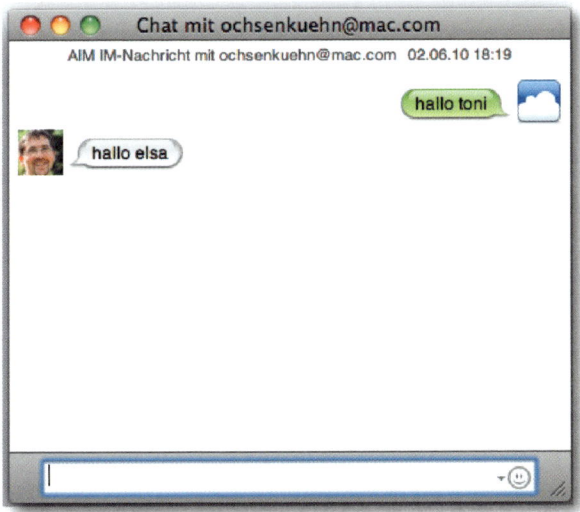

Schreiben Sie dem Teilnehmer eine Nachricht in das untere Texteingabefeld und drücken Sie die Return-Taste. Nachdem Sie eine Antwort bekommen haben, erwidern Sie auf diese usw.

Wünschen Sie auch ein Bild in Ihrem Chat, so klicken Sie rechts oben in die kleine Wolke. Dort können Sie unter *Bild bearbeiten...* von sich selbst ein Foto schießen und einbringen.

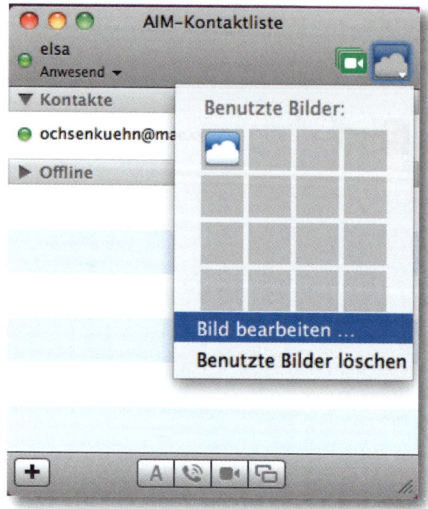

Für die Individualisierung von iChat machen Sie einfach von sich selbst ein Bild.

Videotelefonie mit iChat

Die zweite Möglichkeit ist, den Teilnehmer anzurufen. Drücken Sie auf das kleine grüne Videosymbol nahe beim Benutzerfoto des Teilnehmers. Daraufhin klingelt es beim Gegenüber. Wenn dieser annimmt, können Sie telefonieren und sich dabei ansehen.

Das Kamerasymbol zeigt an, dass das Gegenüber auch per Video zu sehen ist.

Telefonieren per Videoübertragung.

Am Videofenster befinden sich vier Knöpfe: ❶ *Effekte (Spaßbilder übertragen),*
❷ *Dateiaustausch,* ❸ *Stummschaltung und* ❹ *Vollbildmodus*

! **Im Vollbildmodus befinden sich diese Schalter als** graues Feld in der unteren Bildschirmmitte.

**Hinweis: Sollte Ihr Gesprächspartner keine Kamera haben, so rufen Sie ihn
an, indem Sie das Telefonhörersymbol in der Kontaktliste drücken.**

*Von links: Textnachricht senden (chatten), Anruf ohne Videoübertragung,
Anruf mit Videoübertragung, Fernsteuerung des anderen Rechners.*

Das Programm Mail einrichten und benützen

Mail starten, um das Programm einzurichten

Als ersten Schritt starten Sie das Programm *Mail*, das Sie im Dock sehen. Klicken Sie hierzu einmal auf das entsprechende Symbol mit dem Adler auf der Briefmarke, und das Programm *Mail* öffnet den Einrichtungsassistenten.

Das Programmsymbol Mail im Dock.

Sogleich erscheint der Willkommensbildschirm und weist Sie darauf hin, dass Sie nun Ihre E-Mail-Daten eingeben sollen.

Geben Sie hier Ihre E-Mail-Informationen ein.

Wie Sie sehen, können Sie hier neben Ihrem Namen *(Vollständiger Name)* und Ihrer *E-Mail-Adresse* auch das vorher definierte *Kennwort* eintragen.

Klicken Sie sodann auf *Fortfahren.*

Wenn Ihre Internetverbindung aktiv ist, wird das Programm Mail jetzt aufgrund Ihrer E-Mail-Adresse so clever sein und sofort alle notwendigen Einstellungen für Sie vornehmen.

Mail hat alle Einstellungen selbstständig vorgenommen.

Sie haben also mit dem Programm Mail eine sehr einfach zu konfigurierende Software, um Ihre E-Mail-Adresse dort zu hinterlegen.

> **Hinweis: Dies funktioniert nicht nur bei E-Mail-Adressen von T-Online, auch von den vorhin schon erwähnten möglichen E-Mail-Adressen bei web.de oder gmx.de sind diese Daten bereits hinterlegt. Dort genügt also ebenfalls der Eintrag Ihrer E-Mail-Adresse und des Kennwortes, alle anderen Daten werden selbstständig eingetragen und alles wird fertig konfiguriert.**

Wenn Sie die Zusammenfassung gelesen haben, klicken Sie erneut auf *Erstellen* und sogleich erscheint das nächste Fenster, in dem Sie einen Überblick über Ihre empfangenen E-Mails erhalten. Sie sehen in der linken Spalte bei den Postfächern den Begriff *Eingang* (aktiv).

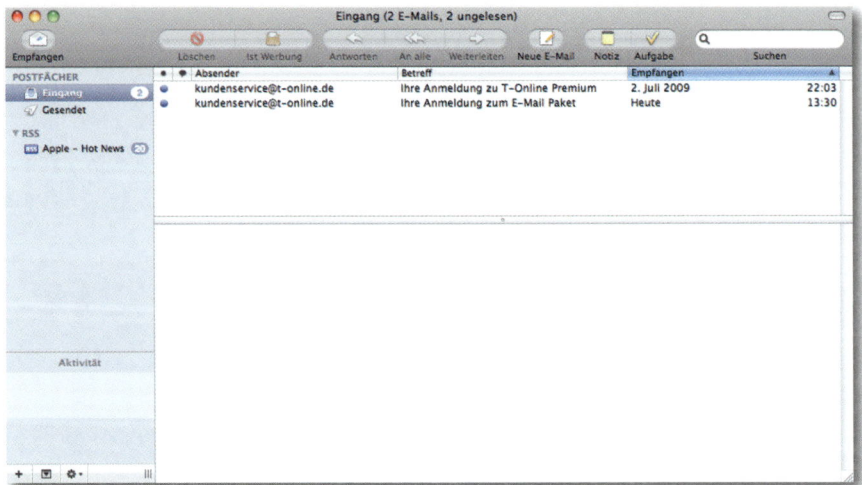

Erste E-Mails: Sie haben bereits zwei E-Mails in Ihrem Postfach.

Und obwohl Sie noch gar keine E-Mails abgesendet haben, hat Ihnen T-Online in diesem Fall bereits die ersten E-Mails gesendet, denn Sie haben sich ja vorher Ihre E-Mail-Adresse besorgt und Ihr Kennwort hierfür spezifiziert. T-Online bestätigt Ihnen mithilfe der E-Mails diese Eingaben.

Wenn Sie möchten, können Sie nun ausprobieren, ob auch das Versenden von E-Mails klappt. Dazu klicken Sie oben in der Leiste auf den Knopf *Neue E-Mail*. Daraufhin erscheint ein neues leeres Fenster.

Selbsttest: Schreiben Sie sich selber eine E-Mail.

Geben Sie dort bei *An:* Ihre eigene E-Mail-Adresse ein, bei *Betreff:* und darunter einen Text Ihrer Wahl. Haben Sie alles fertig eingetragen, klicken Sie auf *Senden*. Damit wird die E-Mail von Ihrem Computer aus in das Internet abgeschickt.

Der Empfangen-Knopf holt E-Mails ab.

Warten Sie wenige Sekunden und klicken Sie danach auf *Empfangen*, und wenn alles wunschgemäß geklappt hat, müsste jetzt eine dritte E-Mail in Ihrem Postfach gelandet sein.

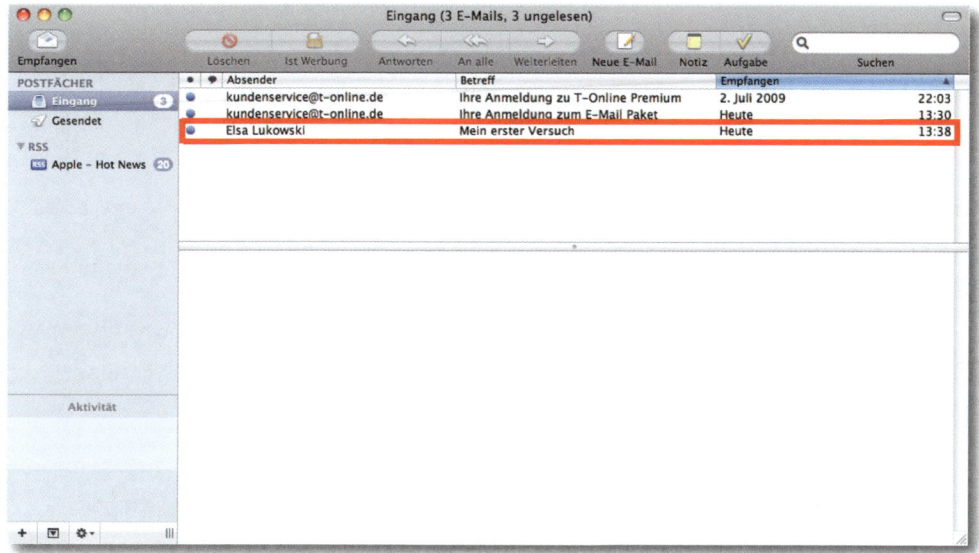

Alles hat geklappt, die Mail ist zu Ihnen zurückgekommen.

Und wie Sie anhand des Bildschirmfotos erkennen können, ist die E-Mail in das Internet gesendet worden und kam dann über die verschiedenen Rechner im Internet wieder in Ihr *Eingangs*-Fach zurück, weil Sie ja Ihre eigene E-Mail-Adresse als Empfänger dieser Nachricht angegeben haben.

Mit dieser Übung können Sie sicher sein, dass Sie von nun an in der Lage sind, an beliebige E-Mail-Adressen E-Mails zu versenden. Und seien Sie ganz beruhigt, die E-Mails kommen auch an. Eine ungeschriebene Regel sagt, dass man eine E-Mail binnen 24 Stunden beantwortet haben sollte. Sollten Sie danach noch keine Antwort erhalten haben, könnte ein Nachhaken nicht schaden.

Beenden Sie zum Abschluss das Programm *Mail*.

E-Mails mit Mail

Nachdem also alles eingerichtet ist, starten Sie das Programm *Mail* aus dem Dock heraus. Das Fenster ist aufgeteilt in drei Teile: Sie sehen links die verschiedenen Postfächer (in unserem Falle erst einmal nur eines) mit dem Eingangsordner. Dort werden die neu eingegangenen Mails abgelegt. Des Weiteren sehen Sie einen Papierkorb und ggf. einen *Gesendet*-Ordner in Form eines Papierfliegers. Daneben ist ein weißes Feld zu sehen, das in zwei Partien aufgeteilt ist. Der obere Teil ist für die Verwaltung der E-Mail-Eingänge verantwortlich. Darunter wird später der Inhalt der aktuell markierten Mail angezeigt.

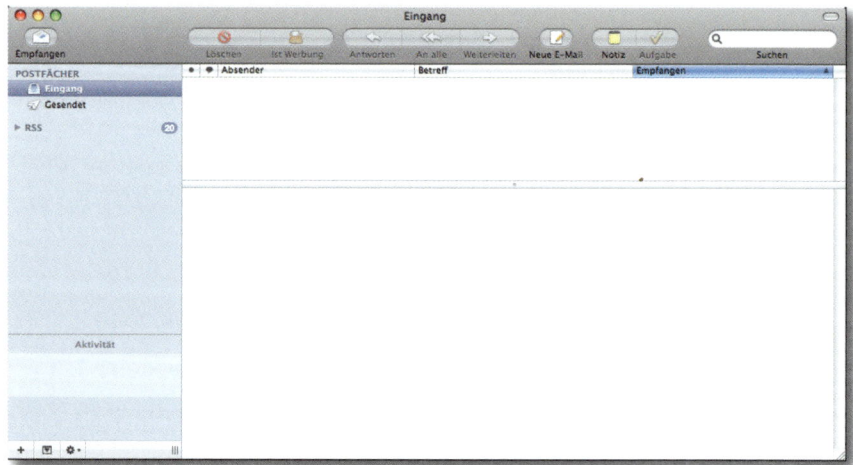

Das leere Fenster des Programms Mail.

Eine E-Mail empfangen

Der Empfang der E-Mails geht standardmäßig automatisch. Die E-Mails werden vom E-Mail-Computer in regelmäßigen Intervallen aus dem Internet abgerufen. Der Zeitraum kann in den *Einstellungen* des Programms eingesehen und geändert werden.

Gehen Sie unter dem Menüpunkt *Mail* zu *Einstellungen ...* oder drücken Sie die Tastaturkombination ⌘ + *, (Komma)*. Es erscheinen die Einstellungen zum Programm Mail.

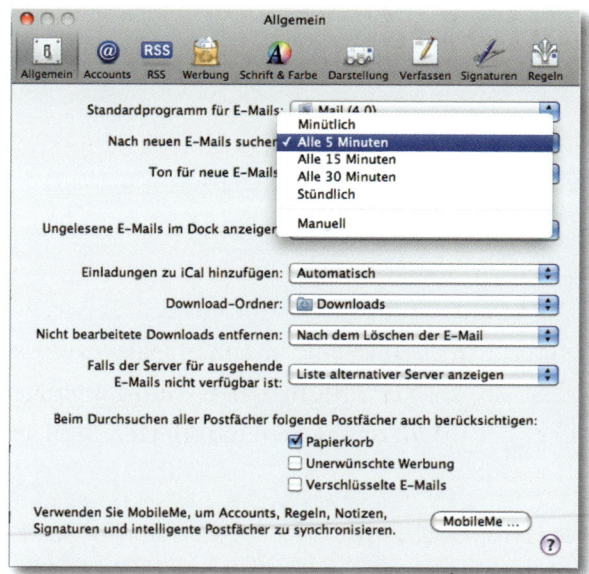

Die Einstellungen zum Intervall des Mailempfangs.

> **Tipp:** In jedem Programm lassen sich die jeweiligen Grundeinstellungen mit der Tastenkombination ⌘ + , aufrufen.

Wenn Sie nun eine E-Mail erhalten, sehen Sie, dass sich das obere schmale Feld mit einer Betreffzeile und einem Absender sowie dem Datum füllt. Links ist ein blauer Knopf zu sehen, der anzeigt, dass die E-Mail noch nicht gelesen wurde.

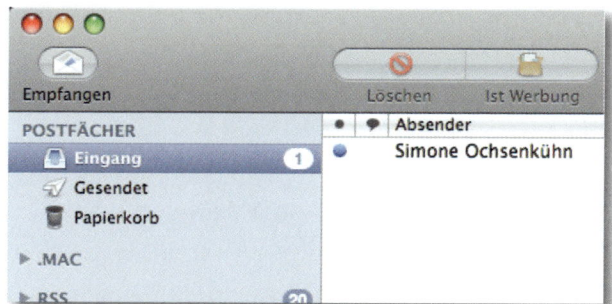

Eine neue Mail ist angekommen. Man erkennt an dem voranstehenden blauen Punkt, dass sie noch nicht gelesen wurde.

Möchten Sie die E-Mail jetzt lesen, so klicken Sie auf den Namen oder den Betreff. Der blaue Punkt verschwindet und der untere Bereich füllt sich mit dem Inhalt der E-Mail.

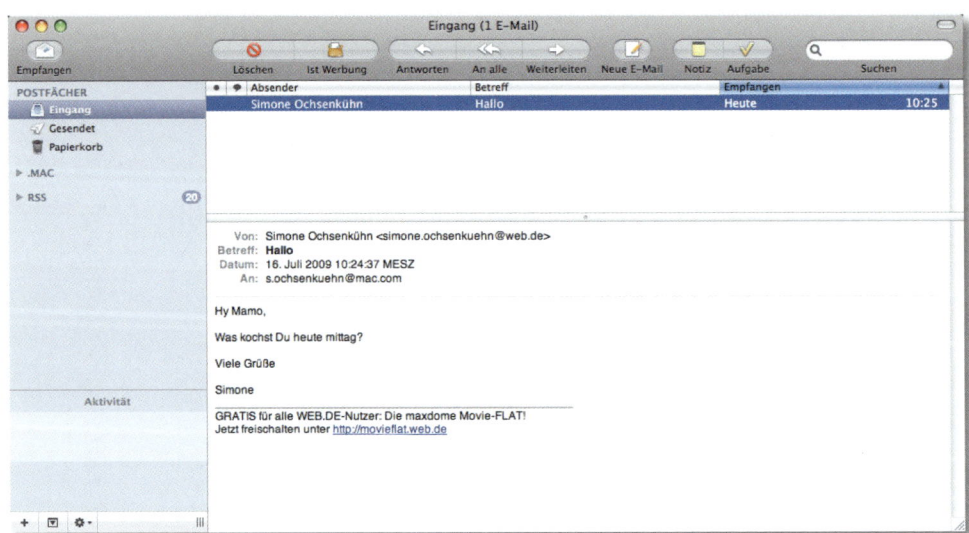

Die Mail kann erst gelesen werden, wenn man sie anklickt.

Wenn Sie nicht den gesamten Inhalt lesen können, müssen Sie im unteren Feld entweder scrollen oder Sie ziehen das Fenster an der rechten Seite größer. Reicht Ihnen das immer noch nicht, können Sie die E-Mail mit einem Doppelklick auf die Betreffzeile auch in einem separaten Fenster öffnen.

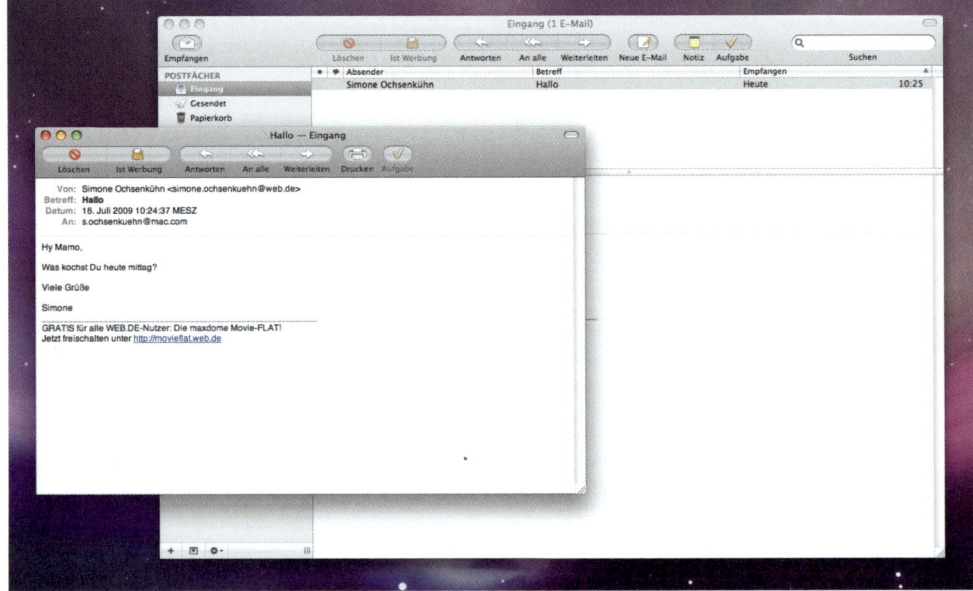

E-Mail wurde per Doppelklick in einem extra Fenster geöffnet.

Eine E-Mail beantworten

Markieren Sie die E-Mail durch einmaliges Anklicken und klicken Sie dann auf den Knopf *Antworten*. Die E-Mail öffnet sich in einem separaten Fenster.

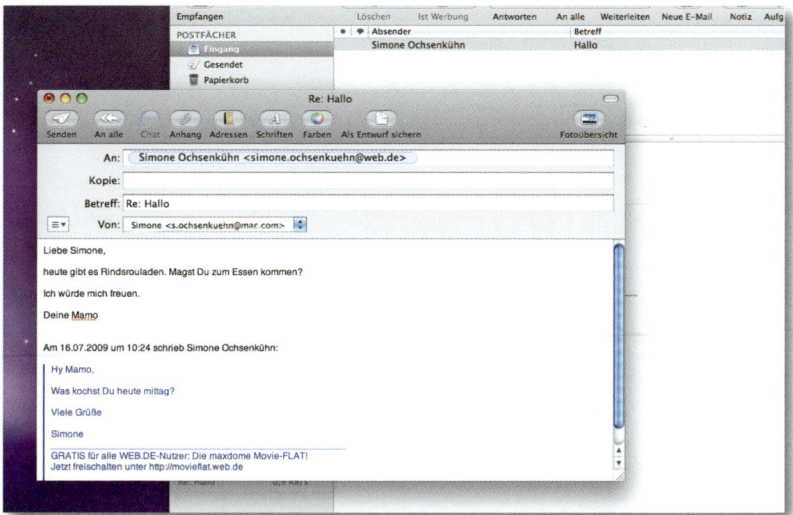

Es ist auf Antworten geklickt worden. Die Antwort-E-Mail ist schon für den Versand vorbereitet.

Eigentlich müssen Sie nicht mehr viel tun, außer die E-Mail zu beantworten. Der Absender wird automatisch als Adressat eingesetzt. Sie können die Betreffzeile gleich so lassen, wie sie ist. So weiß der Absender, dass Sie auf seine E-Mail Bezug nehmen. Sie sehen, die Betreffzeile bekommt ein *Re* und einen Doppelpunkt davor, was soviel heißt wie *Return*, also zurück zum Absender.

Der Cursor blinkt schreibbereit in der ersten Zeile des unteren Teils des Fensters. Sie können also schon loslegen und den gewünschten Text eintippen.

> **Tipp:** Schalten Sie zwischen **Zeilen** bzw. den inhaltlichen **Absätzen** immer wieder ein ↩, dann wird die E-Mail übersichtlicher.

Der ursprüngliche E-Mail-Text wird ebenfalls mit in die E-Mail einkopiert. So kann der Absender sich sofort daran erinnern, worauf sie eigentlich antworten.

Sind Sie nun fertig mit dem Schreiben, so klicken Sie auf den *Senden*-Knopf, der das Papierfliegersymbol trägt. Zur Erinnerung: Er befindet sich unterhalb der drei farbigen Knöpfe. Und ab geht die Post!

Eine beantwortete E-Mail wird so angezeigt, dass Sie nun vorne einen Pfeil, der nach links zeigt, sehen. Somit signalisiert Ihnen das Programm, dass Sie diese E-Mail bereits beantwortet haben.

Diese E-Mail ist beantwortet worden. Der kleine graue Pfeil vor dem Absender zeigt das an.

Möchten Sie Ihre Antwort noch einmal lesen, so klicken Sie einfach auf den kleinen grauen Pfeil und das Programm wird die von Ihnen geschriebene Antwort anzeigen.

Die von Ihnen gesendete Nachricht befindet sich im Gesendet-Ordner. Bitte einige Zeit aufbewahren, damit Sie die Korrespondenz verfolgen können.

Eine Gesamtübersicht Ihrer gesendeten E-Mails finden Sie in den Postfächern links, im Ordner *Gesendet* (der Ordner sieht aus, wie ein kleiner Papierflieger). Wenn Sie von Zeit zu Zeit einmal daraufklicken, sehen Sie alle E-Mails, die Sie jemals geschrieben haben (sofern Sie nicht bereits gelöscht wurden).

Eine ganz neue E-Mail verfassen

Sie möchten eine E-Mail verfassen an jemanden, der Ihnen noch keine E-Mail gesendet hat, so tun Sie das über den Knopf *Neue E-Mail*. Wenn Sie diesen gedrückt haben, erscheint wiederum ein neues Fenster, diesmal ist dieses Fenster aber komplett leer.

Eine neue E-Mail verfassen. Das Fenster ist komplett leer und muss mit Inhalt beschrieben werden.

Schreiben Sie zunächst die Adresse des Empfängers in das dafür vorgesehene Feld namens *An:*. Dazu brauchen Sie natürlich die korrekte E-Mail-Adresse des Empfängers.

! **Sollte** nur eine der Komponenten in der E-Mail-Adresse falsch geschrieben sein, wird die E-Mail nicht zugestellt werden können. **Zur Erinnerung: keine Leerräume angeben.**

Mehrere Adressaten eingeben

Sie können auch mehrere Empfänger angeben: Schreiben Sie dazu eine weitere Adresse in das Feld *Kopie:*.

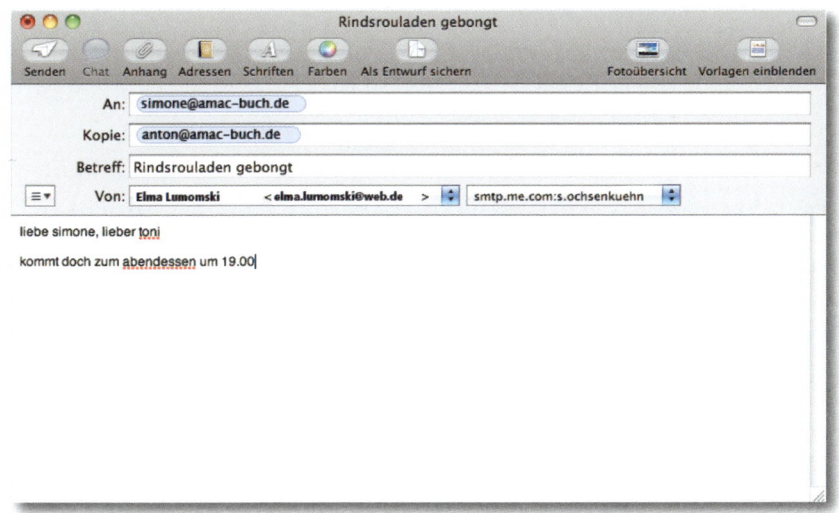

Diese E-Mail geht an zwei verschiedene Empfänger.

So wird eine einzige E-Mail mit dem gleichen Inhalt an mehrere Empfänger gesendet. Allerdings können alle, die die E-Mail erhalten, sehen, dass es noch weitere Empfänger gibt.

Eine E-Mail löschen

Möchten Sie eine vorhandene E-Mail löschen, so klicken Sie auf die Betreffzeile im oberen Teil des Fensters, halten die Maustaste gedrückt und ziehen die E-Mail links in den Papierkorb, wo Sie die Maustaste wieder loslassen, wenn Sie sich mit dem Zeiger direkt auf dem Symbol des Papierkorbs befinden. In diesem Moment wird die E-Mail aber noch nicht gelöscht. Sie können die E-Mail endgültig löschen, indem Sie sie im Papierkorb-Ordner noch einmal anwählen und die Funktion *Löschen* in der Symbolleiste aktivieren oder die ←-Taste (*Backspace*) verwenden. Dann wird die E-Mail definitiv entfernt.

> **Sinn des Papierkorbs ist, wie im echten Leben, sich des (Daten-)Mülls zu entledigen. Löschen Sie also von Zeit zu Zeit E-Mails, die Sie nun wirklich nicht mehr benötigen aus Ihren Postfächern.**

Die Mail liegt nun im Papierkorb. Endgültig wird sie allerdings erst gelöscht, wenn man den Löschen-Knopf betätigt.

Alternativ können Sie auch mit der *ctrl*-Taste den Papierkorb anklicken. Daraufhin erscheint das Kontextmenü. In diesem finden sie den Menüpunkt *Gelöschte Objekte endgültig löschen ...*

In den Papierkorb gelegte E-Mails endgültig löschen.

! Dieser Vorgang ist tatsächlich endgültig und die E-Mails sind für immer vom Computer entfernt. Später, wenn Sie gelernt haben, eine Sicherungskopie Ihrer Daten zu erstellen, haben Sie vielleicht noch die Chance auf eine Wiederherstellung.

! Das Löschen von E-Mails sollten Sie sich gut überlegen, denn eigentlich zeigt Mail ja, wie bereits erwähnt, die Korrespondenz Ihrer elektronischen Post. Und vielleicht möchten Sie ja zu einem späteren Zeitpunkt einmal nachsehen, was Ihnen jemand geschrieben und was Sie darauf geantwortet haben. Meine Empfehlung: Heben Sie E-Mails mindestens ein halbes Jahr auf – oder für immer, falls sie sehr wichtig zu sein scheinen.

Empfangen von E-Mails mit Bildern

Wenn Sie eine E-Mail bekommen, an der ein Bild angehängt ist, so handhabt das Programm *Mail* das ganz unkompliziert. Sie bekommen den Text zusammen mit dem Bild im unteren Bereich angezeigt. So können Sie das Bild betrachten und einfach in der E-Mail belassen. Zum anderen aber gibt es nun verschiedene Verwendungsmöglichkeiten.

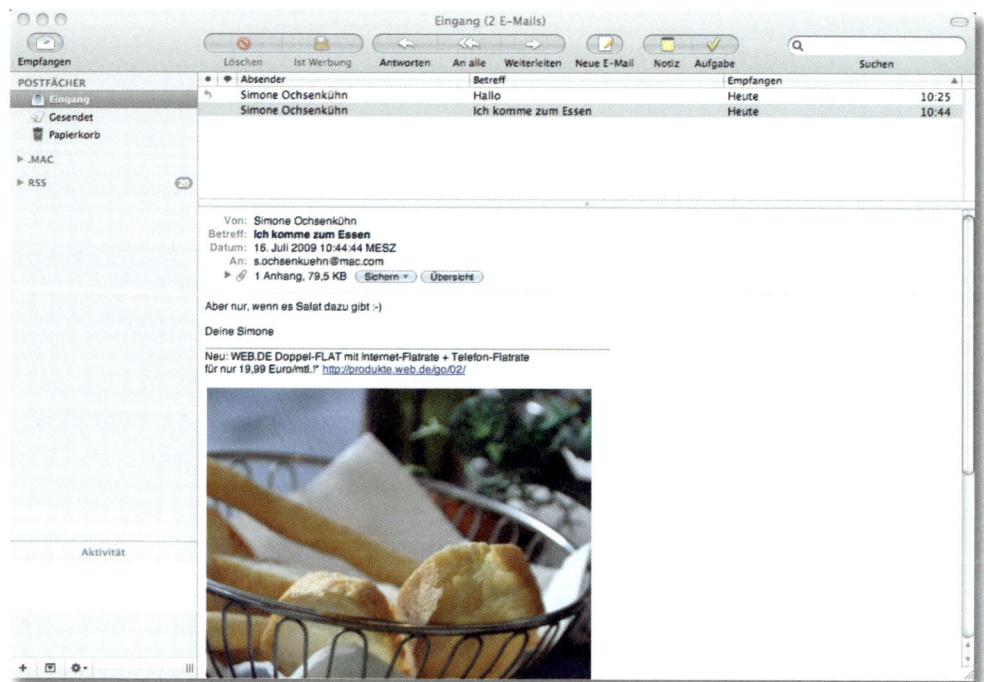

Die Mail hat einen Bildanhang.

Bilder aus dem Programm Mail exportieren

Bild in iPhoto exportieren

Ein Beispiel wäre, das Bild in das Programm *iPhoto* zu exportieren. Möchten Sie das Bild aus dem E-Mail-Programm herausholen, so bleiben Sie mit der Maus auf dem *Sichern*-Knopf.

Bei der Einstellung „Zu iPhoto hinzufügen" kopiert Mail das Bild in das Bildverwaltungsprogramm iPhoto.

Daraufhin klappt ein kleines Menü auf, das den Unterpunkt *Zu iPhoto hinzu-fügen* beherbergt. Wählt man diesen aus, wird das Foto automatisch zum Pro-gramm iPhoto hinzugefügt. Wie man versiert mit iPhoto umgeht, lernen Sie ausführlich im diesbezüglichen Kapitel.

Bild in den Ordner Downloads exportieren

Wenn Sie das Bild nur archivieren wollen, müssen Sie auf den *Sichern*-Knopf klicken. Wenn Sie das getan haben, hüpft das Dock einmal und das Bild wird automatisch in den *Downloads*-Ordner gelegt, von wo aus Sie es dann betrach-ten können. Sie erreichen den *Downloads*-Ordner über das Dock.

Das Bild steht anschließend dem Betriebssystem zur Verfügung. Vom Down-loads-Ordner aus können Sie, wie in weiteren Kapiteln beschrieben, das Bild z. B. in anderen Programmen verwenden.

Bild 1: Das Bild ist im Downloads-Ordner gelandet.

Bild 2: Wenn Sie den Downloads-Ordner im Dock anklicken, so klappt der Inhalt des Ordners sichtbar auf.

Bild 3: Wenn Sie auf „Im Finder öffnen" klicken, so öffnet sich das Fenster des Ordners und zeigt seinen Inhalt an. Sie können das Foto dann per Doppelklick betrachten.

Wenn Sie das Foto im Fenster doppelt anklicken, wird es im Programm Vorschau angezeigt.

Wenn Sie das Bild im Programm *Vorschau* geöffnet und betrachtet haben, so beenden Sie das Programm wieder, um zu *Mail* zurückzukehren.

Suchen von verloren gegangenen E-Mails

Stellen Sie sich vor, Sie haben sehr viele E-Mails bekommen und es wird unübersichtlich. Sie haben aber noch im Kopf, dass sich das Thema der Korrespondenz z. B. um Rindsrouladen gedreht hat. Dann geben Sie oben in der Titelleiste in die längliche Eingabezeile bei der Lupe den Begriff *Rindsrouladen* ein. Auf diese Weise wird sofort nach dem Begriff gesucht. Meist reichen schon ein paar Buchstaben, um die korrekten E-Mails zu finden.

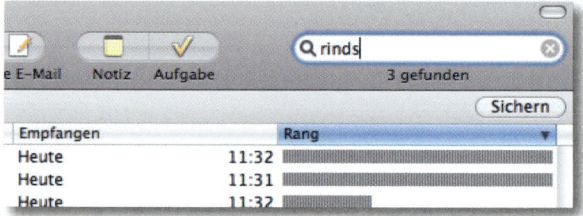

Geben Sie oben rechts in die Suchfunktion den Suchbegriff ein. Mail listet alle zutreffenden Mails auf.

Es werden alle E-Mails, die das Stichwort enthalten, aufgelistet. Das können mehrere E-Mails sein. Um die Suche weiter einzugrenzen, geben Sie einen zweiten Begriff ein, den die E-Mail enthalten könnte. So wird die Anzahl der zutreffenden E-Mails reduziert.

E-Mails als Werbung markieren

Bekommen Sie – aus welchen Gründen auch immer – viele Werbe-E-Mails oder unerwünschte E-Mails, so können Sie diese als Werbung markieren. Neben dem *Löschen*-Knopf finden Sie den Knopf *Werbung*. Wenn Sie diesen *Werbung*-Knopf drücken, so wird diese als *Werbung* markiert.

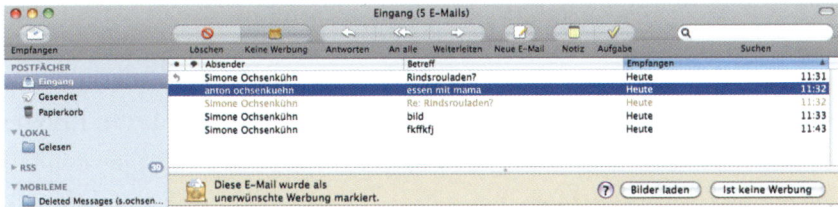

Ist eine E-Mail als Werbung markiert, wird sie bräunlich gekennzeichnet.

Sie können diesen Mechanismus jederzeit wieder aufheben, indem Sie die E-Mail erneut anklicken und den Werbe-E-Mail-Knopf, der jetzt *Keine Werbung* anzeigt, noch einmal drücken.

! **Viele E-Mail-Accounts haben einen extra Werbe-E-Mail-Papierkorb. Das nachfolgende Bildschirmfoto zeigt Werbepapierkörbe in der linken Spalte von Mail.**

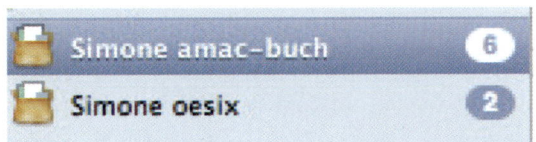

Bei vielen E-Mail-Accounts wird ein eigener Papierkorb für Werbung erstellt, der dann in der linken Spalte zu sehen ist. Unerwünschte E-Mails werden dort gesammelt. So kann man sich derer schnell entledigen.

> **Begriffserklärung: Junk-E-Mails** *(tschankimail)* **sind E-Mails, die unerwünschte Werbung, Viren oder dubiose Daten enthalten können. Aber keine Angst, Ihr Apple ist vor Viren und sonstigen Krankheiten bestens geschützt.**

> **Achtung:** Manchmal „verlaufen" sich auch **heiß ersehnte E-Mails** eines neuen **Absenders in die Ordner für Werbung. Sollten Sie eines erwarten, jedoch** auch nach Nachfragen nicht erhalten haben, wäre es an der Zeit einmal den Werbe-E-Mail-Ordner danach durchzustöbern.

Das Ordnen von E-Mails

Wenn Sie Ihre E-Mails so ordnen wollen, dass nicht alle im Posteingang lagern, haben Sie die Möglichkeit, neue Postfachordner zu erstellen. Links unten in der Ecke des Mailprogrammes befindet sich ein kleines Plus. Dieses drücken Sie und klicken auf *Neues Postfach*.

In der linken unteren Ecke des Mailprogramms können Sie neue Postfachordner generieren.

Sie geben jetzt einen Namen ein, z. B. den Namen *Gelesen*. Dieses neue Postfach wird unter dem Register *Lokal* vorgeschlagen. Es könnte dazu dienen, bereits gelesene Mails zu archivieren.

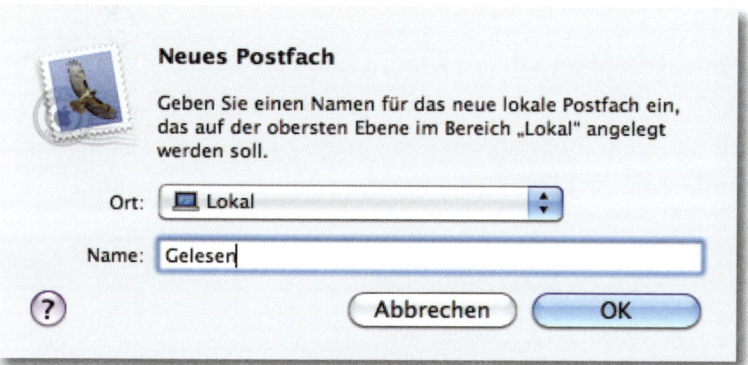

*Neuen Postfachordner anlegen: Erstellen Sie unter dem Ort Lokal ein Postfach
namens „Gelesen".*

Wenn Sie nun das Dreieck bei „Lokal" aufklappen, so sehen Sie den Ordner
Gelesen.

Neues Postfach angelegt.

Ziehen Sie jetzt die E-Mails, die Sie in den *Gelesen*-Ordner einsortieren wollen,
an der *Betreff*-Zeile vom E-Mail-Fenster aus in das neue Postfach hinein.

Übungssequenz Tastatur

Für Menschen, die noch keine Erfahrung mit der Tastatur haben, haben wir
folgende kleine Übung erarbeitet, die helfen soll, die größte Unsicherheit am
Computer überhaupt, nämlich das Schreiben mit der Tastatur, zu überwin-
den. Sie müssen dazu kein Zehnfingerschreibexperte sein oder werden, jedoch
könnte ein Schreibmaschinenkurs, z. B. an einer Volkshochschule, den Um-

gang mit den kleinen Tasten erleichtern. Sind Sie jedoch auch mit zwei Fingern zufrieden, so empfehlen wir Ihnen die nachstehenden Übungen.

Allen, die schon Erfahrung mit den Tasten haben oder sich bereits sicher fühlen, empfehlen wir das Überspringen der nächsten zwei Seiten.

Übung in einem Mailfenster ohne Absender

Wenn Sie *Mail* in Gebrauch haben, so erstellen Sie eine neue E-Mail. Tippen Sie allerdings keine E-Mail-Adresse ein, sondern klicken Sie gleich in den Schreibbereich, so dass der Cursor blinkt.

Stellen Sie sich eine gedachte Linie vor, die die Tastatur in einen linken und in einen rechten Bereich trennt. Diese Linie verläuft ungefähr bei den Buchstaben Z, G, B. Ob diese nun zum linken oder rechten Bereich zählen, ist nicht so wichtig, Hauptsache, Sie haben für sich selbst die Buchstaben einer Seite zugeordnet. Jetzt halten Sie die linke Hand über den linken Bereich und die rechte Hand über den rechten Bereich. Tippen Sie auf die Buchstaben der linken Seite nur mit den linken Fingern (die meisten benutzen nur den Zeigefinger) und auf die Buchstaben rechts entsprechend mit den rechten Fingern. Sie dürfen ruhig auf die Tastatur sehen, kontrollieren Sie aber von Zeit zu Zeit auf dem Bildschirm, ob Sie die richtigen Buchstaben getroffen haben.

Die korrekte Fingerhaltung auf der Tastatur.

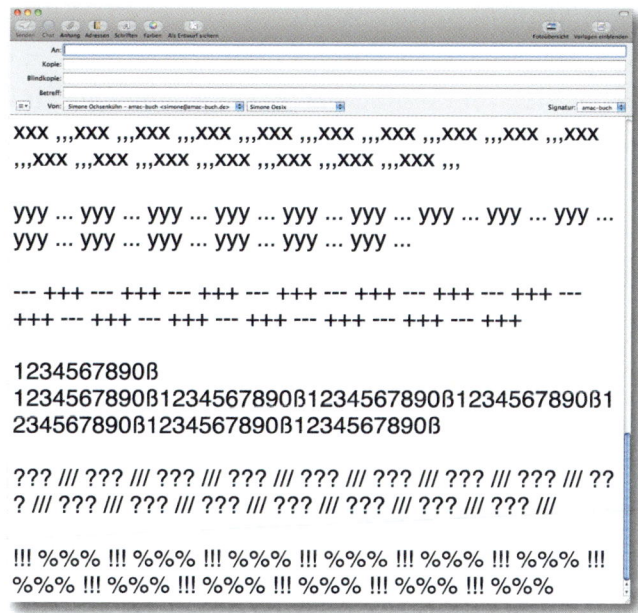

Alle Zeichen kommen dreimal dran.
Dann probieren Sie es mit Buchstaben und Zahlenketten.

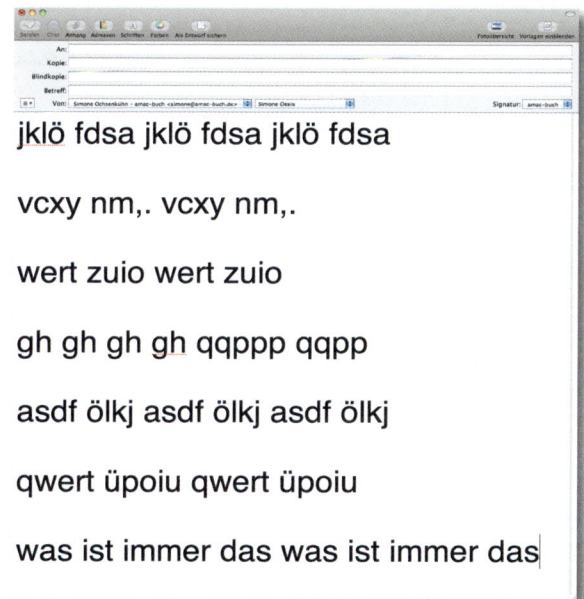

Der letzte Schritt sollte sein, ganze Wörter zu üben. Nehmen Sie einen Gedichtband
oder die Tageszeitung und schreiben Sie Absätze daraus ab.

Probleme beim Mail-Fenster

Sicher ist es am Anfang schwer, mit den kleinen Symbolen zu hantieren und alles präzise mit der Maus zu treffen. Dabei könnte es Ihnen passieren, dass z. B. die linke Leiste verschwindet.

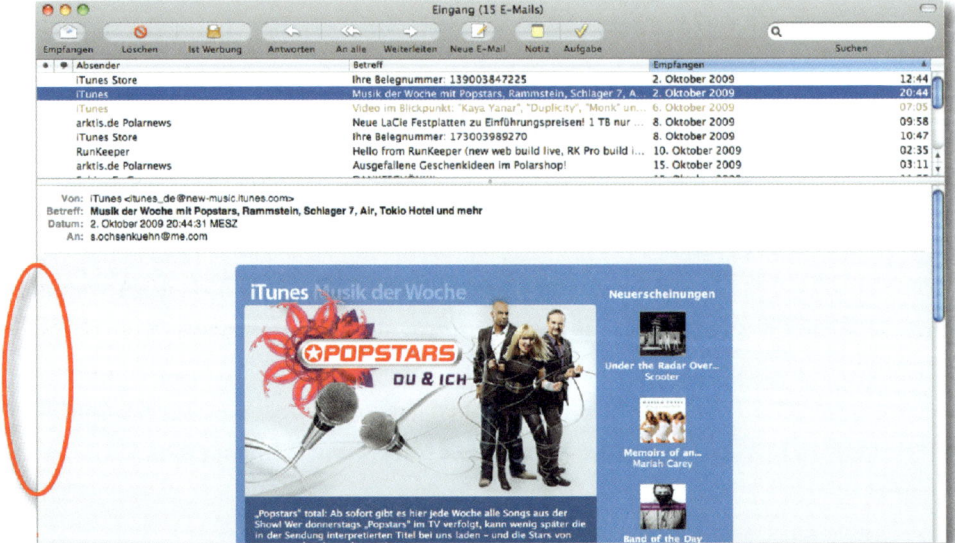

Sollte die linke Leiste verschwunden sein – nicht verzweifeln. Klicken Sie doppelt auf den linken Rand des Fensters und die Leiste erscheint wieder.

E-Mails online verwalten

Sie möchten das Programm *Mail* nicht verwenden, sondern lieber online Ihre E-Mails verwalten? Oder sind Sie unterwegs ohne Ihren Computer und möchten an fremden Rechnern trotzdem Ihre E-Mails anschauen? Neben der Möglichkeit, mit dem Programm *Mail* E-Mails zu verwalten, haben Sie auch die Option, E-Mails direkt über *Safari* im Internet zu organisieren.

Das hat den Vorteil, dass Sie unabhängig von einem bestimmten Computer oder Programm überall auf der Welt auf Ihre E-Mails zugreifen können. Sie benötigen dazu lediglich einen beliebigen PC, einen Browser und eine bestehende Internetverbindung.

> **Browser** *(brauser)* **oder Webbrowser (engl. to browse: schmökern, umsehen, auch „abgrasen") sind spezielle Computerprogramme zum Betrachten von Seiten oder allgemein von Dokumenten und Dateien im World Wide Web. Das Durchstöbern des World Wide Webs bzw. das aufeinanderfolgende Abrufen beliebiger Hyperlinks mithilfe solch eines Programms wird als Surfen** *(sörfen)* **bezeichnet (Quelle: wikipedia). Am Apple-Computer ist der Standardbrowser Safari, an Windows-Computern findet sich häufig das Programm Internet Explorer oder manchmal auch Firefox** *(feierfox)***.**

E-Mails bei Freemail

Auf den folgenden Seiten zeigen wir all denen, die eine E-Mail-Adresse bei Web.de haben, wie das funktioniert. Für die anderen Anbieter wie GMX etc. ist die Vorgehensweise mehr oder minder identisch. Wenn Sie keine E-Mail-Adresse bei den genannten Anbietern haben und weiterhin Ihre E-Mails mit *Mail* verwalten, können Sie diesen Abschnitt getrost überspringen.

Der Anfang

Am Anfang des Kapitels haben wir Ihnen gezeigt, wie Sie eine E-Mail-Adresse über die verschiedenen Anbieter bekommen können. Am Beispiel von *Web.de* stellen wir Ihnen nun die Verwaltung vor.

Die Oberfläche von www.freemail.de.

Melden Sie sich zunächst mit der E-Mail-Adresse und Ihrem Passwort an und drücken Sie den Schalter *Login*. Wenn man die Oberfläche von *FreeMail* und

Mail betrachtet, entdeckt man Ähnlichkeiten: Sie haben links Ihre Ordnerverwaltung und die Knöpfe, mit denen Sie neue E-Mails verfassen können. Auf der Titelseite sehen Sie, wie viele ungelesene E-Mails Sie erhalten haben.

> **Zur Info: Die Namen Web.de und FreeMail haben im Prinzip die gleiche Bedeutung. Web.de ist die übergeordnete Firma, die den Dienst FreeMail anbietet, den Mail-Dienst von Web.de. Sie können dazu sagen, wie sie möchten.**

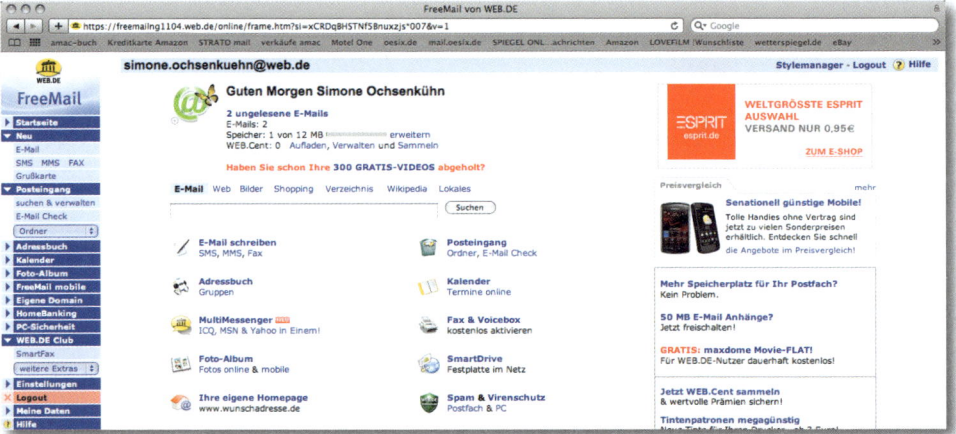

Die Oberfläche von FreeMail. Man muss schon genauer hinsehen, viel Werbung, kleine Schrift. Lassen Sie sich nicht ablenken. Immer nur das eine Ziel verfolgen: E-Mails lesen und schreiben.

Wenn Sie auf den Hyperlink (2) *ungelesene E-Mails* klicken, wechselt das Fenster in die Übersicht und zeigt Ihnen Ihre ungelesenen E-Mails.

Ihre ungelesenen Mails liegen vor Ihnen.

Klicken Sie auf die *Betreff*-Zeile, um die E-Mails zu lesen.

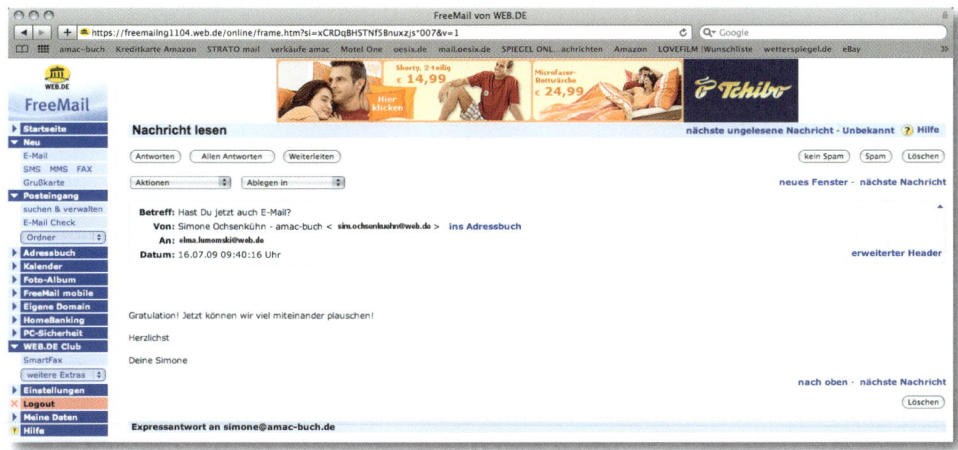

E-Mail lesen ...

Speziell bei Web.de ist dies sehr schön gelöst. Sie sehen deutlich, dass Sie sich im Bereich „Nachricht lesen" befinden. Wenn Sie die Mail beantworten möchten, drücken Sie den Knopf *Antworten* unterhalb von *Nachricht lesen*. Daraufhin weden die ursprüngliche E-Mail und der Cursor, der schon oben blinkt, im Fenster angezeigt. Schreiben Sie Ihren Text und klicken Sie danach auf den Knopf *Senden*.

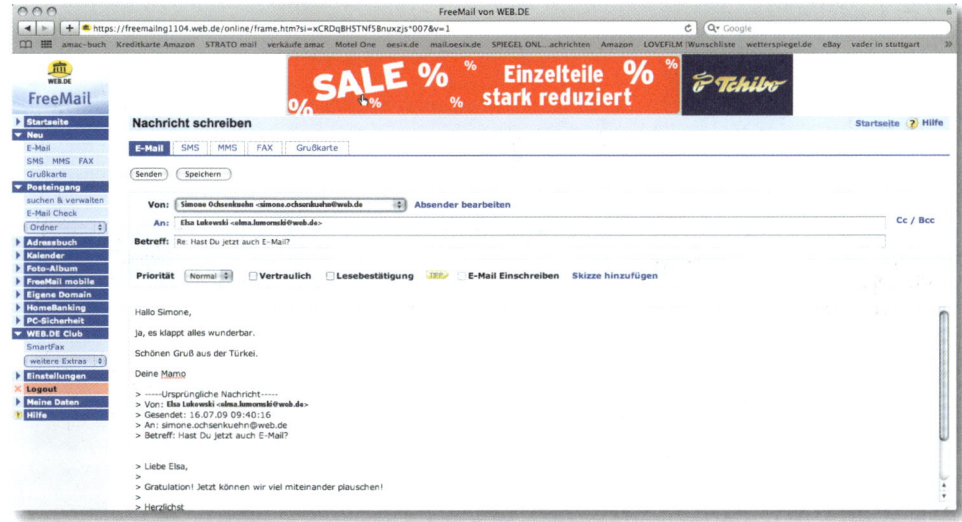

E-Mail schreiben ... und dann Senden-Knopf drücken ...

... E-Mail wurde versandt.

Sie bekommen dann noch die Bestätigung in Form eines grünen Häkchens, dass Sie alles richtig gemacht haben. Bei FreeMail sollten Sie nie vergessen, dass Sie sich abmelden. Das ist sehr wichtig, gerade wenn Sie Ihre E-Mails an fremden Computern aufgerufen haben. Klicken Sie also auf der linken Seite unbedingt auf den rot unterlegten Begriff *Logout,* bevor Sie die Webseite verlassen.

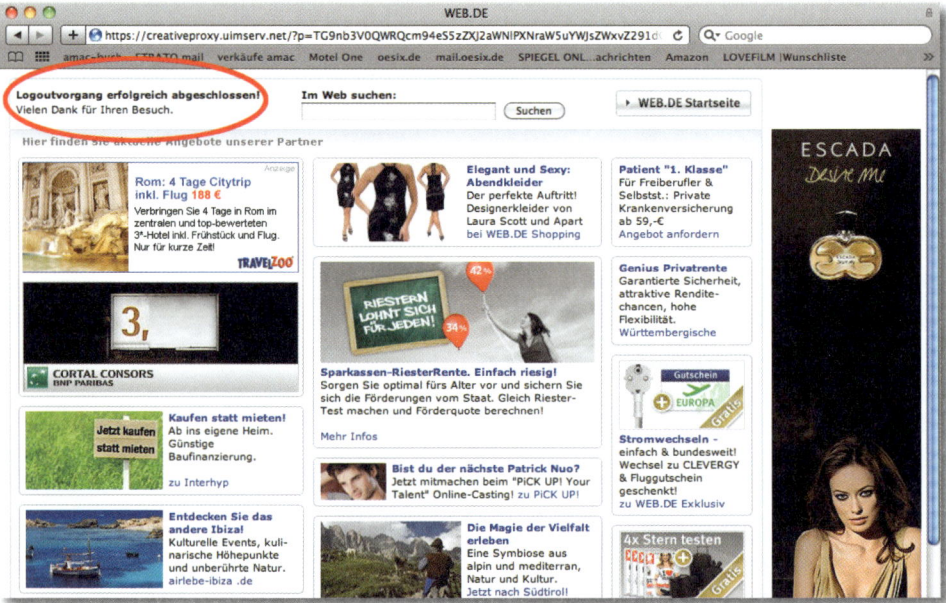

Sie haben sich erfolgreich ausgeloggt (abgemeldet).

Telefonieren, Videokonferenz, Chat

! **E-Mails** dienen dazu, **zeitversetzte** Kommunikation zu betreiben. **Mit** **Skype** ist die Kommunikation direkt und unmittelbar über drei Komponenten möglich: Text, Ton und Video. Und damit wir uns nicht falsch verstehen: Weder für E-Mails noch für Skype braucht man einen Apple. Wenn Ihr Gegenüber einen Windows-PC hat, so ist das kein Problem. **Skype gibt es für beide Welten.**

Skype ist kostenfrei und, wie Sie gerade gelesen haben, plattformübergreifend (für Mac und PC). Sie können sogar per Videoübertragung überall auf der Welt telefonieren. Sie können chatten, sich mit Ihren Liebsten „live" unterhalten. Wie das geht, zeigen wir Ihnen im folgenden Abschnitt.

Das Programm Skype installieren

Um chatten zu können, brauchen Sie ein Programm, dass die Funktionen, über die wir gerade gesprochen haben, auch ausführen kann. Das prominenteste Programm ist Skype. Skype kann man kostenlos aus dem Internet herunterladen und nach Einrichtung einer persönlichen Adresse quasi sofort benutzen. Sie brauchen allerdings Partner, die ebenfalls Skype im Einsatz haben, sonst macht das alles nur wenig Sinn.

1. Starten Sie *Safari*.
2. Geben Sie rechts oben im Safari-Fenster beim Such-Eingabefeld den Begriff „Skype für Mac" ein. Die Internetsuche startet sofort und bringt folgende Begriffe:

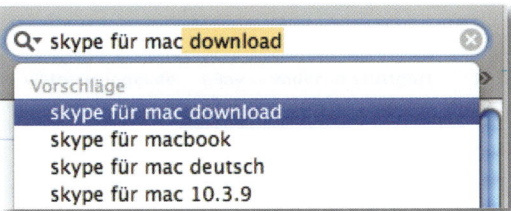

Wählen Sie den ersten Begriff an ...

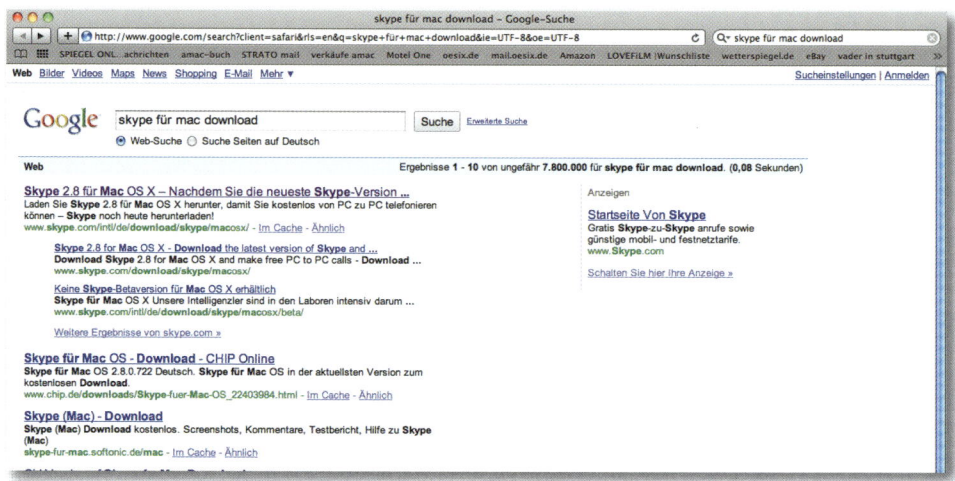

... und Sie erhalten die Google-Ergebnisse.

3. Wählen Sie z. B. den ersten Eintrag der Suche: *„Skype X.X für Mac OS X –*
   Nachdem Sie die neueste Skype-Version ..." Damit haben Sie die Skype-Seite
   in Deutsch angewählt.

Skype wird natürlich immer wieder verbessert und aktualisiert, darum
lassen Sie sich von der angegebenen Versionsnummer nicht irritieren.
Auch das Foto in diesem Buch könnte zu dem Zeitpunkt, an dem Sie Skype
herunterladen, schon wieder veraltet sein.

4. Wenn Sie den grünen Knopf „Jetzt herunterladen" drücken, startet der
   Ladevorgang automatisch. In der Zwischenzeit können Sie sich über den
   Funktionsumfang informieren, während Skype im Ordner *Downloads* im
   Dock abgelegt wird. Das dauert – je nach Verbindungsgeschwindigkeit –
   ein paar Minuten.

Suchen Sie auf jeden Fall den Knopf „Jetzt herunterladen" und drücken Sie diesen.

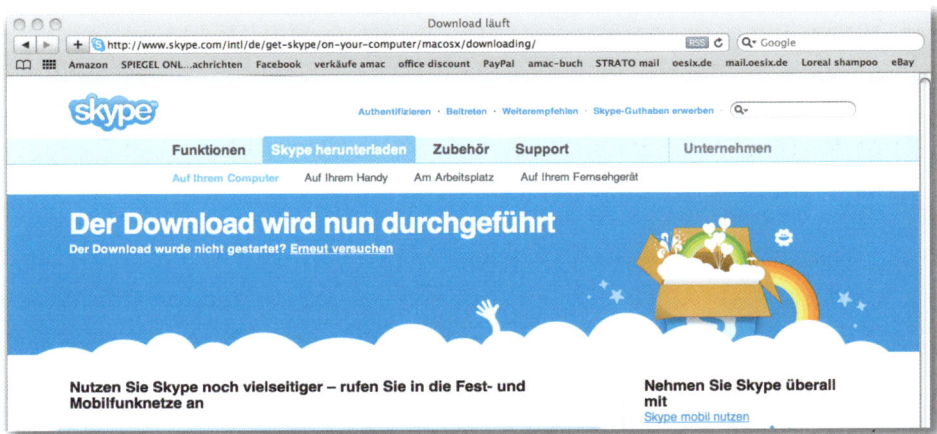

Skype wird gleich heruntergeladen ...

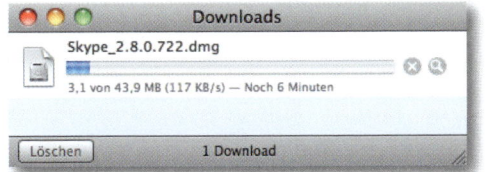

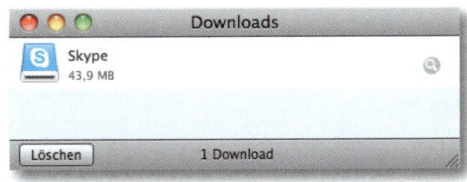

Der Ladevorgang läuft noch 6 Minuten.   *Der Ladevorgang ist abgeschlossen.*

> **Download** *(daunlowd)* = **herunterladen. Eine Datei, auch englisch File** *(feil)* **genannt, wird von einem Computer irgendwo auf der Welt über die DSL-Leitung auf Ihren Computer** heruntergeladen. **Der Mac ist so organisiert, dass sich alle** Downloads **im gleichnamigen Ordner sammeln.** Diesen erreichen Sie über das Dock. **Im Falle von Skype wird die Installationsdatei sofort entpackt und geöffnet und liegt zur Installation bereit.**

5. Ziehen Sie, wie im nächsten Bildschirmfoto abgebildet, innerhalb des Fensters das *Skype*-Symbol auf das *Applications*-Symbol (Programme-Ordner).

Dieses Fenster müsste sich nun auf Ihrem Schreibtisch befinden.

6. Daraufhin wird folgender Dialog erscheinen.

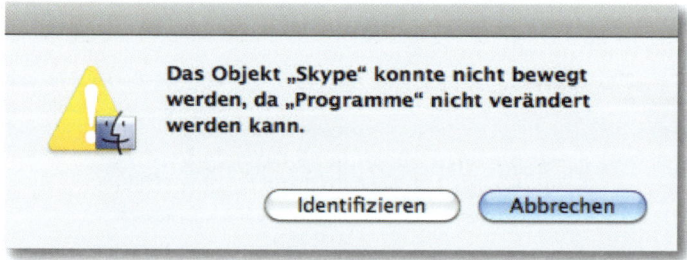

Sie haben keine Berechtigung, den Programme-Ordner zu verändern. Das darf nur der Administrator.

7. Klicken Sie auf *Identifizieren* und geben Sie die Administratorkennung ein (siehe Kapitel 2 Grundlagen).

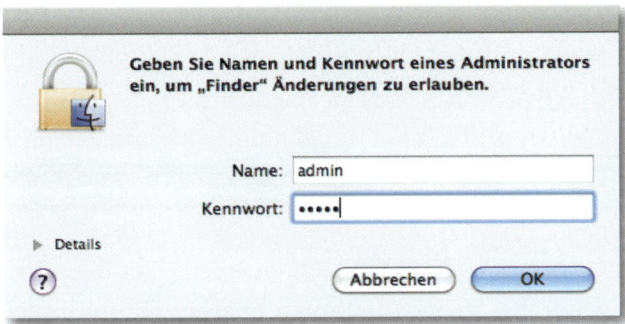

Geben Sie die Administratordaten ein, um Skype in den
Programme-Ordner zu legen.

Damit ist die Installation abgeschlossen.

Auf dem Schreibtisch bleibt dieses Installationssymbol zurück. Dieses können Sie
nun auf den Papierkorb im Dock ziehen, um es zu entfernen.

Skype starten

Zunächst holen Sie sich *Skype*, wie im Kapitel 2 gelernt, über die Spotlight-Suche in das Dock. Geben Sie dazu rechts oben in die Spotlight-Pille *Skype* ein und wählen Sie das Programm aus den Top-Treffern aus.

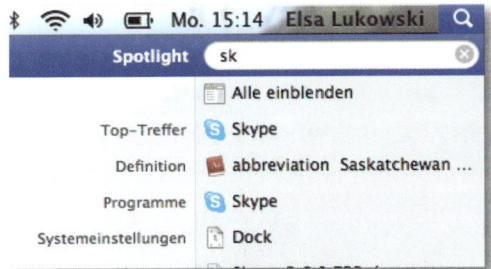

Wählen Sie aus den Top-Treffern Skype aus.

Wenn Sie es anklicken, startet *Skype* und das Icon findet sich im Dock ein. Wenn Sie es dort permanent behalten wollen, klicken Sie es nach dem Start an, halten die Maus gedrückt und wählen *Optionen –> Im Dock behalten*.

Skype-Namen eingeben

Wenn Sie Skype starten, wird Ihnen zunächst der Lizenzvertrag unter die Nase gehalten. Sie sollten ihn lesen, annehmen müssen Sie ihn in jedem Fall, sonst dürfen Sie Skype nicht benutzen. Bestätigen Sie den Dialog mit *Annehmen*.

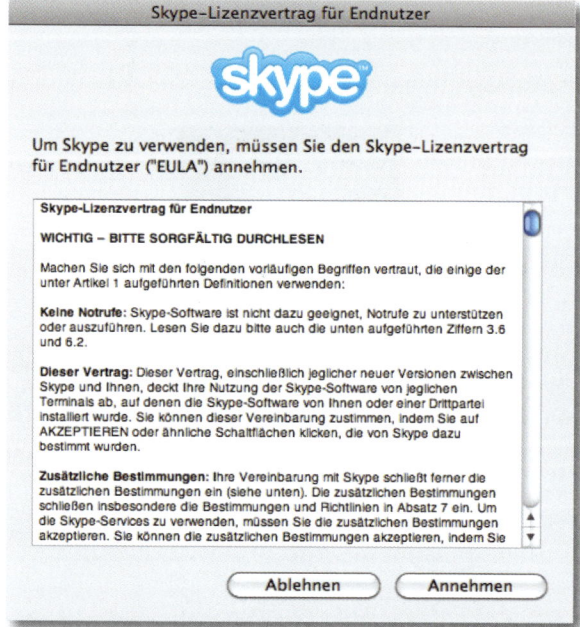

Sie werden mit dem Lizenzvertrag begrüßt, den Sie annehmen müssen.

Als zweites Fenster folgt der Anmelde-Dialog. Da wir davon ausgehen, dass Sie noch keinen Skype-Namen haben, müssen Sie sich jetzt einen einfallen lassen.

> Ein **Skype-Account** ist direkt mit dem E-Mail-Account zu vergleichen. Sie besorgen sich jetzt wieder einmal ein Konto, diesmal **nicht bei einer Bank** oder bei einem **E-Mail-Anbieter,** sondern bei der **Firma Skype**.

Sie müssen sich jetzt erst einmal einen Skype-Namen besorgen.
Klicken Sie auf „Sie haben noch keinen Skype-Namen?"

Jetzt lassen Sie sich einen Namen einfallen, dürfen Kennwort und E-Mail-Adresse
nicht vergessen und müssen dem Lizenzvertrag erneut zustimmen.

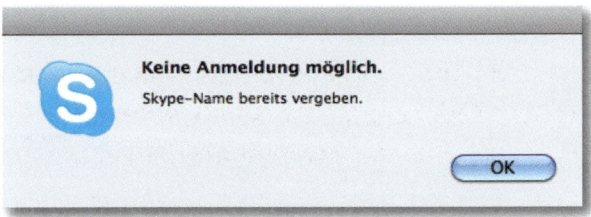

„lukowski" ist leider schon vergeben.

Der Name war zu einfach. Wenn man sich vorstellt, dass es Millionen von Skype-Nutzern gibt, braucht man schon Ideen. Wir probieren es noch einmal. Seien Sie kreativ und geduldig in der Namensfindung. Notfalls hängen Sie einfach ein paar Zahlen an Ihren Namen.

Zweiter Versuch ...   *... und dieser scheint zu funktionieren.*

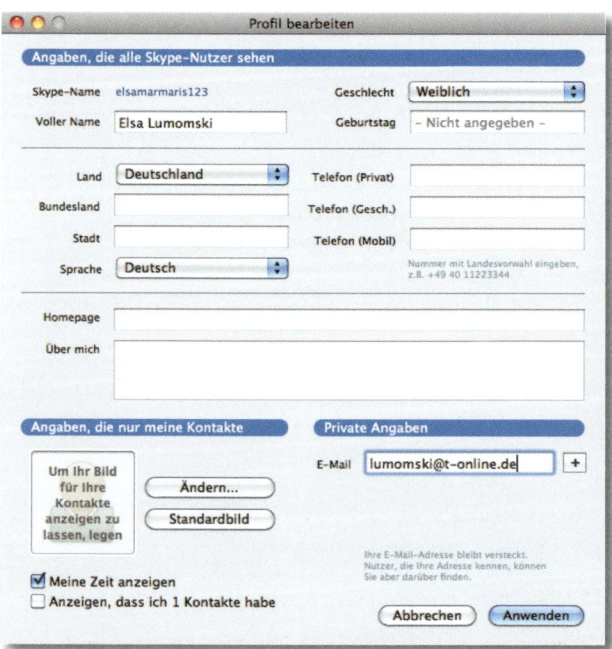

Füllen Sie das Formular aus, aber nur soweit Sie Ihre persönlichen Angaben veröffentlichen wollen. Prinzipiell reicht der volle Name aus.

Dieses Profil können Sie zu einem späteren Zeitpunkt vervollständigen. Auch der nächste Dialog wird Ihnen sofort begegnen.

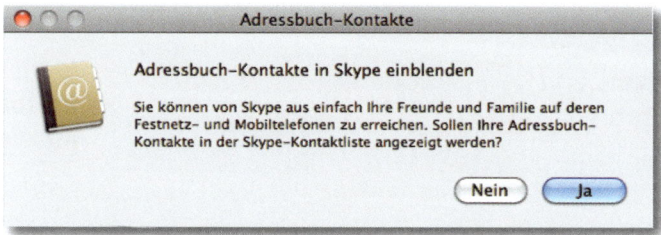

Adressen aus dem Adressbuch anzeigen lassen?

Hier fragt Skype nach, ob Sie Ihre Einträge aus dem *Adressbuch* auch in Skype sehen und nutzen möchten. Das ist dann sinnvoll, wenn Sie per Skype ins deutsche Festnetz oder Mobilfunknetze telefonieren wollen. Allerdings ist dies gebührenpflichtig.

Sie haben im Moment noch keine Adressen im *Adressbuch*, darum können Sie hier erst einmal getrost *Nein* sagen. Sie können diese Eingabe jederzeit auch nachträglich aktivieren. Über das *Adressbuch* selbst sprechen wir ausführlich in Kapitel 4.

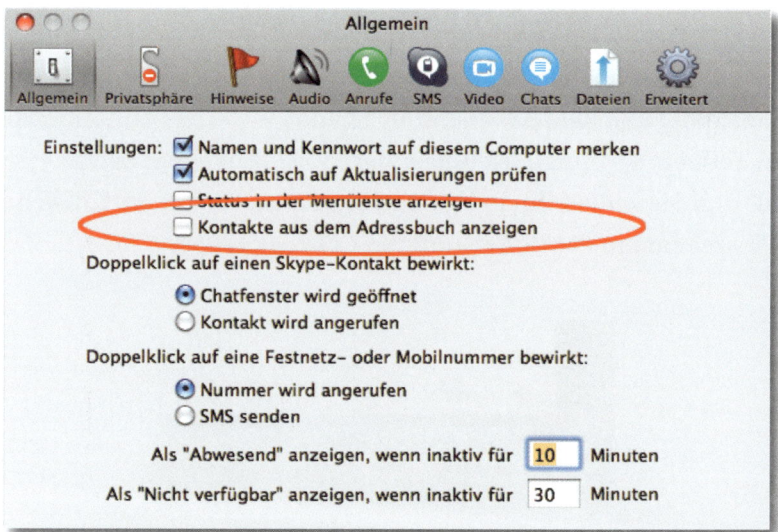

Skype –> Einstellungen –> Allgemein: Hier können Sie zu einem späteren Zeitpunkt die Adressen in die Kontaktliste von Skype aufnehmen.

Kontakt aufnehmen

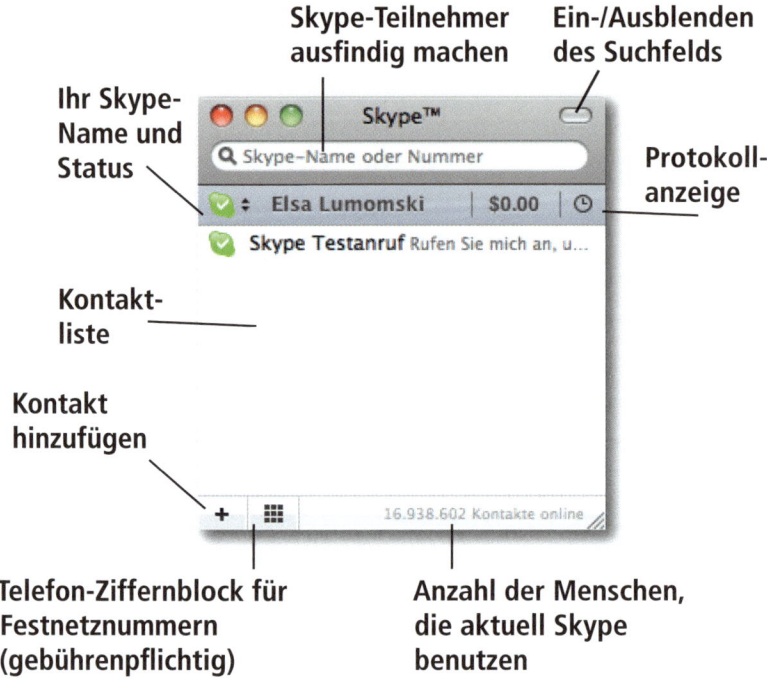

Skype-Teilnehmer
ausfindig machen

Ein-/Ausblenden
des Suchfelds

Ihr Skype-
Name und
Status

Protokoll-
anzeige

Kontakt-
liste

Kontakt
hinzufügen

Telefon-Ziffernblock für
Festnetznummern
(gebührenpflichtig)

Anzahl der Menschen,
die aktuell Skype
benutzen

Das Skype-Fenster.

Ihre Kontaktliste ist noch ziemlich leer. Das ändert sich, sobald Sie einen Teilnehmer ausfindig machen, der ebenfalls Skype im Einsatz hat. Zunächst fügen wir einen Teilnehmer hinzu. Nehmen wir an, ihr Enkel hat den Skype-Namen „ikswokul" und Sie wollen ihn in Ihre Kontaktliste aufnehmen. Klicken Sie dazu auf das Pluszeichen in der linken unteren Ecke.

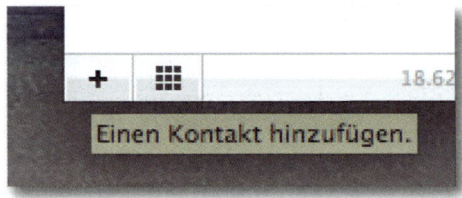

Fügen Sie einen neuen Kontakt hinzu.

Daraufhin erscheint der nächste Dialog, in dem Sie in das erste Suchfeld den Namen, in unserem Falle „ikswokul", eintragen.

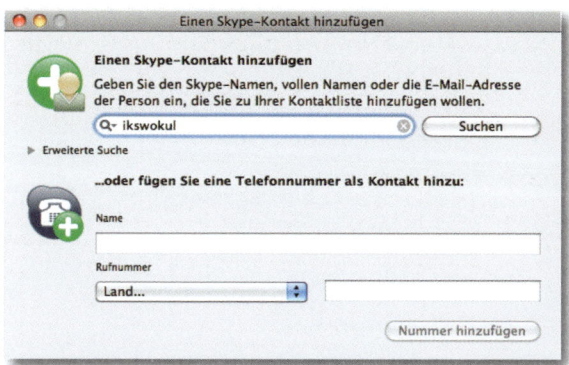

Tragen Sie den Skype-Namen des gesuchten Teilnehmers ein.

! **Wie Sie dem Bildschirmfoto entnehmen können, kann man neben dem**
Skype-Namen auch nach dem **vollen Namen** oder nach der **E-Mail-Adresse**
suchen (all das muss aber im Profil des Teilnehmers hinterlegt sein).

Starten Sie den Suchvorgang mit *Suchen*. Nach ein paar Sekunden hat Skype
den Teilnehmer geortet. Es kann vorkommen, dass auch noch andere Teilnehmer gefunden werden, die den Skype-Namen – zumindest in Teilen – ebenfalls
verwenden. So, wie in unserem Beispiel, haben wir zwei Teilnehmer gefunden.

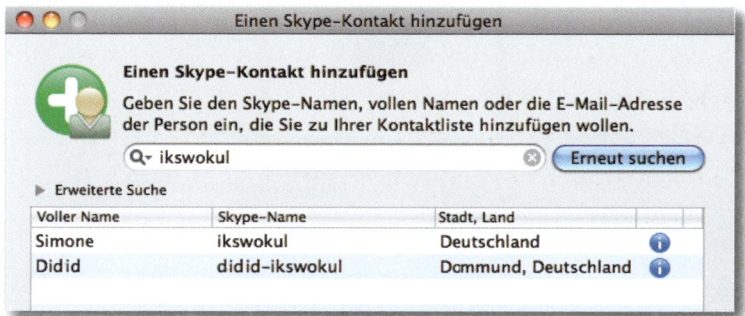

Hier haben sich zwei Skype-Teilnehmer eingefunden.
Wählen Sie den richtigen Teilnehmer aus.

Hier wird nun auch deutlich, dass das Ausfüllen des Profils – zumindest in
den wichtigsten Teilen – dazu beiträgt, dass andere Leute Sie vom Rest der Welt
unterscheiden können. Klicken Sie den Teilnehmer an und fügen Sie ihn zu
Ihrer Kontaktliste hinzu. Es erscheint sofort ein weiterer Dialog, in dem Sie sich
entscheiden können, wie Sie mit dem Enkel in Kontakt treten wollen. Sie haben

die Wahl zwischen... *anrufen, Sofortnachricht senden an...* und *Profil für... anzeigen.*
Wenn Sie im Moment gar nichts tun wollen, klicken Sie auf *OK*

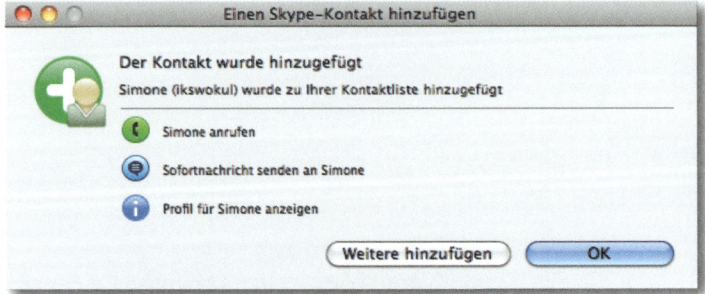

Wie möchten Sie denn in Kontakt treten?

Wir haben uns für ... *anrufen* entschieden. Vorausgesetzt, Ihr Gegenüber hat *Skype* geöffnet, wird eine Verbindung hergestellt.

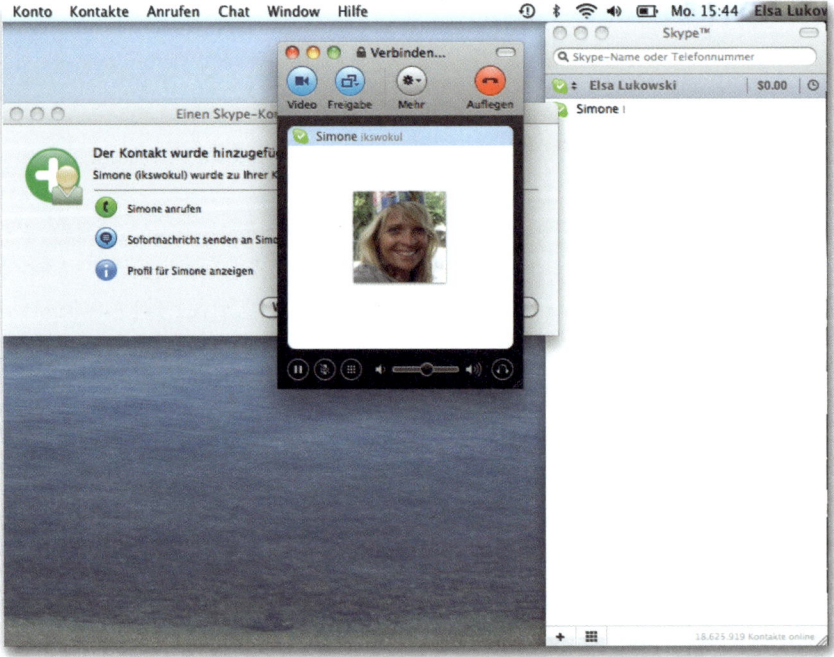

Simone „ikswokul" wird angerufen.

Wenn der Teilnehmer das Gespräch annimmt, wird das mit einer Zeitanzeige und dem Begriff *Gespräch* in der Titelleiste des Fensters angezeigt.

Videobild   **Gespräch beenden**

Stumm-taste   **Laut/Leise**

Wir sind nun im Gespräch mit Simone „ikswokul".

Wenn Sie im Besitz eines Laptops oder eines iMacs sind, haben Sie eine einge-baute Videokamera zur Verfügung. Sie können auf den roten Videoknopf drü-cken und Sie übertragen Ihr Videobild auf den Computer Ihres Gegenübers. Tut der Gesprächspartner das Gleiche, so kann man sich gegenseitig sehen. Das macht einfach unheimlich viel Spaß und Freude.

Hallo, hallo, hier bin ich! Gut siehst du aus! Du auch!

Einen Anruf annehmen

Naürlich ist es jetzt möglich, auch bei Ihnen anzurufen. Wichtig ist nur, dass Skype gestartet ist. Ein eingehender Anruf wird folgendermaßen angezeigt:

Sie können entscheiden, ob und wie Sie den Anruf entgegennehmen wollen.

Weitere Skype-Teilnehmer ausfindig machen

Sie können nach Namen „stöbern", ohne diese gleich in Ihre Kontaktliste aufnehmen zu müssen. Dies erledigen Sie im Skypefenster mit dem oberen Sucheingabefeld.

Elsa sucht nach einem Teilnehmer namens amac-buch Verlag ...

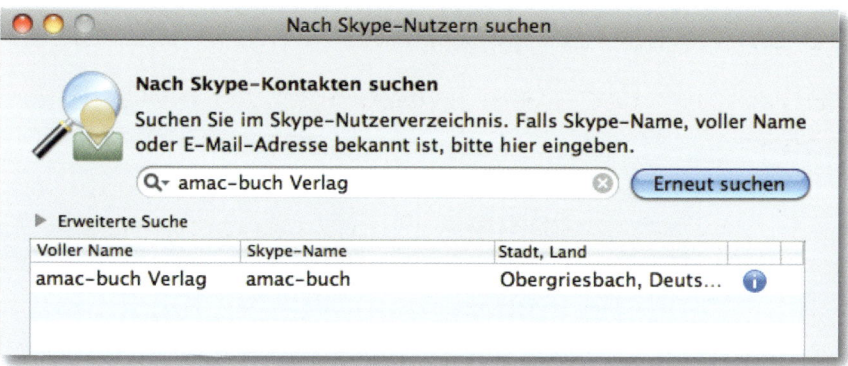

... und Skype findet ihn für sie.

Einen Textchat eröffnen oder annehmen

Der Klassiker unter der direkten Kontaktaufnahme ist der Textchat. Möchten Sie mit dem Teilnehmer schriftlich in Kontakt treten, so klicken Sie ihn in der Kontaktliste einmal an. Der Eintrag klappt nach unten auf und Sie bekommen drei Knöpfe zur Auswahl. Betrachten Sie das nächste Bildschirmfoto.

Für einen Textchat klicken Sie den blauen Knopf an.

183

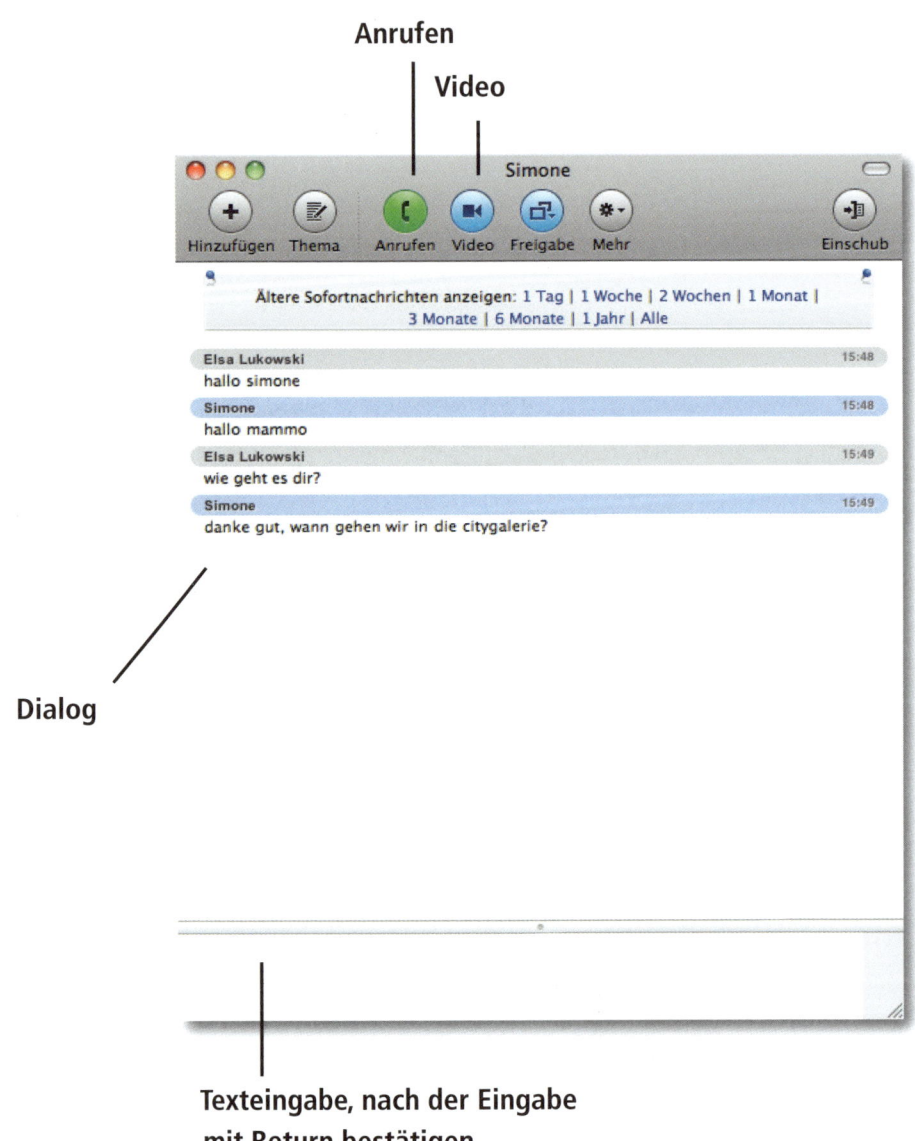

Anrufen

Video

Dialog

Texteingabe, nach der Eingabe mit Return bestätigen

Für einen Textchat sollte man schon etwas routinierter tippen können, sonst langweilt sich das Gegenüber.

Automatischer Start von Skype

Skype ist toll, Skype ist super, keine Frage. Jedoch bleibt dem Anwender nach der Installation eine, unter Umständen lästige Einstellung übrig. Skype wird sich bei jedem Neustart des Computers automatisch starten. Für diejenigen, die das nicht möchten, müssen folgende Schritte erledigt werden:

1. Klicken Sie das Symbol Skype im Dock an und halten Sie die Maustaste gedrückt.
2. Gehen Sie auf Optionen.
3. Gehen Sie zu *Bei der Anmeldung öffnen*. Dieser Dialog ist durch ein Häkchen aktiviert. Wenn Sie jetzt die Maustaste loslassen, ist die automatische Anmeldung deaktiviert.

Bei der Anmeldung öffnen deaktivieren.

Kapitel 4

Die Programme am Mac:

iPhoto, iTunes, iCal, Adressbuch, Dashboard

iPhoto

iPhoto ist dazu da, um die digitalen Bildinformationen von Kameras zu importieren, zu verwalten und zu organisieren. Im Laufe dieses Kapitels werden wir einige Bearbeitungsfunktionen, die iPhoto bietet, Verwaltungsmöglichkeiten und auch Weitergabefunktionen kennenlernen.

Der erste Start

Der Willkommen-Bildschirm.

iPhoto begrüßt Sie beim ersten Start mit dem *Willkommen*-Bildschirm. Von dort aus haben Sie die Möglichkeit, über die Knöpfe *Weitere Infos* auf Internetseiten zu gelangen, um Hilfen zu iPhoto über das Internet in Anspruch zu nehmen.

! **Nach Durcharbeiten** dieses Abschnitts sollten Sie in der Lage sein, iPhoto **ausreichend kompetent zu bedienen**, so dass es an dieser Stelle Sinn macht, dieses Fenster in Zukunft nicht mehr automatisch einblenden zu lassen. Deshalb empfehlen wir Ihnen an der Stelle, in der linken unteren Ecke das Häkchen

bei Dieses Fenster anzeigen, wenn iPhoto geöffnet wird zu entfernen, um so dieses **Willkommen**-Fenster in Zukunft zu überspringen.

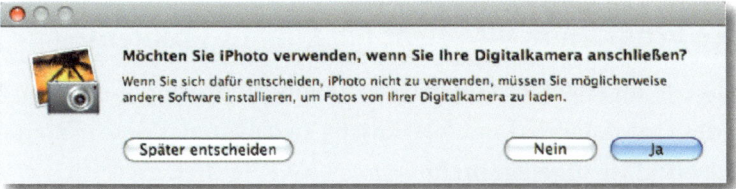

Soll iPhoto mit Ihrer Digitalkamera zusammenarbeiten?

Und noch eine Grundeinstellung ist zu erledigen, bevor es mit der Arbeit in iPhoto losgehen kann: iPhoto möchte nämlich wissen, ob es automatisch starten soll, sobald Sie eine digitale Fotokamera an Ihren Mac anschließen. Wenn Sie an der Stelle mit *Ja* bestätigen, haben Sie zugestimmt. Wenn Sie sich erst später entscheiden wollen oder *Nein* sagen, wird beim ersten Anschließen der Kamera entweder ein anderes Programm starten oder erneut die Frage erscheinen.

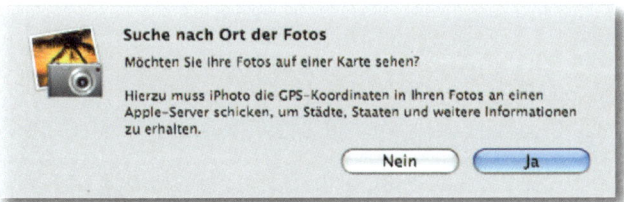

iPhoto fragt an, ob die Orte der Fotos verwendet werden sollen.

Eine Funktion in iPhoto '09 ist die Eigenschaft, Bilder ihren geografischen Positionsdaten zuzuordnen. Diese geografischen Daten werden den Bildern über GPS-Koordinaten zugewiesen. Leider sprengt die nähere Erläuterung dieser Funktion den Rahmen dieses Buches. Falls Sie mehr darüber wissen möchten, empfehlen wir Ihnen eine erweiterte Lektüre über iPhoto '09 aus unserem Verlag.

> **GPS (Global Positioning System), ist ein** globales Navigationssatelliten-system **zur** Positionsbestimmung **und** Zeitmessung. **GPS hat sich als das** weltweit wichtigste Ortungsverfahren etabliert **und wird in Navigations-** systemen weitverbreitet genutzt (Quelle: Wikipedia).

! Haben Sie an dieser Stelle diese oder die vorigen Funktionen **deaktiviert**, können Sie sie nachträglich jederzeit über die **iPhoto-Einstellungen** wieder einschalten.

Ein kleines Programm, vielleicht ein kleines Problem

Es gibt neben dem Programm *iPhoto* ein zweites Programm auf Ihrem Mac-Rechner, das in der Lage ist, mit digitalen Bildern zu arbeiten. Dieses Programm heißt *Digitale Bilder* und ist abgelegt im *Programme*-Ordner Ihres Rechners. Manchmal kommt es vor, dass man eine Kamera oder ein Telefon anschließt und dieses Programm anstelle von iPhoto geöffnet wird.

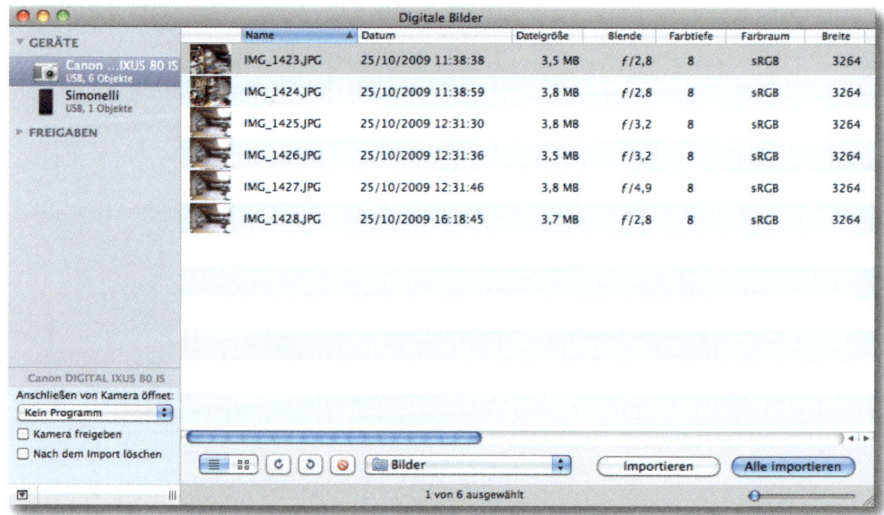

Das Programm Digitale Bilder im Einsatz.

Das Programm *Digitale Bilder* ist nämlich wie *iPhoto* in der Lage, mit Ihrer Digitalkamera über das USB-Kabel zu kommunizieren. Wie Sie anhand des Bildschirmfotos sehen, ist auch das iPhone mit seiner integrierten Kamera ein potenzieller Partner für die Zusammenarbeit mit dem Programm *Digitale Bilder*. Das Programm *Digitale Bilder* verfügt über keine Verwaltungsfunktionen für Ihre Bilder, sondern ist eben nur ein Werkzeug, um Bilder von einer Kamera auf den Rechner zu übertragen.

! Was aber ist zu tun, wenn immer, wenn Sie eine digitale Kamera anschließen, eben nicht **iPhoto**, sondern das Programm **Digitale Bilder** startet? Ganz einfach: Sie können sowohl im Programm **iPhoto** als auch in **Digitale Bilder** in

den Einstellungen festlegen, mit welchem Programm gearbeitet werden soll, sobald eine Kamera über den USB-Anschluss mit dem Rechner verbunden wird.

Stellen Sie entweder im Programm *Digitale Bilder* links unten bei *Anschließen von Kamera öffnet:* auf *iPhoto* um oder verwenden Sie im Programm iPhoto den Menüpunkt *iPhoto –> Einstellungen*. Es genügt dabei, wenn Sie diese Einstellung in einem der beiden Programme vornehmen.

Entweder die Einstellungen im Programm Digitale Bilder im Fenster links unten bei „Anschließen von Kamera öffnet:" verwenden ...

... oder die Einstellungen –> Allgemein im Programm iPhoto.

Wiederholung: Erinnern Sie sich an den Kurzbefehl ⌘ + , (Komma) für die Programmeinstellungen? Den können Sie für das Programm iPhoto verwenden, wenn Sie die Kamera-Importoptionen umstellen müssen.

Ereignisse

Zurück zu den *iPhoto-Einstellungen*. Der Reiter, der noch in den *Einstellungen* von *iPhoto* zu konfigurieren ist, bevor die ersten Bilder eingebracht werden, ist der Reiter *Ereignisse*.

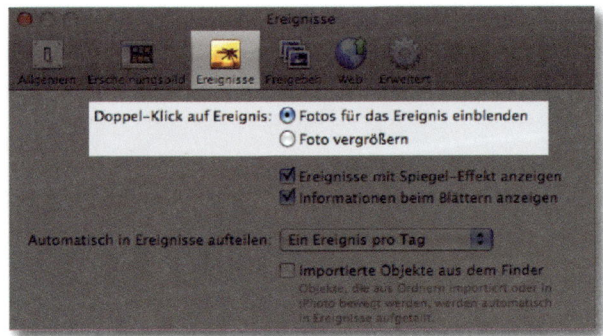

Einstellungen –> Ereignisse.

Was sind *Ereignisse*? Neben den GPS-Koordinaten enthalten digitale Bilder eine unglaubliche Fülle an Zusatzinformationen, die iPhoto auswerten kann. So werden beispielsweise das Datum und die Uhrzeit, das Kameramodell, die Brennweite etc. mit dem Bild in iPhoto importiert. Ein *Ereignis* verwendet die Datumsangaben des Bildes. Sie sehen hier Einstellungsoptionen, wie iPhoto die Bilder während des Imports in verschiedene *Ereignisse* aufteilen soll. *Ein Ereignis pro Tag*: Alle Bilder, die am selben Tag aufgenommen wurden, werden ein und demselben Ereignis zugeordnet. Wenn Sie an dieser Stelle das Menü *Automatisch in Ereignisse* aufklappen, haben Sie die Wahl zwischen vier verschiedenen Aufteilungszeiträumen.

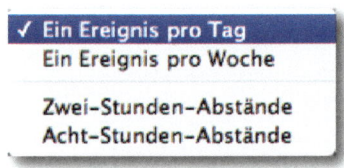

Ereignisoptionen.

! Natürlich können Sie nachträglich jederzeit die zu einem Ereignis zusammengefassten Bilder erneut in mehrere Ereignisse aufteilen oder anderweitig kombinieren. Hier legen Sie lediglich eine Grundeinstellung fest, so dass Sie beim Import bereits vordefinierte Ereignisse bekommen und sich somit eine Menge Arbeit sparen.

Import von Bilddateien einer Kamera in iPhoto

Nach all diesen Einstellungen und Grundkonfigurationen kann es nun endlich losgehen. Flugs die Kamera mittels USB-Kabel mit dem Rechner verbunden, wird iPhoto sogleich starten und in der linken Übersichtsspalte im Bereich *Geräte* den Namen der Fotokamera anzeigen und die Bilder in einer miniaturisierten Vorschau anzeigen. So einfach funktioniert das mit iPhoto '09.

> Ich habe es in den vergangenen Jahren noch nie erlebt, dass eine Kamera nicht automatisch von iPhoto erkannt wurde. Sämtliche Zusatzsoftware, die notwendig wäre, um mit den Kameras zu kommunizieren, ist unnötig, so dass Sie einfach Ihr Gerät anschließen und loslegen können.

Wir wollen uns nun den Bildimport etwas genauer ansehen.

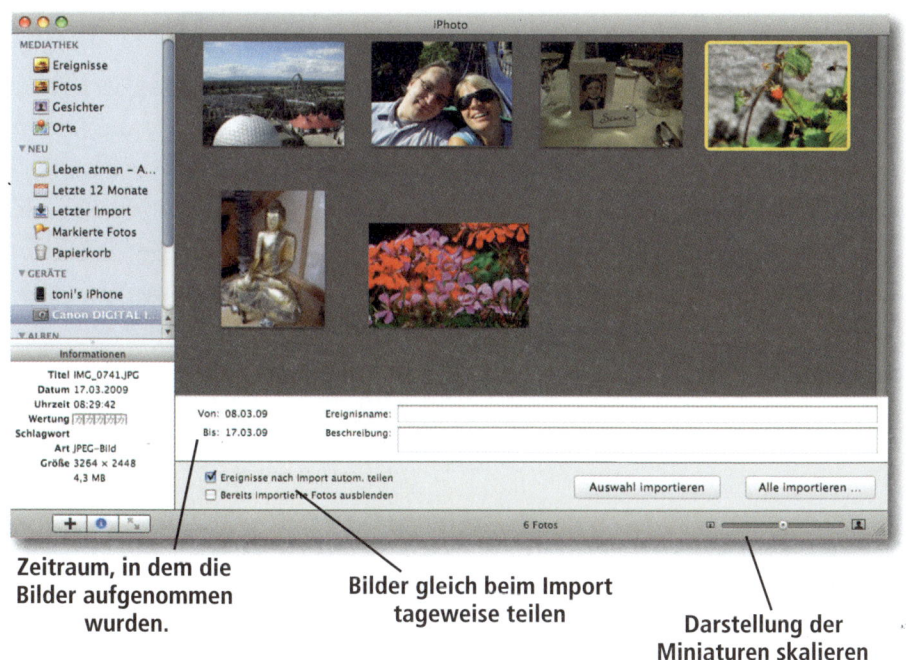

Zeitraum, in dem die Bilder aufgenommen wurden.

Bilder gleich beim Import tageweise teilen

Darstellung der Miniaturen skalieren

Sie sehen: Auf der angeschlossenen Kamera befinden sich aktuell sechs Bilder. Darunter werden Statusinformationen angezeigt und Sie erkennen, in welchem Zeitraum diese Bilder aufgenommen wurden. Rechts daneben sehen Sie den Begriff *Ereignisname*.

Des Weiteren sehen Sie im unteren Teil des Fensters das Häkchen bei *Ereignisse nach Import automatisch teilen*. Wenn Sie in den *Einstellungen* ausgewählt haben, dass iPhoto die Bilder tageweise zu Ereignissen gruppieren soll, dann wird iPhoto diese sechs Bilder auf das Datum ihrer Entstehung untersuchen und aufgrund des Datums eine bestimmte Anzahl von Ereignissen erstellen. Dabei wird normalerweise das Erstellungsdatum der Bilder als Ereignisname verwendet. Es sei denn, Sie tragen bei Ereignisname einen anderen Begriff ein.

Weiterhin sehen Sie an der rechten unteren Seite des iPhoto-Fensters einen Regler, mit dem Sie die Miniaturvorschau stufenlos größer oder kleiner darstellen können, um einen Eindruck von den Bildinhalten zu bekommen. Das kann durchaus notwendig und sinnvoll sein, wenn Sie nicht alle Bilder importieren möchten, sondern nur eine Auswahl der Bilder vornehmen wollen.

Wie aber erstellt man eine solche Auswahl? Ganz einfach! Wenn Sie die ⌘-Taste gedrückt halten, können Sie durch Klicken mit der Maus sukzessive Bilder in die Auswahl aufnehmen. Wenn Sie mit der ⌘-Taste ein bereits selektiertes Bild (erkennbar an seinem gelbfarbenen Rahmen) anklicken, so wird dieses Bild aus der Auswahl entfernt. Verwenden Sie die Tastenkombination ⌘ + A, werden alle Bilder markiert, was identisch ist mit dem Button Alle Bilder importieren. Möchten Sie einen fortlaufenden Bereich von Fotos importieren, so empfiehlt es sich, das erste Bild der Selektion anzuklicken und mit gedrückter ⇧-Taste das letzte Bild. So werden alle Bilder, die zwischen dem ersten und dem letzten liegen, in die Auswahl mit aufgenommen. Wenn Sie nun Auswahl importieren anklicken, werden genau diese Bilder in iPhoto übertragen.

Ist der Import erfolgreich durchgeführt, wird iPhoto danach fragen, was mit den Bildern auf der Kamera geschehen soll.

Bildimport von der Kamera erfolgreich abgeschlossen.

Sie können nun über den Knopf *Fotos löschen* die erfolgreich importierten Bilder von der Digitalkamera entfernen und müssen damit nicht manuell an der Kamera diesen Schritt erledigen. Wenn Sie hingegen *Fotos behalten* auswählen, dann werden die Bilder auf der Digitalkamera erhalten und können später einzeln oder komplett gelöscht werden.

! Wie dies an **Ihrem Kameramodell** zu bewerkstelligen ist, entnehmen Sie bitte **der** Bedienungsanleitung Ihrer Fotokamera.

Ist der Import erfolgreich abgeschlossen, werden Sie unter dem Begriff *Letzter Import* die zuletzt eingeladenen Bilder und möglicherweise auch Filminformationen sehen. Werden anschließend weitere Bilder in iPhoto aufgenommen, so wird bei *Letzter Import* natürlich der zuletzt ausgeführte Vorgang erscheinen.

Import von Bild- oder Filmdateien von einem Datenträger

Neben der Möglichkeit, Bilder oder Filme von einer Kamera zu laden, können sich diese auch auf einem Datenträger (CD, DVD, USB-Stick) befinden. Oder aber Sie verfügen über einen sogenannten Cardreader.

! Die neuen tragbaren Computer von Apple haben einen eingebauten **Cardrea-der** auf der linken Seite, wo sich die Anschlüsse befinden.

Cardreader *(kardrieder)* = **Kartenleser. Die Speicherkarten in einer Kamera lassen sich bekanntlich entnehmen und austauschen. Der Vorteil des Cardreaders am Computer ist, dass man kein Kabel zu Übertragung der Bilder braucht.**

Importieren der Fotos vom Cardreader

Entnehmen Sie die Speicherkarte Ihrer Kamera und stecken Sie sie in den Cardreader. Sogleich wird sich die Speicherkarte in aller Regel mit dem Namen *NO NAME* im Programm *iPhoto* als angeschlossene Kamera melden. Eigentlich ist im Programm kein Unterschied zu einer mittels Kabel angeschlossenen Kamera zu erkennen. Der Import und das Löschen der Bilder funktionieren exakt genauso wie bei einer via Kabel angeschlossenen Kamera.

Vom Cardreader in die Mediathek importieren.

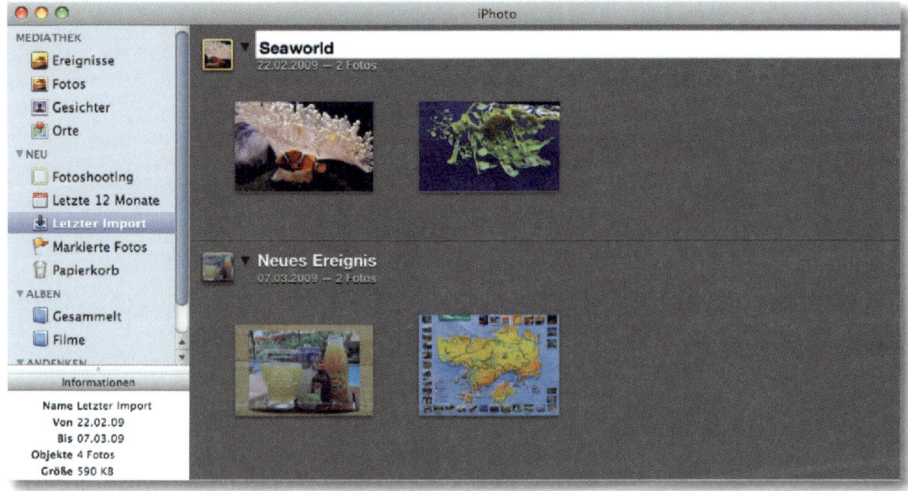

Gelungener Import vom Datenträger.

! Wie Sie anhand des Bildschirmfotos erkennen, werden die so importierten Bilder sofort in Ereignisse aufgeteilt. Sie erinnern sich an die von uns getätigte Einstellung, dass importierte Bilder in Ereignisse aufgeteilt werden sollen.

Nutzen Sie an dieser Stelle die Möglichkeit, die Ereignisse sofort zu beschriften. Klicken Sie dazu einfach auf den Begriff Neues Ereignis und geben Sie diesem Ereignis einen sinnvollen Namen. Andernfalls bekommt ein Ereignis das Datum oder den Zeitraum zugewiesen, an dem die Fotos aufgenommen wurden.

Importieren von Filmen

Mit digitalen Fotokameras können Sie auch kleine Filme aufnehmen. Importierte Filmdateien erkennen Sie an dem entsprechenden Icon in der linken unteren Ecke des jeweiligen Bildes und der Angabe der Filmdauer. Durch einen Doppelklick auf den Film startet das Programm *QuickTime Player* und Sie können den Film ansehen. Werden später Diashows in iPhoto erstellt, dann können einige zur Verfügung stehende Diashow-Themen mittlerweile sogar Filme komplett abspielen.

Links eine Fotodatei, rechts eine Filmdatei in iPhoto.

Import per Drag & Drop von einem Datenträger

Es gibt daneben noch eine intuitivere Funktion, um Bilder von einem Datenträger, z. B. einer CD, in Ihre Mediathek aufzunehmen.

Legen Sie zunächst die CD ein oder schließen Sie eine externe Festplatte über den USB-Anschluss an. Auch USB-Sticks können Bilder bzw. Filme enthalten.

a) Wenn Sie auf Ihrem Datenträger einen Ordner haben, in dem sich Bilder und Filminformationen befinden, die Sie auch tatsächlich alle importieren möchten, dann nehmen Sie einfach den Ordner und ziehen diesen per Drag & Drop auf den Begriff *Alben*. iPhoto signalisiert Ihnen durch einen grünen Kreis mit einem weißen „+" (⊕) darin, dass Sie nun einen Ordner inklusive der darin enthaltenen Daten importieren wollen.

Ordner per Drag & Drop auf den Begriff „Alben" ziehen.

Drag & Drop *(dräg änd drop)* **heißt übersetzt: Ziehen und loslassen. Damit drückt man aus, dass man nicht durch Menübefehle Aktionen auslöst, sondern einfach per Maus Dateien von A nach B befördert. Dazu klicken Sie auf das gewünschte Symbol, halten die Maus gedrückt und ziehen so die Auswahl an die gewünschte Stelle.**

Der Bildimport läuft.

Sie sehen, dass alle Bildinformationen, die in dem zu importierenden Ordner enthalten sind, an iPhoto übermittelt werden. An einem Balken am unteren Rand des Fensters erkennen Sie, wie weit der Importvorgang bereits fortgeschritten ist. Wenn Sie das Bildschirmfoto ansehen, sind hier noch 871 Bilder zu importieren. Sie können mit einem Klick auf den Button *Importieren stoppen* den Import jederzeit abbrechen. iPhoto fragt Sie danach, ob Sie diejenigen Bilder, die Sie bis zum Zeitpunkt des Abbruchs importiert hatten, behalten möchten oder ob Sie diese verwerfen wollen. Weiterhin können Sie von dort aus auch den Import fortsetzen.

b) Statt den Ordner auf den Begriff *Alben* zu ziehen, können Sie diesen ebenso auf den Begriff *Fotos* oder *Ereignisse* ziehen. Der weitere Ablauf ist genau der gleiche. iPhoto beginnt jetzt also, die Bilder zu importieren. Je nachdem, welche Einstellungen getroffen wurden, werden diese nach Ereignissen, zum Beispiel tageweise, aufgeteilt und in iPhoto übernommen.

Ist nun Methode a oder Methode b zu bevorzugen? Nun, im Fall von Methode a erhalten Sie ein sogenanntes *Album*. Dieses *Album* übernimmt den Namen des Ordners, den Sie auf den Begriff *Alben* gezogen haben. Wie Sie wissen, bedeutet die Eigenschaft *Ereignisse* standardmäßig eine zeitliche Zuordnung Ihrer importierten Bilder. Bei *Alben* hingegen werden die Bilder thematisch sortiert.

Wenn Sie also zum Beispiel bei einer Feierlichkeit fotografiert haben (etwa bei einer Hochzeit) und die Bilder befinden sich in einem Ordner, der so betitelt ist, dann ziehen Sie den Ordner „Hochzeit" auf den Begriff *Alben*. Somit erhalten Sie ein *Album*, das alle Bilder enthält, die anlässlich dieses Events aufgenommen worden sind. Falls sich die Hochzeit über mehrere Tage erstreckt hat, werden die Bilder im Bereich *Ereignisse* möglicherweise automatisch auf mehrere Gruppen verteilt. Sie können jedoch alle Bilder nachträglich in ein gemeinsames Ereignis zusammenführen.

Über weitere Ablage- und Sortiermechanismen sprechen wir später in diesem Abschnitt ausführlicher.

Alben und Ordner

iPhoto bietet Ihnen, wie eingangs schon erwähnt, verschiedene Funktionen an, um Bilder gemeinsam abzulegen. Der Bereich *Alben* bzw. *Ordner* ist schlichtweg der Klassiker. Sie haben Bilder, die beispielsweise thematisch zusammengehören. Vielleicht Bilder, die aus dem Jahr 2008 stammen. Also könnte der erste und simpelste Weg sein, über das Menü *Ablage* einen neuen Ordner zu erzeugen und diesem die Jahreszahl 2008 zuzuweisen. Dieser Ordner „2008" könnte nun Alben enthalten, an denen etwas Besonderes stattgefunden hat. Also untergruppieren Sie den Ordner „2008" zum Beispiel erneut durch einen Ordner, den Sie „Sommer" nennen. Und innerhalb des Ordners „Sommer" könnten Sie dann ein Album anlegen, in dem Sie die Urlaubsbilder ablegen.

Das Ganze sieht dann wie im nachfolgenden Bildschirmfoto aus:

Ordner- und Albenstruktur.

> Wie können Sie nachträglich Ordner bzw. Alben in einen anderen Ordner oder in ein anderes Album einbringen, um Ebenen zu erzeugen, so dass zusätzlich „Frühling" der Unterordner von „2008" ist? Wenn der Ordner außerhalb der Hierarchie liegt, klicken Sie den Ordner „Frühling" an, lassen die Maustaste gedrückt und schieben Sie den Ordner auf „2008".

Wenn Sie die Ordner- oder Albennamen ändern wollen, so klicken Sie einfach mit der linken Maustaste doppelt auf den Namen, um diesen zu editieren. Sie sehen also: Sie können damit ein Fotoalbum erstellen, mit verschiedenen Bezeichnungen versehen und die Bilder dort strukturiert und klassifiziert unterbringen.

! **Jedoch besteht ein fundamentaler Unterschied zu Ihrem normalen papierenen Fotoalbum, das Sie vor Jahren noch hatten. Denn jedes Bild, das Sie in iPhoto hinzugefügt haben, ist einmal in der Mediathek enthalten und wird im Quellbereich bei Fotos und Ereignisse angezeigt. Sie können aber ein und dasselbe Bild an mehreren Stellen einsortieren.**

Dazu ziehen Sie zum Beispiel aus dem Bereich *Fotos* Ihre Selektion auf ein Album, um diese Bilder in das Album einzusortieren. Dabei können die Fotos in mehreren Alben gleichzeitig verwendet werden. Das bedeutet andererseits aber auch: Wenn Sie ein Bild in ein Album eingebracht haben und es von dort wieder löschen, wird es damit nicht aus iPhoto gelöscht, sondern nur aus dem jeweiligen Album entfernt. Erst wenn Sie das Bild im Bereich *Fotos* entfernen, wird es tatsächlich aus iPhoto und damit auch aus allen Alben entfernt. Weitere Informationen zum Löschen von Bildern finden Sie im Bearbeitungsteil einige Seiten weiter hinten.

Ereignisse

Anders verhält es sich bei Ereignissen. Ein Bild, das in einem Ereignis beinhaltet ist, kann nur in diesem existieren und nicht zugleich in einem anderen Ereignis. Denn ein Ereignis ja normalerweise eine zeitliche Staffelung von Bildinformationen. Aber mit Ereignissen kann man noch deutlich mehr machen.

Angenommen, Sie waren 14 Tage im Urlaub. Beim Import der Bilder wurden diese möglicherweise tageweise in verschiedene Ereignisse aufgeteilt, abhängig von den iPhoto-Einstellungen. Sie möchten aber in der Summe nun alle diese Urlaubsbilder zu einem einzigen Ereignis zusammenfassen. Dann können Sie dies nachträglich jederzeit tun. Sie markieren entweder mit der ⌘-*Taste* oder der ⇧-*Taste* mehrere Ereignisse und wählen dann die Eigenschaft *Verbinden* aus, die Sie im Fußbereich des iPhoto-Fensters finden. Alternativ dazu können Sie den Menüpunkt *Ereignisse* aufklappen und dort den Eintrag *Ereignisse verbinden* auswählen. So wird aus mehreren verschiedenen Ereignissen ein gemeinsames erstellt.

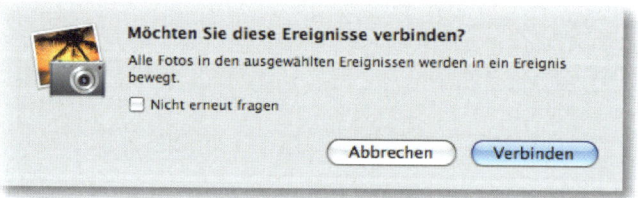

Ereignisse verbinden.

Noch etwas einfacher geht die ganze Geschichte, wenn Sie ein Ereignis mit der Maus auf ein anderes ziehen. Sie sehen dann eine Reihe von miniaturisierten Bildern, die in dem Ereignis enthalten sind, und ein grüner Kreis mit weißem Pluszeichen symbolisiert die Funktion, dass dieses Ereignis nun in das andere integriert wird.

Ereignisse zusammenfassen.

Ebenso leicht ist es, Bilder wieder aus einem gemeinsamen Ereignis zu lösen. Dazu sollten Sie mit einem Doppelklick das Ereignis öffnen, innerhalb des Ereignisses einige Bilder markieren und dann die Funktion *Ereignisse –> Ereignis teilen* verwenden.

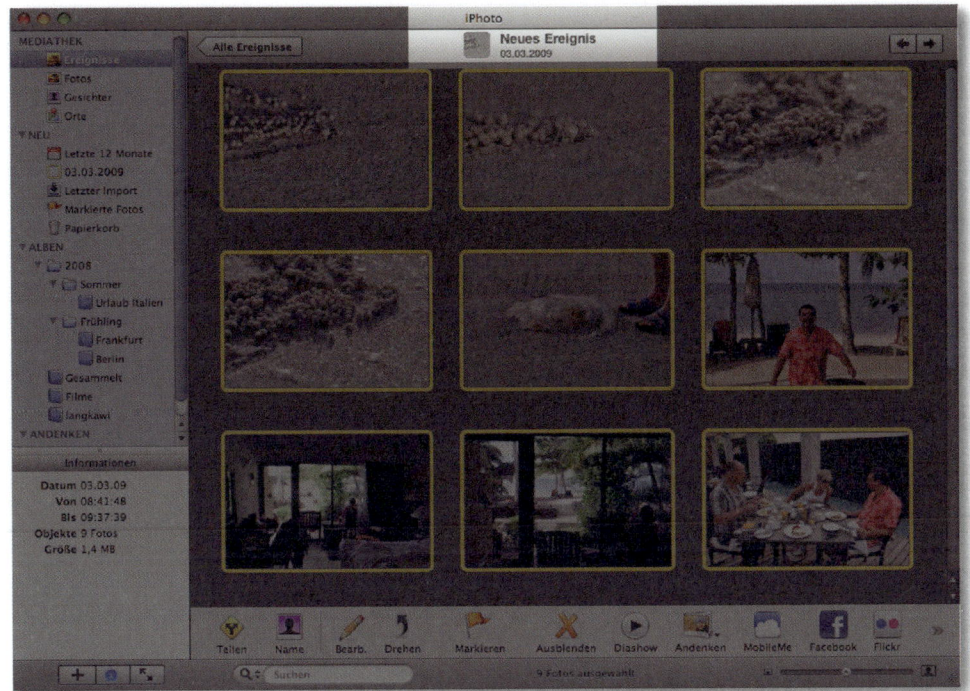

Ereignis teilen.

Sogleich wird aus der markierten Bilderselektion ein neues Ereignis erstellt, das Sie am besten gleich betiteln sollten, um es nicht mit anderen zu verwechseln.

! Sollten Sie aus Versehen einmal eine Funktion ausgelöst haben, dann können Sie als Apple-Benutzer mit der Tastenkombination ⌘ + **Z** den letzten Arbeitsschritt widerrufen. **Das funktioniert übrigens in allen Programmen auf Ihrem Computer.**

Noch einige Detailanmerkungen zur Arbeit mit Ereignissen: Sie haben sicher schon bemerkt, dass – sobald ein Ereignis mehrere Bilder enthält – Sie beim Darüberstreichen mit der Maus alle dazugehörigen Bilder zu Gesicht bekommen. Eines dieser Bilder repräsentiert das Ereignis. Apple nennt das ein sogenanntes *Schlüsselfoto*. Sie können jedes beliebige Bild, das Bestandteil des Ereignisses ist, als Schlüsselfoto verwenden. Dazu fahren Sie einfach mit der Maus über das Ereignis, bis das von Ihnen gewünschte Bild zum Vorschein kommt, und drücken einmal die Leertaste. Damit wird dieses Bild fortan als Schlüsselfoto verwendet.

Wenn Sie ausgiebig mit Ereignissen arbeiten, was sehr anzuraten ist, sollten Sie zudem in den *iPhoto-Einstellungen* nachprüfen, ob dort alles vernünftig konfiguriert wurde.

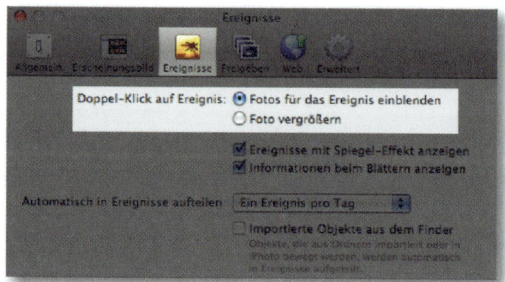

iPhoto –> Einstellungen, Reiter Ereignisse.

! Es ist sehr zu empfehlen, dort die Option **Fotos für das Ereignis einblenden** zu aktivieren, sobald ein Doppelklick ausgeführt wird. Die andere Eigenschaft **Foto vergrößern** zeigt bei einem Doppelklick auf ein Ereignis das Schlüsselfoto vergrößert an und Sie müssen dann zum Beispiel mit den Cursortasten durch die weiteren Fotos blättern.

Ereignisse sind also eine sehr angenehme Möglichkeit, Ihre Daten zu strukturieren und zu organisieren. Und es spricht nichts dagegen, diese Ereignisse in Kombination mit Alben zu verwenden, wo die Bilder eher nach Thema sortiert werden. Es handelt sich dabei nämlich um ergänzende und nicht um konkurrierende Konzepte, um Ihre digitalen Daten zu verwalten.

Sie haben sicherlich schon bemerkt, dass, wenn Sie durch einen Doppelklick ein Ereignis geöffnet haben, Sie am oberen Rand des iPhoto-Fensters einige Funktionen vorfinden.

Funktionen in Ereignissen.

In der Mitte sehen Sie den Namen des Ereignisses. Sie können nach dem Anklicken dort einen anderen Begriff eingeben. An der linken Seite kommen Sie mit dem Schalter *Alle Ereignisse* wieder zurück zur Ereignisübersicht. Und wenn

Sie die Pfeile an der rechten Seite verwenden, können Sie, ohne in die Ereignis-übersicht zurückzukehren, durch die Ereignisse navigieren, was sehr effizient und zeitsparend ist.

Bilder aus- und einblenden

Bilder aus- und einblenden.

Vielleicht haben Sie sich schon gefragt, was die Funktion *Einblenden* am unteren Rand des iPhoto-Fensters für Sie tun kann? Ganz einfach: Wählen Sie eines oder mehrere Bilder aus und klicken Sie die Funktion *Ausblenden* an. Sofort erhalten die Bilder in der rechten oberen Ecke ein orangefarbenes Kreuz. Wenn Sie nun über den Menüpunkt *Darstellung* das Häkchen bei *Verdeckte Fotos* entfernen, dann werden diese Fotos ausgeblendet. Sie können dies zum Beispiel dafür verwenden, um ausgewählte Bilder zwar in der Sammlung zu verwahren, aber eben nicht anzeigen zu lassen. Weiterhin werden ausgeblendete Fotos nicht im Rahmen einer Diashow verwendet.

Wenn Sie im Menüpunkt *Darstellung* das Häkchen bei *Verdeckte Fotos* anbringen, werden die Bilder wieder dargestellt. Und umgekehrt können Sie natürlich über den Button *Einblenden* am unteren Rand des iPhoto-Fensters das Bild jederzeit sichtbar machen.

Sortierfunktion

Die Sortierfunktionalität ist grundsätzlich nach verschiedenen Kriterien möglich:

* ❋ Nach Datum,
* ❋ Nach Schlagwort,
* ❋ Nach Titel,
* ❋ Nach Wertung,
* ❋ Manuell.

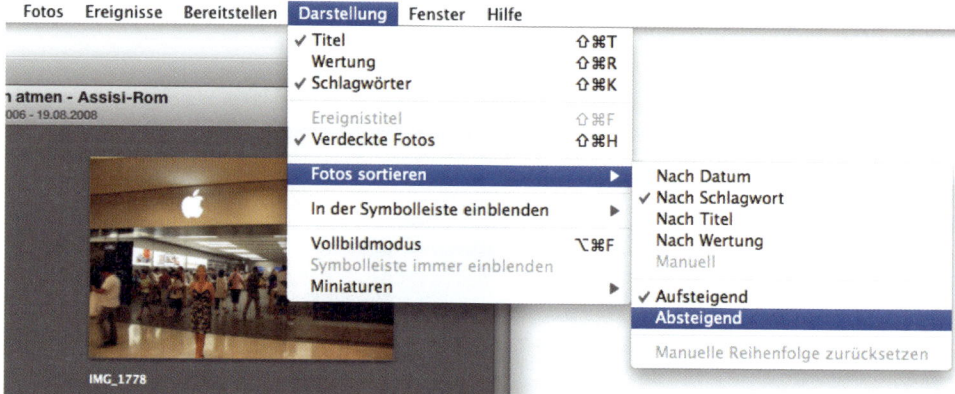

Darstellung –> Fotos sortieren.

Bei allen Begriffen außer *Manuell* können Sie darüber hinaus noch festlegen, ob Sie in aufsteigender oder absteigender Reihenfolge sortieren möchten.

❗ **Bitte passen Sie auf, denn die manuelle Sortierung ist bei Ereignissen nicht möglich.** Wenn Sie ein Ereignis durch einen Doppelklick geöffnet haben, wird eines der vier obigen Sortierkriterien verwendet. Lediglich die Ereignisübersicht oder Fotos, die in Alben erscheinen, können auch manuell sortiert werden. **Manuelle Sortierung bedeutet: Sie können ein Bild bzw. ein komplettes Ereignis an eine beliebige Stelle innerhalb Ihres Arrangements ziehen.**

Die Bearbeitungsfunktionen in iPhoto

Drehen

Das Drehen von Bildern ist in iPhoto eine sehr einfache Geschichte. Und doch gibt es mehrere Möglichkeiten und einen simplen Trick. Zunächst einmal könnten Sie den Button *Drehen* in der *Symbolleiste* am unteren Rand von iPhoto verwenden. Je nachdem, welche Grundeinstellung Sie unter *iPhoto –> Einstellungen –> Allgemein* gewählt haben – ob im Uhrzeigersinn oder gegen den Uhrzeigersinn gedreht wird –, verhält sich auch dieser *Drehen*-Button. Alternativ dazu können Sie den *Drehen*-Schalter mit gedrückter ⌥-*Taste* verwenden, um die Drehrichtung umzukehren.

Drehen.

Freistellen

Um an die weiteren Bearbeitungsfunktionen zu gelangen, sollten Sie den *Bearbeiten*-Bleistift in der *Symbolleiste* anklicken. Sogleich erhalten Sie eine ganze Fülle von neuen Werkzeugen, mit denen sich Ihre Bilder in gewissen Grenzen bearbeiten lassen.

Der Bleistift führt zu weiteren Bearbeitungsmethoden.

So bekommen Sie dort als nächste Möglichkeit das *Freistellen-Werkzeug* angeboten. Wenn Sie das Freistellen-Werkzeug auswählen, können Sie überflüssige Bildelemente entfernen und Ihr Bild auf das Wesentliche reduzieren. iPhoto gibt Ihnen durch Rasterlinien eine Hilfestellung. Sie können auch das Häkchen bei *Format* anbringen, um vordefinierte Größen für den Beschnitt des Bildes zu verwenden.

Freistellen.

Begradigen

Auch kann es bisweilen vorkommen, dass Sie beim Ablichten eines Objekts Ihre Kamera schräg gehalten haben. Über die Funktion *Begradigen* und die unterstützend eingezeichneten Hilfslinien können Sie das Bild waagrecht oder senkrecht an den Hilfslinien ausrichten.

Verbessern

Auch diese Situation ist Ihnen sicherlich schon einmal untergekommen: Sie haben einen sehr hellen Hintergrund und alles, was Sie im Vordergrund fotografieren – Personen, Tiere oder Gegenstände –, erscheint deutlich zu dunkel. Über den Button *Verbessern* erhalten Sie eine Ein-Klick-Lösung, mit der iPhoto versucht, das Beste aus Ihrem Bild herauszuholen. Die Kontraste werden verbessert, helle Positionen etwas abgemildert und dunkle Stellen stärker nach vorne gebracht, um in der Summe die Bildqualität zu verbessern.

> Wenn Sie die ⇧-Taste drücken, kehren Sie zum Original zurück und können
> so sehr schnell das Ergebnis dieser Funktion überprüfen.
> Sollte das Ergebnis nicht Ihren Erwartungen entsprechen und das Original
> tatsächlich besser gewesen sein als die verbesserte Version von iPhoto,
> dann verwenden Sie einfach den Menüpunkt Fotos –> Zur vorherigen
> Version zurücksetzen bzw. Zum Original zurückkehren.

Rote Augen entfernen

Verwenden Sie diese Funktion, falls Sie beim Fotografieren auf dem Bild rote Augen erhalten haben. Probieren Sie zunächst die Funktion *Autom.*, also die automatische Reduzierung der roten Augen. Sollte dies nicht funktionieren, wählen Sie rechts daneben bei *Größe* die Größe Ihres Pinsels aus und überdecken Sie die roten Augen mit dem Pinsel in schwarzer Farbe.

Retuschieren

Retuschieren bietet eine sehr einfache Funktion, um bei Aufnahmen im Detail, also etwa im Gesichtsbereich, zum Beispiel Verunreinigungen durch den *Retuschierpinsel* zu beseitigen. Dabei wird der Retuschierpinsel die Umgebungsfarbtöne aufnehmen. An der Stelle, an der Sie mit dem Pinsel arbeiten (dessen Größe Sie auch einstellen sollten), werden dann die Problemstellen übermalt.

Effekte

Doch damit nicht genug! iPhoto stellt Ihnen neben dem Original acht weitere Effekte zur Verfügung, mit denen Sie mit nur wenigen Klicks Ihr Bild verfremden und anderweitig interessant gestalten können. Die Effektpalette bietet:

* Schwarz-weiß,
* Sepia,
* Antik,
* Verblasst,
* Gesättigt,
* Maske,
* Vignette,
* Unscharf.

Dabei ist die Anwendung kinderleicht: Mit einem ersten Klick wird die Funktion angewendet. Bei dem jeweiligen Effekt sehen Sie eine Ziffer. Die Ziffer gibt den Grad, also die Stärke, des Effekts an. In diesem Fall sehen Sie auf dem Bildschirmfoto, dass wir den Effekt *Maske* in der Stufe vier angewandt haben.

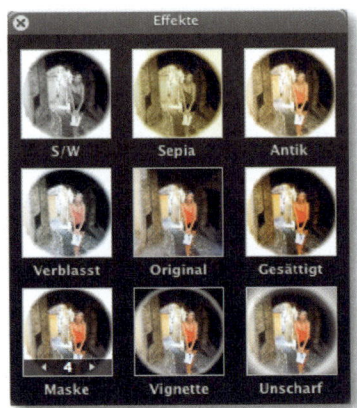

Der Menüpunkt Maske mit verschiedenen Vorschlägen.

Sie können nun durch wiederholtes Klicken den Effekt verstärken oder ihn durch den kleinen Pfeil nach links wieder abschwächen. Nachdem Sie einen ersten Effekt haben, können Sie zeitgleich auch einen zweiten Effekt anwenden, zum Beispiel nach der Verwendung der Funktion *Maske* noch den *Sepia*-Effekt. Und Sie sehen: iPhoto registriert live alle von Ihnen gemachten Änderungen. Das heißt: Es ist nicht notwendig, das Bild an dieser Stelle zu speichern oder irgendetwas anderes zu tun. In dem Augenblick, in dem Sie oben in der Ecke mit dem kleinen x das Effektefenster schließen, hat das Bild bereits die gewünschten Eigenschaften übernommen. Über die ⇧-*Taste* kehren Sie zum vergleichenden Original zurück.

> **Noch einmal der Hinweis: Wenn Sie mit der Qualität nicht zufrieden sind und von vorne beginnen möchten, wählen Sie über den Menüpunkt Fotos den Eintrag Zur vorherigen Version zurücksetzen, um erneut mit dem Button Effekte zu starten.**

Anpassen

Sie haben vorhin bereits über den *Verbessern*-Button eine sehr einfach anzuwendende Lösung gesehen, wie iPhoto versucht, Ihre Bilder zu optimieren. Deutlich feiner justieren können Sie die Bildbearbeitung, indem Sie die *Anpassen*-Funktion anwählen. Denn hier stehen Ihnen eine ganze Reihe von Reglern zur Verfügung, wie Sie auch Profiprogramme wie Photoshop etc. aufweisen, um Bilder zu verbessern. iPhoto hält dabei folgende Regler für Sie bereit:

* Tonwerte,
* Helligkeit,
* Kontraste,
* Sättigung,
* Auflösung,
* Licht,
* Schatten,
* Schärfe,
* Rauschen reduzieren,
* Temperatur,
* Färbung.

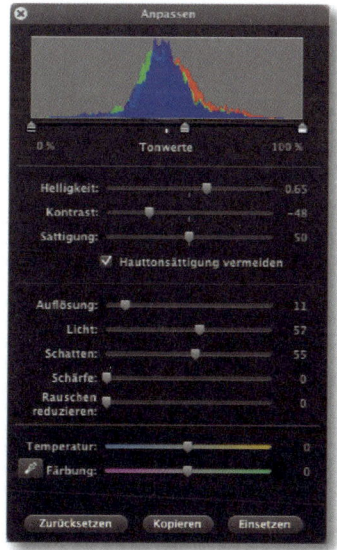

Der Menüpunkt Anpassen.

Am besten wird es sein, wenn Sie mit diesen Reglern etwas „spielen", um das Beste aus Ihren Bildern herauszuholen. Sie sollten in allen Fällen – sofern sich Personen auf dem Bild befinden – den Eintrag *Hauttonsättigung vermeiden* aktiv halten, so dass die Hauttöne der besonderen Aufmerksamkeit von iPhoto unterliegen und unabhängig davon, wie stark Sie das Bild an sich ändern, die Hauttonfarbe relativ natürlich belassen bleibt.

Haben Sie die Farbpipette neben dem Begriff Färbung gesehen? Damit können Sie nach Anwählen der Pipette und Auswahl eines weißen oder grauen Bildpunkts im Foto den Farbstich darin entfernen.

Sind Sie mit Ihren Einstellungen am Ende nicht zufrieden, klicken Sie auf den Button *Zurücksetzen*, um alle Regler wieder auf die Standardposition zu stellen und von vorne zu beginnen.

Über die Buttons *Kopieren* und *Einsetzen* kann sich iPhoto ein Editierarrangement merken. Das heißt: Sie haben jetzt ein Bild aus einer Reihe von Fotos optimiert. In dem Augenblick, wo Sie auf *Kopieren* klicken, merkt sich das Programm die Einstellungen der diversen Regler. Sie wählen nun ein anderes Bild aus und klicken auf *Einsetzen*. Somit erhält dieses Bild die gleichen Reglerpositionen wie das vorherige. Damit können Sie auf eine Reihe von Bildern schnell und effektiv die identischen Bearbeitungsschritte anwenden.

Bild löschen

Wenn Sie Bilder tatsächlich für so schlecht erachten, dass Sie sie nicht mehr in Ihrer Mediathek haben möchten, dann können Sie die Bilder selbstverständlich auch aus iPhoto entfernen.

> **!** Bitte beachten Sie dabei, dass Sie sich im richtigen Bereich befinden. Das heißt: Sie sollten den Bereich **Fotos** oder **Ereignisse** angewählt haben, denn dort befinden sich tatsächlich die **Originale** Ihrer Bilder. Wenn Sie in den **Alben** unterwegs sind, dann bedeutet das Löschen lediglich, dass Sie die gewählten Bilder aus dem **Album, aber nicht aus der Mediathek** entfernen. Anders verhält es sich, wenn Sie im Bereich **Fotos** oder **Ereignisse** sind. Von dort aus können Sie Bilder löschen, wobei ein Bild, das Sie gelöscht haben, nicht sofort und unwiderruflich gelöscht wird, denn es wandert zunächst als Zwischenstation in den Papierkorb. **Erst wenn Sie den Papierkorb entleeren, wird das Bild unwiderruflich gelöscht.**

> **Wollen Sie ein Foto aus dem Album und damit zugleich aus der gesamten Mediathek entfernen, dann verwenden Sie die Tastenkombination ⌘ + ⌥ + Backspace.**

Wie löscht man ein Bild? Ganz einfach: Sie klicken das Bild an, das Sie löschen möchten, und verwenden die *Backspace*-Taste, um es in den Papierkorb zu befördern.

> **Sie können eine Reihe von Bildern markieren – entweder getrennt voneinander mit der ⌘-Taste oder zusammenhängende Bilder durch die Markierung mit der ⇧-Taste –, um sie gemeinsam in den Papierkorb zu legen.**

Wenn Sie den Papierkorb leeren möchten, klicken Sie mit der rechten Maustaste auf den Papierkorb und wählen den Befehl *Papierkorb entleeren* an, um die Daten unwiederbringlich aus Ihrer Mediathek zu entfernen. iPhoto wird Sie noch einmal mit einer Warnmeldung darauf aufmerksam machen, dass Sie diese Bilder nun endgültig löschen.

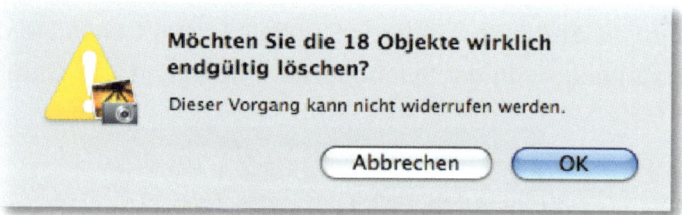

Papierkorb-Abfrage.

Fotos bereitstellen und verteilen

Nachdem Sie nun ziemlich viel Zeit investiert haben, um Ihre Fotos perfekt aussehen zu lassen und sie optimal in Ihre Strukturen einzusortieren, ist es an der Zeit, sich Funktionen anzusehen, mit denen Sie die Fotos von iPhoto aus zum Beispiel anderen Personen zur Verfügung stellen können. Sie selber sollen ja auch was davon haben.

Einige dieser Funktionen sehen Sie direkt in der Symbolleiste von iPhoto, wie zum Beispiel die Begriffe *Diashow*, *Buch*, *Kalender*, *Karte*, *Mobile.me*, *Facebook*, *Flickr* und *E-Mail*. Einige davon greifen wir auf und erklären sie Ihnen.

Schreibtischhintergrund

Eine einfache Funktion ist die Eigenschaft *Schreibtischhintergrund*. Dazu aktivieren Sie einfach ein Bild Ihrer Wahl, gehen Sie zum Menüpunkt *Bereitstellen* –>

Schreibtischhintergrund und schon wird dieses Bild als Schreibtischbild an Ihrem Computer verwendet.

Wenn Sie dieses Menü betätigen, haben Sie einen neuen Schreibtischhintergrund.

> **Wechseln Sie öfter einmal das Schreibtischbild, so können Sie sich das Icon auch in die Leiste der anderen Symbole legen. Gehen Sie dazu in das Menü Darstellung –> In der Symbolleiste einblenden –> Schreibtisch.**

Jetzt haben Sie den Knopf für einen neuen Schreibtischhintergrund immer parat.

Brennen von Bilder-CDs

Wollen Sie einer anderen Person Ihre Daten digital weitergeben, dann ist das Brennen eines optischen Datenträgers (CD) eine wunderschöne Möglichkeit. Wählen Sie hierzu zum Beispiel im Bereich *Ereignisse* das Ereignis Ihrer Wahl aus und rufen Sie dann den Menüpunkt *Bereitstellen –> Brennen* auf.

CD/DVD brennen.

Anschließend fordert iPhoto Sie auf, einen Datenträger einzulegen, um die Daten auf diesem ablegen zu können. Und wie die Hilfe schon erklärt, sind diese Bilddaten dann natürlich auf jedem anderen Computer – auch auf Windows-Rechnern – verwendbar.

Dem Brennen sehr nahe verwandt ist die Eigenschaft des *Exportierens*.

Exportieren

Unter *Ablage* ist die *Exportieren*-Funktion zugänglich. Diese unterscheidet sich von der *Brennen*-Funktion darin, dass Sie beim Export verschiedene Formate wählen und die Bilder auf eine bestimmte Größe herunterrechnen lassen können.

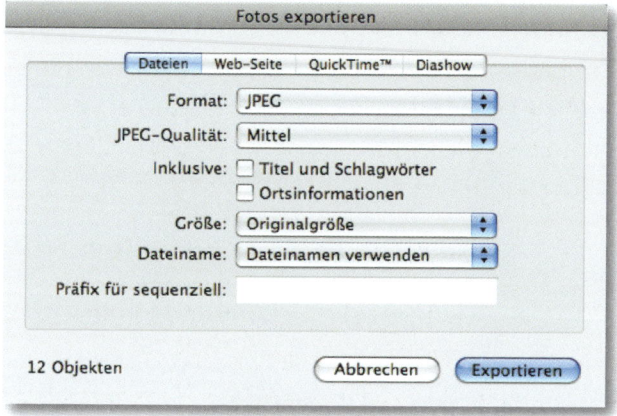

Exportieren.

Dateien auf Datenträger exportieren

Sollen die Bilder zum Beispiel auf einen USB-Stick oder eine extern angeschlossene Festplatte exportiert werden, so verwenden Sie den Dateien-Export. Wählen Sie dort unter *Format* das Dateiformat, in dem der Export stattfinden soll. Standardmäßig ist JPEG voreingestellt. Sofern Sie JPEG verwenden, haben Sie die Möglichkeit, die JPEG-Qualität zu ändern. Wählen Sie hier zwischen *niedrig*, *mittel*, *hoch* und *maximal*. Weiterhin können Sie Titel und Schlagwörter ebenso wie Ortsinformationen dem Export mit auf den Weg geben. Der wohl interessanteste Eintrag ist die *Größe*. Wenn Sie dort das Pull-down-Menü anwählen, können Sie sich zwischen *Originalgröße, groß, klein, mittel* oder auch *Eigene...* entscheiden. Das macht insbesondere Sinn, wenn Sie mit einer qualitativ sehr hochwertigen Kamera, zum Beispiel einer digitalen Spiegelreflexkamera, die über 12 Megapixel verfügt, Aufnahmen gemacht haben und diese einer anderen

Person in niedrigerer Qualität zur Verfügung stellen wollen. Weiterhin wird Ihnen die Option angeboten, die bestehenden Dateinamen zu verwenden oder neue Namen beim Export zu vergeben. Es ist schwierig, an dieser Stelle zu raten, was Sie einstellen sollen. Grundsätzlich gilt: Halten Sie die Datenmenge so gering wie nur möglich bei größtmöglicher Qualität. Sind Sie sich nicht sicher, so exportieren Sie die Bilder in Originalgröße, dann sind diese eben so groß, wie sie ursprünglich von der Kamera gekommen sind.

Diashow in iTunes exportieren

Gehen Sie unter den Menüpunkt *Bereitstellen*. Sie geben in den *Exporteinstellungen* die Qualität des Filmes an, also ob Sie ihn 480 x 300 Pixel, 640 x 400 Pixel etc. groß haben möchten. Die Datei wird dann automatisch in iTunes in der Rubrik *Filme* erscheinen. Lesen Sie zur Bedienung von iTunes den folgenden Themenabschnitt iTunes.

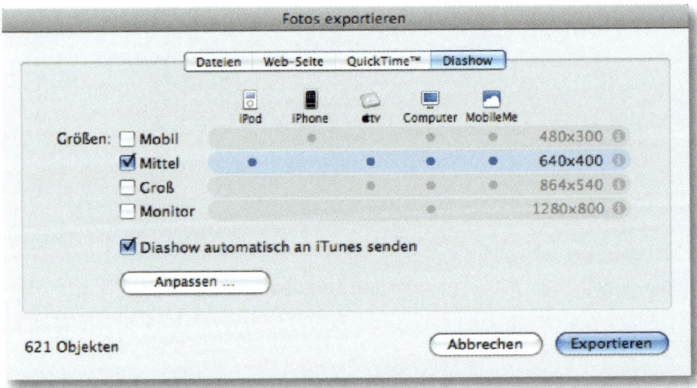

Für welchen Zweck möchten Sie die Diashow exportieren?
Orientieren Sie sich an den Symbolen, z. B. für iPod, Computer usw.

Bilder als E-Mail versenden

Eine weitere sehr einfach zu realisierende Möglichkeit, die Bilder weiterzugeben, ist es, diese per E-Mail an den oder die Empfänger zu senden. Klicken Sie hierzu in der Symbolleiste den Knopf *E-Mail* an oder verwenden Sie aus dem Menüpunkt *Bereitstellen* den dazugehörigen Eintrag.

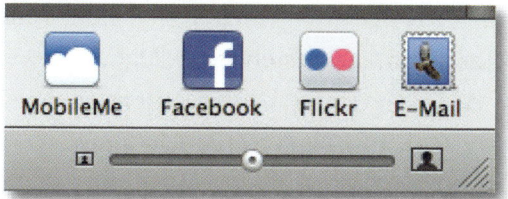

Der E-Mail-Knopf ist aktiv, wenn ein oder mehrere Bilder angeklickt sind.

❗Achtung: Manchmal kann es sein, dass das Fenster von iPhoto zu klein ein-gestellt ist. Anstelle des E-Mail-Knopfes tritt dann ein Doppelpfeil, der nach rechts zeigt, in Erscheinung. Entweder, Sie ziehen das Fenster in der rechten unteren Bildschirmecke größer oder Sie klicken auf den Doppelpfeil. In ihm befindet sich dann der E-Mail-Schalter.

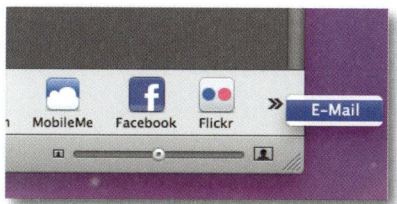

Das iPhoto-Fenster ist zu klein.

Wenn Sie die Funktion aktiviert haben, müssen Sie wieder Einstellungen be-züglich des Versands von Bildern machen. Hier sollten Sie im Allgemeinen die Größe der Bilder verringern. Wählen Sie den Eintrag *mittel* oder *klein*, um die ausgewählten Bilder an eine E-Mail anzuhängen, damit die Dateigröße nicht zu groß wird. Definieren Sie, ob Titel, Beschreibungen und Ortsinformationen mit den Bildern übertragen werden sollen.

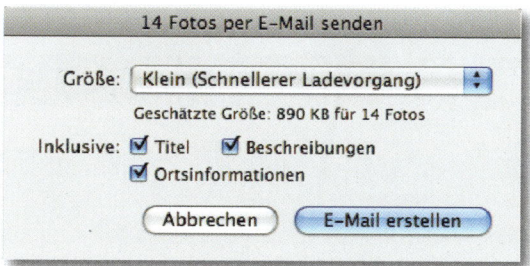

Einstellungen für den E-Mail-Versand.

Sind alle Einstellungen erfolgt, beginnt iPhoto mit der Komprimierung der Bilder auf das vorgesehene Format, startet das E-Mail-Programm, öffnet eine neue E-Mail und legt die Bilder in der E-Mail-Nachricht als Anhang ab. Sie müssen lediglich noch den E-Mail-Empfänger angeben sowie einen Betreff eintragen und schon können die Bilder auf die Reise gehen.

! **Wir merken an dieser Stelle an,** dass selbstverständlich bei jeder der Exportaktionen **Kopien** der Fotos versandt werden. Also keine Angst davor, dass Bilder verloren gehen könnten.

Diashow

Mit der *Diashow* haben Sie die Möglichkeit, Ihre Bilder sehr kurzweilig und interessant zu präsentieren. Denn in iPhoto '09 hat Apple neue Themen eingebaut, um die Diashow noch attraktiver zu gestalten.

Die Vorgehensweise ist einfach: Sie wählen ein Album oder ein Ereignis aus oder selektieren einige Fotos eines Ereignisses und wählen dann den Button *Diashow.*

Diashow einrichten.

Sogleich erscheinen Konfigurationsfenster, in denen Sie aus drei Bereichen Einstellungen vornehmen können. Zunächst einmal zu den *Themen*. Apple bietet aktuell sechs verschiedene Themen an, um Ihr Bild- und auch Filmmaterial am Computermonitor zu präsentieren.

* *Klassisch:* Wenn Sie die klassische Einstellung wählen, wird Bild für Bild mit einem Übergang, den Sie bei *Einstellungen* wählen können, abgespielt. Alle Bilder erscheinen mit einer Hintergrundfarbe auf Ihrem Monitor.

* *Ken Burns:* Mit Ken Burns werden Ihre Bilder bewegt auf dem Monitor dargestellt, so dass es fast wie ein Film aussieht. Die Bilder werden am Monitor vorbeigeschoben und es wird gezoomt.

* *Fotoalbum:* Bei Fotoalbum hat Apple ein Thema hinterlegt und präsentiert Ihre Bilder quasi so, als wären sie in ein Album aus Papier eingeklebt.

* *Splitter:* Splitter ist eine sehr dynamische Geschichte. Von Bild zu Bild werden die Fotos in Ebenen zerlegt, dreidimensional gedreht und erscheinen wieder. Sehr, sehr schwer zu erklären. Sie sollten diese Funktion unbedingt einmal ausprobieren.

* *Rutschbahn:* Bei Rutschbahn baut iPhoto von ganz alleine Einer-, Zweier- und Dreier-Kompositionen von Bildern zusammen und schiebt diese von oben nach unten oder links nach rechts und wechselt so die Bilder durch. Auch diesen Effekt sollten Sie unbedingt testen.

* *Schnappschüsse:* Bei Schnappschüsse werden die Bilder übereinander gelegt. Die älteren Bilder werden in Schwarz-Weiß ausgeblendet und nach oben herausgenommen.

Wenn Sie in Zukunft möchten, dass – egal welches Album oder Ereignis Sie ausgewählt haben – stets das gleiche Thema verwendet wird, dann setzen Sie das Häkchen bei *Als Standard verwenden*.

Wechseln Sie nun in den Reiter *Musik*, um Ihre Diashow mit Songs zu unterlegen. Sie können zunächst aus einem der sechs mit iPhoto mitgelieferten Songs wählen oder über die Suchfunktion auf iTunes (mehr dazu im nächsten Kapitel) zugreifen und die dort hinterlegten Lieder auswählen.

Standardmusik von iPhoto für die Diashow.

Wenn Sie es noch etwas individueller haben wollen, dann aktivieren Sie *Eigene Wiedergabeliste für Diashow* und ziehen einfach per Drag & Drop aus dem oberen Teil des Fensters die Lieder in den unteren Bereich. So werden die Lieder in der Reihenfolge gespielt, wie Sie sie in die Wiedergabeliste aufgenommen haben.

! **Wenn Sie später Musik in iTunes eingepflegt haben,** so können Sie natürlich auch eine Wiedergabeliste aus iTunes verwenden. Wählen Sie dazu aus dem Aufklappmenü Quelle Ihren Favoriten aus. Vergessen Sie dabei nicht, die Lieder der Liste noch zu markieren. Sollen es alle Songs sein, dann verwenden Sie einfach ⌘ + A. Für eine Selektion markieren Sie die einzelnen Titel mit der ⌘- oder ⇧-Taste. Sobald Sie auf Anwenden klicken, werden damit die Lieder in die eigene Wiedergabeliste übernommen.

Und zu guter Letzt sollten Sie die *Einstellungen* überprüfen. Dort geben Sie vor, wie lange jedes Bild auf dem Monitor dargestellt werden soll, und definieren zusätzlich, wie es sich mit der Abstimmung der Musik verhält. Wollen Sie, dass die Diashow genauso lange läuft wie die Musik oder soll die Zeit der Dias Priorität besitzen? Geben Sie an, mit welcher Hintergrundfarbe die Präsentation ablaufen soll, ob die Diashow am Ende wiederholt werden soll, ob die Reihenfolge der Dias zufällig ausgewählt werden möge und ob der Diashow-Titel eingeblendet werden soll. Auch hier haben Sie wieder die Möglichkeit, Ihre Einstellungen als

Standard zu definieren, um sie für weitere Diashows ohne manuelle Konfiguration zu verwenden.

Wenn Sie während einer Diashow Änderungen vornehmen wollen – vorspulen, zurückspulen –, dann sollten Sie an den unteren Monitorrand fahren und in dem dort erscheinenden Kontrollpanel die entsprechende Funktion auswählen.

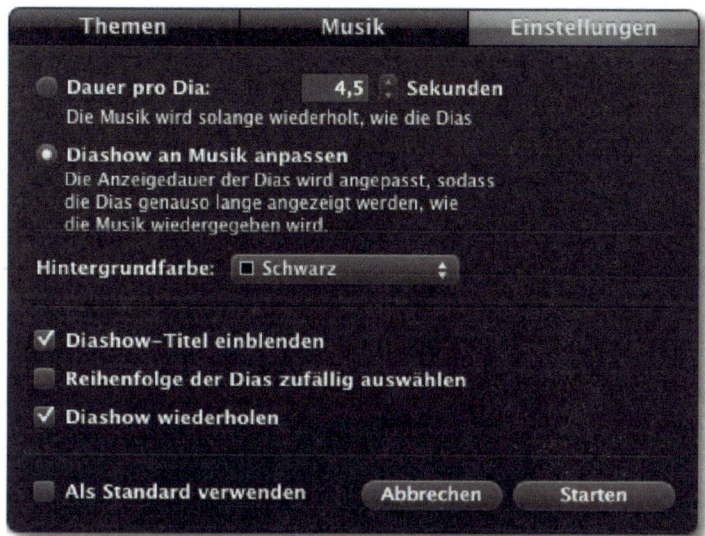

Einstellungen für die Diashow.

Kontrollpanel während der Diashow.

Haben Sie von einem Ereignis bereits einmal eine Diashow ablaufen lassen, so werden beim nächsten Mal, wenn Sie vom selben Ereignis wieder eine Diashow starten, die bereits einmal konfigurierten Einstellungen automatisch verwendet und die Diashow startet in genau derselben Form erneut. Haben Sie von einem Ereignis noch nie eine Diashow gemacht, dann wird automatisch das Fenster auftauchen, in dem Sie die Diashow definieren können.

Wenn Sie es noch individueller haben möchten, dann können Sie zudem jedem Foto einer Diashow eigene Einstellungen vorgeben. Dazu wählen Sie erneut ein Ereignis oder ein Album aus. Klicken Sie nun auf das *Plus-Zeichen* in der linken unteren Ecke des iPhoto-Fensters und wählen dort *Diashow* aus.

Neue Diashow.

Daraufhin wird in der linken Spalte der neue Eintrag *Diashow* sichtbar. Dort wird die neu erstellte Präsentation eingereiht. Klicken Sie diesen Eintrag an, um über die Buttons *Themen*, *Musik* und *Einstellungen* die Diashow zu konfigurieren.

Individuelle Diashow-Einstellungen für ein oder mehrere Bilder.

Wenn Sie bei den Einstellungen angelangt sind, sehen Sie die Auswahlmöglichkeit zwischen *Alle Dias* und *Dieses Dia*. Markieren Sie in der obigen Miniaturübersicht die Bilder, die im Rahmen der Diashow eine „Spezialbehandlung" bekommen sollen und geben Sie die gewünschten Einstellungen ein.

Drucken

Selbstverständlich können Sie auch auf Ihrem eigenen Drucker die Bilder in Papierform ausgeben. Sie verwenden dazu Ihren am Rechner installierten Tintenstrahl- oder Laserdrucker (Kapitel 6) . Wählen Sie zunächst zum Beispiel ein Ereignis Ihrer Wahl, um dann über den Menüpunkt *Ablage –> Drucken* die dazugehörige Funktion aufzurufen. Dann sehen Sie auf der linken Seite verschiedene Vorlagen, die Apple hier schon eingebaut hat. Wählen Sie eine entsprechende Vorlage aus und versäumen Sie es nicht, über den Button *Anpassen* diese Vorlage Ihren Bedürfnissen anzupassen.

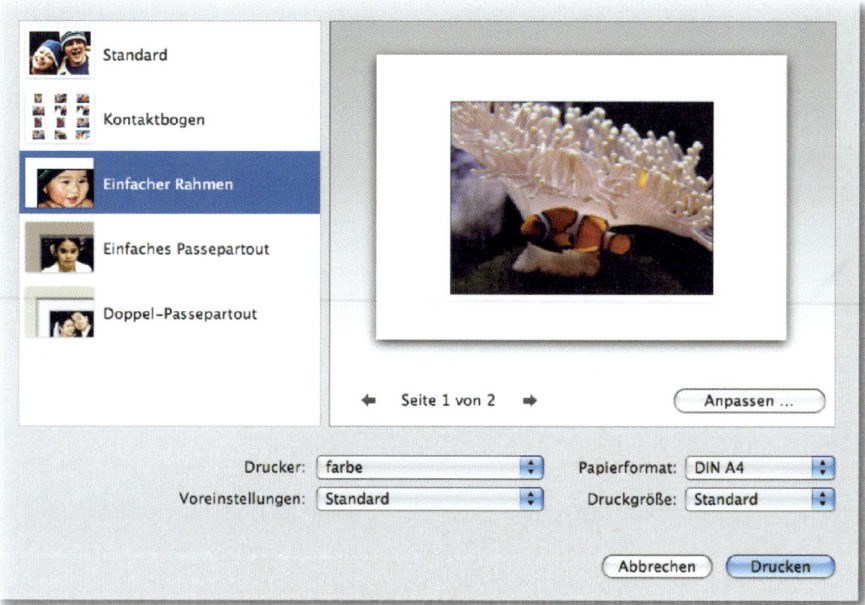

Ablage –> Drucken.

iTunes

iTunes ist eine kostenfreie Applikation, die Sie beim Kauf eines Apple-Rechners standardmäßig installiert vorfinden. Mit diesem Programm können Sie Musik importieren, abspielen, Wiedergabelisten zusammenstellen und Musik-CDs brennen. Außerdem arbeitet iTunes perfekt mit iPhoto zusammen. Unterlegen Sie Ihre Diashow mit Musik, damit ist für musikalische Untermalung gesorgt.

Der erste Start

iTunes-Progamm-Icon.

Wenn Sie iTunes starten möchten, so klicken Sie auf das Icon im Dock. Wenn Sie es mittlerweile nicht mehr im Dock haben, so finden Sie es über die Spotlight-Lupe (Kapitel 2 Grundlagen). Damit Sie iTunes stets rasch starten können, sollten Sie das Programm-Icon wieder *im Dock behalten*.

Es meldet sich beim ersten Start allerdings zunächst der iTunes-Assistent und präsentiert Ihnen den Softwarelizenzvertrag.

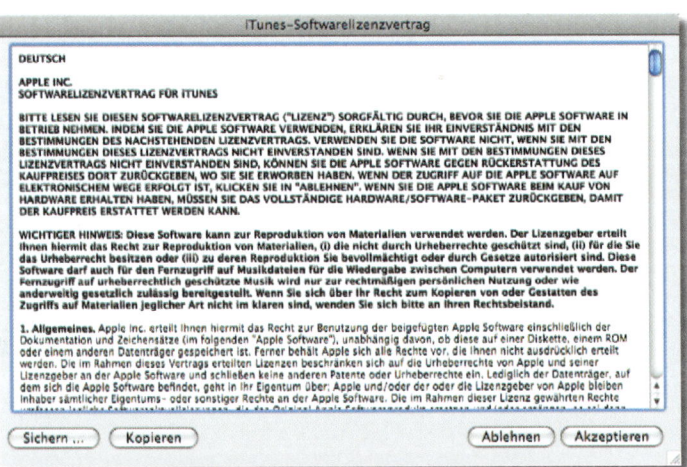

iTunes-Softwarelizenzvertrag.

Klicken Sie hier auf *Akzeptieren*, um die Bedingungen von Apple an dieser Stelle anzuerkennen. Im nächsten Fenster heißt Sie der iTunes-Assistent willkommen und wird mit Ihnen einige Basiskonfigurationen vornehmen.

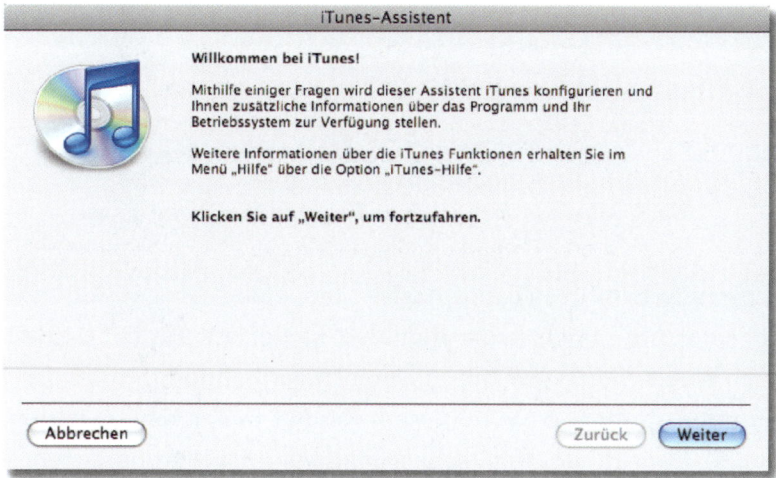

iTunes-Assistent.

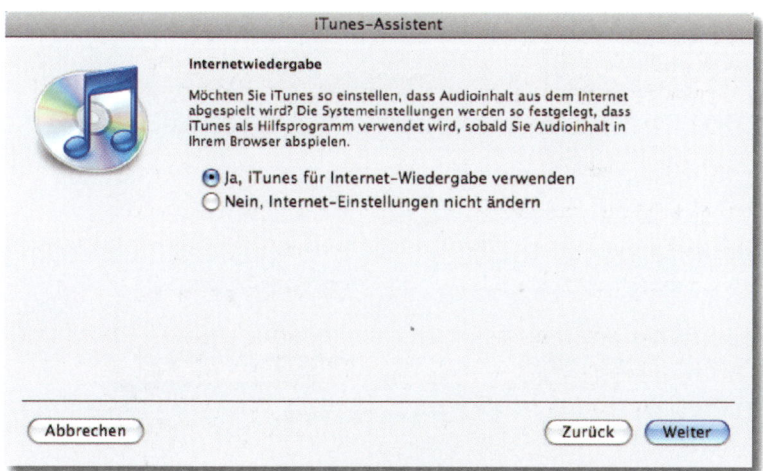

Internetwiedergabe.

Im Fenster *Internetwiedergabe* konfigurieren Sie, ob iTunes das Standardprogramm sein soll, um Musikdateien abzuspielen, auf die Sie im Internet gestoßen sind. Meine Empfehlung an dieser Stelle lautet, diese Funktion zu aktivieren.

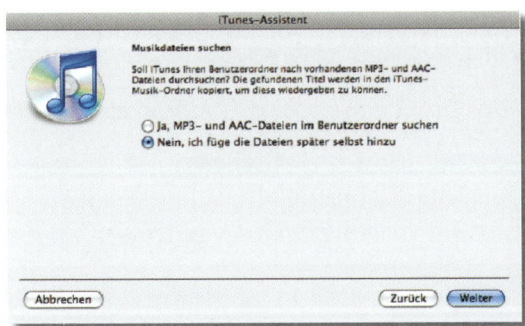

Nach Musikdateien suchen. Kreuzen Sie „Nein, ..." an.

Im nächsten Schritt des iTunes-Assistenten sollten Sie die Antwort *Nein* bevorzugen, sofern Sie noch keine digitalen Lieder auf Ihrer Festplatte haben. Sollten sich bereits Songs auf Ihrem Datenträger befinden, würde ich dennoch zum *Nein* raten, denn wie Sie in diesem Kapitel weiter sehen werden, können Sie Ihre MP3-Dateien etc. sehr, sehr einfach in iTunes importieren. Überdies dauert die Suche von iTunes nach Songs auf Ihrer Festplatte meist sehr lange, insbesondere deshalb, weil heutige Rechner mehrere hundert Gigabyte an Festplattenkapazität standardmäßig eingebaut haben.

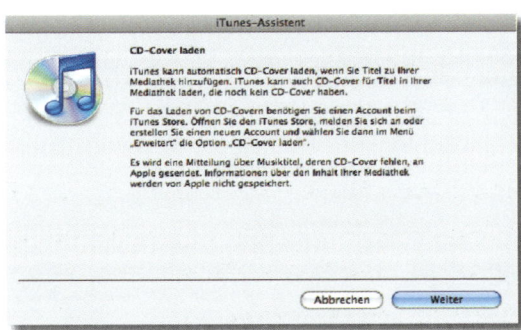

CD-Cover laden.

iTunes weist Sie im letzten Schritt weiterhin darauf hin, dass Sie, wenn Sie sich einen Account im iTunes Store besorgt haben, kostenlos CD-Coverbilder Ihrer importierten Lieder über das Internet und den iTunes Store laden können. Wir werden später in diesem Kapitel begutachten, wie wir einen iTunes-Account bekommen und welchen Vorteil Sie davon haben, wenn Sie die CD-Cover Ihrer Lieder auf den Rechner herunterladen. So – und schon steht iTunes bereit und der Musikgenuss kann beginnen.

Das Erscheinungsbild von iTunes

In der nachfolgenden Abbildung sehen Sie, wie sich iTunes Ihnen darstellt. iTunes ist dabei ein Stück weit wie alle Progamme aufgebaut, die Sie bis jetzt kennengelernt haben. Sie sehen links die schmale Spalte, in der Begriffe wie *Mediathek*, *Store* und *Wiedergabelisten* zu finden sind. Im Hauptfenster werden später Ihre importierten Lieder dargestellt.

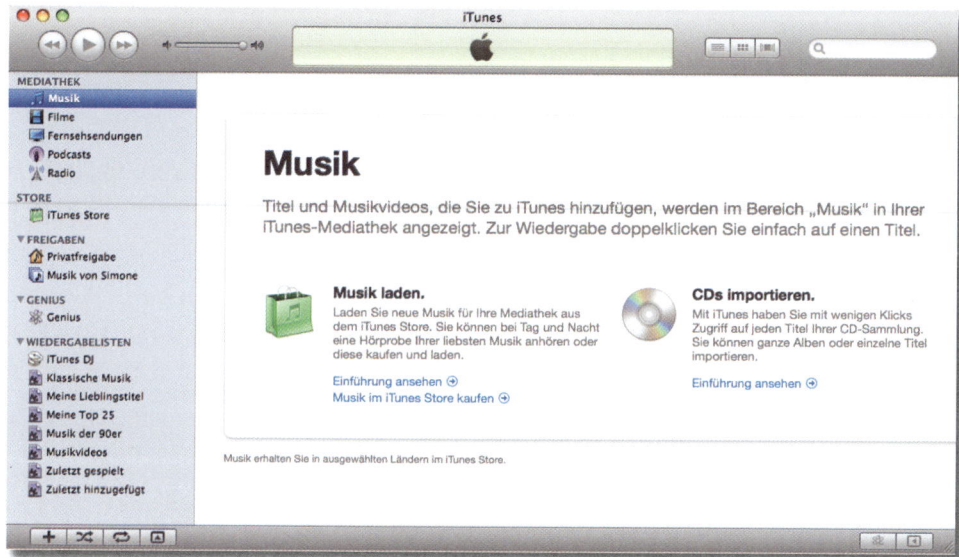

Das iTunes-Fenster.

Sollte die Darstellung Ihres iTunes-Programms von der Erscheinungsweise auf dem Bildschirmfoto abweichen, dann liegt es vermutlich daran, dass Sie eine andere Darstellung gewählt haben. Sie finden die Darstellungsvarianten oben rechts neben der grünlichen Anzeige

Darstellungen in iTunes.

iTunes kennt drei verschiedene Darstellungsarten:

* als Liste   ($\mathcal{H} + \asymp + 3$)
* als Gitter   ($\mathcal{H} + \asymp + 4$)
* als Cover Flow   ($\mathcal{H} + \asymp + 5$)

Import von Liedern

Wenn Sie eine beliebige Audio-CD in das Laufwerk Ihres Apple-Rechners einlegen, öffnet sich automatisch iTunes. Gleichzeitig wird die CD auf dem Schreibtisch dargestellt.

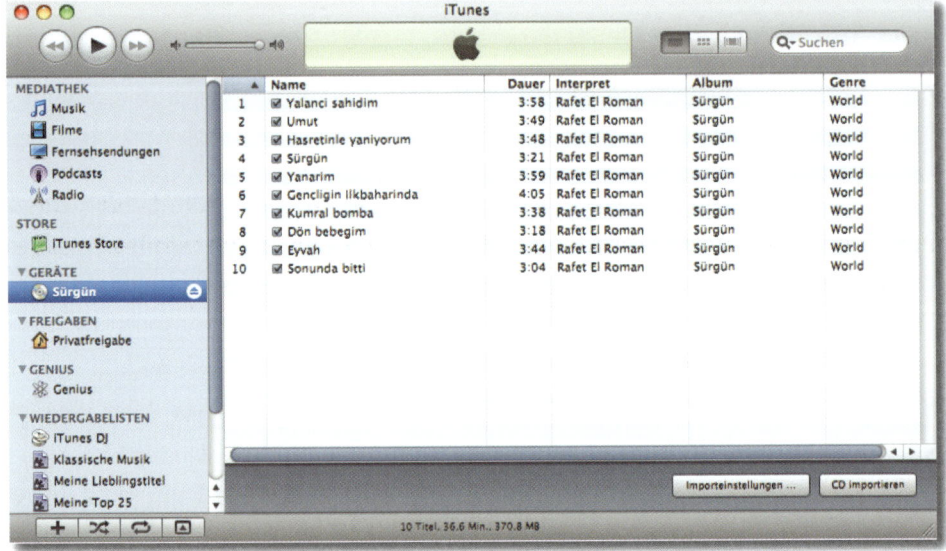

iTunes startet und die CD meldet sich in der linken Spalte.

Sie sollten jetzt in iTunes in der linken Spalte bei *Geräte* die CD mit ihrer Bezeichnung erkennen und rechts daneben die auf diesem Datenträger befindlichen Musikstücke.

! Wenn Sie an der Stelle feststellen, dass Sie diese CD doch **nicht importieren** wollen, so können Sie den Datenträger wieder auswerfen. Dazu verwenden Sie entweder das **Auswerfen-Symbol** ⏏ neben dem CD-Symbol bei **Geräte** oder Sie verwenden die **Auswurftaste** ⏏ auf Ihrer Tastatur.

CD komplett importieren

Wir aber wollen die CD komplett importieren. Klicken Sie dazu rechts unten im Eck des iTunes-Fensters den dazugehörigen Button [CD importieren] an.

Nun werden sukzessive alle Lieder von Ihrer Audio-CD in die Musikmediathek von iTunes übertragen. Sie können den Import verfolgen, indem Sie im Display oben in der Mitte den Fortschritt beobachten.

Importvorgang verfolgen.

! **Wollen Sie an der Stelle den Import abbrechen, so verwenden Sie hierzu im Fortschrittsfenster das** helle X in einem dunklen Kreis. Alle Lieder, die bis dahin importiert wurden, erhalten ein Symbol, nämlich ein weißes Kreuz auf einem grünen Kreis.

CD teilweise importieren

Wollen Sie hingegen nur bestimmte Lieder Ihrer Audio-CD importieren, so sollten diese vor dem Importieren selektiert werden. Markieren Sie hierzu die Lieder bei gedrückt gehaltener ⌘-Taste.

> **Soll ein zusammenhängender Bereich auf der Audio-CD markiert werden, dann klicken Sie den ersten Song an, halten die ⇧-Taste gedrückt und klicken das letzte Lied an.**

Haben Sie die Markierung erfolgreich vorgenommen, ziehen Sie die markierten Lieder auf den Eintrag *Mediathek*. Mit einem weißen Plus auf grünem Grund und der Anzahl der Songs wird Ihnen nun neben Ihrem Mauscursor angezeigt, wie viele Songs Sie Ihrer Mediathek hinzufügen.

> **Die Mediathek ist die zentrale Sammelstelle Ihrer Musik. Dort werden alle Lieder abgelegt. Nur in der Mediathek können Sie Lieder entfernen, wenn Sie diese nicht mehr haben möchten.**

Einzelne Songs importieren.

Sehen Sie keine Liedtitel?

Haben Sie Musik in Ihre iTunes-Mediathek ohne eine aktive Internetverbin-dung importiert, so wurden die Titel nicht automatisch erkannt. Die Lieder heißen dann einfach Titel1, Titel2 usw. Sie können das jederzeit nachträglich korrigieren.

> Eine Internetverbindung vorausgesetzt, wird dabei im Internet nach den sogenannten **CDDB-Informationen** gesucht und – sofern vorhanden – wer-den diese für Ihre Titel verwendet. Markieren Sie die Lieder, von denen Ihnen die Titel fehlen (Titel 1, Titel 2 usw.). Verwenden Sie sodann den Menüpunkt **Erweitert –> CD-Titel abfragen.**

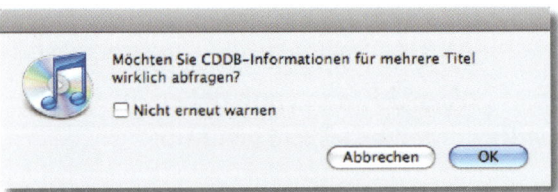

Titelabfrage.

Für weitere Aktionen wie *CD-Cover laden* benötigen Sie einen Account bei iTunes. Ansonsten bleibt nur eines: die Informationen selber eintragen. Öffnen Sie hierzu mit ⌘ + *I* das *Informationsfenster.* Die zu bearbeitenden Titel müs-sen dabei markiert sein. Sie können mehrere Lieder auf einmal auswählen, um über das Informationsfenster für all diese gemeinsam angewählten Lieder z. B.

den Interpreten, den Albentitel, das Erscheinungsjahr etc. einzutragen oder zu ändern.

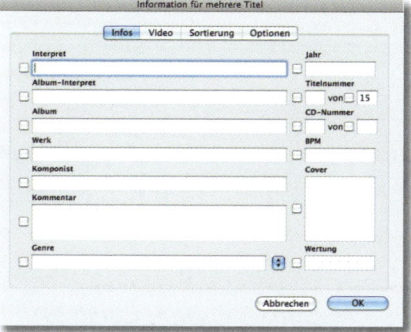

Mehrere Lieder sind angewählt und die Eingaben werden auf alle Songs übertragen.

Verlassen Sie den Dialog mit *OK*. Geben Sie Liedern einzeln den von Ihnen gewünschten Titelnamen. Markieren Sie also die Lieder einzeln und holen Sie sich erneut das *Informationsfenster*, wechseln Sie dort in den Bereich *Infos* und tragen Sie die Informationen ein, die Sie diesem Song zuordnen möchten.

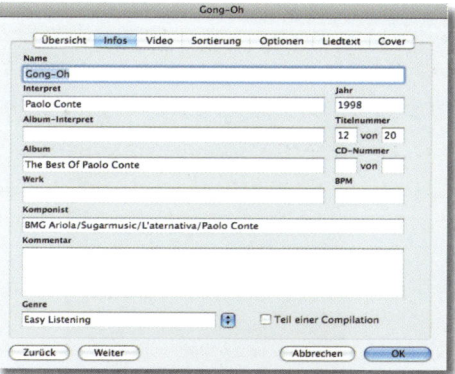

Infos zu einem Song.

Musik anhören

Haben Sie nun von Ihren Audio-CDs oder Hörbüchern die Lieder in die iTunes-Mediathek übernommen, dann kann es losgehen und die Lieder können angehört werden. Klicken Sie eine Audiodatei Ihrer Wahl an und drücken Sie links oben in der Ecke den Play-Knopf.

Play-Knopf mit Vor- und Zurückspulen.

Sie können zu jeder beliebigen Zeit pausieren. Während das Lied abläuft, sehen Sie in der Mitte im iTunes-Fenster den Titel und den Interpreten. Nach einiger Zeit wechselt die Darstellung und es wird zudem der Albumname angezeigt. Weiterhin können Sie den dortigen Schieberegler anklicken und damit an eine beliebige Stelle des Songs springen.

Lied anhören.

Nicht nur die Knöpfe im linken oberen Bereich (Vorspulen, Zurückspulen, Pause **und** Start**), sondern auch Tastenkombinationen und Menüs stehen Ihnen zur Wiedergabe zur Verfügung. So kann mit der** Leertaste **ein Lied gestartet oder pausiert werden. Ebenso kann das Icon im Dock dazu verwendet werden, iTunes zu steuern.**

Kontextmenü des iTunes-Icons im Dock.

Tipp: Das gleiche können Sie auch über die Funktionstasten auf der Tastatur erledigen. Mit F8 starten und stoppen Sie ein Lied, mit F7 springen Sie ein Lied zurück und mit F9 springen Sie zum nächsten Song. Bei längerem Drücken von F7 oder F9 wird innerhalb des Liedes vor- und zurückgespult.

Während ein Song abgespielt wird, können Sie nach Herzenslaune in Ihrer Musikbibliothek arbeiten, um zum Beispiel neue Alben anzulegen, Lieder mit Informationen zu versehen etc. Wollen Sie zum aktuellen Titel zurückkehren, genügt die Tastenkombination ⌘ + L.

Musik in iTunes verwalten

Zunächst einmal möchte ich Sie daran erinnern, dass im Bereich *Mediathek* der Begriff *Musik* alle Ihre importierten Titel enthält. Nun kann es dort mit der Zeit ziemlich unübersichtlich werden. Deshalb ist es ratsam, über sogenannte *Wiedergabelisten* Ihre Musikstücke zu gruppieren und zusammenzutragen.

Ordner

Möglicherweise haben Sie von ein und demselben Interpreten eine ganze Reihe unterschiedlicher Musikstücke. Deshalb kann es sinnvoll sein, dass Sie, bevor Sie eine Wiedergabeliste für ein Musikalbum anlegen, einen übergeordneten Ordner für diesen Interpreten erstellen. Wählen Sie hierzu den Menüpunkt *Ablage* und dort *Neuer Wiedergabeliste-Ordner* aus. Sofort erscheint unterhalb von *Wiedergabelisten* ein Ordnersymbol, wie Sie es auch von iPhoto her kennen. Dort tragen Sie beispielsweise den Namen des Künstlers ein. Diesen Ordner können Sie nun mit sogenannten Wiedergabelisten weiter befüllen.

Wiedergabeliste

Eine Wiedergabeliste könnte beispielsweise aus den Songs eines Albums zusammengestellt werden. Sie haben also von einem Künstler eine Musik-CD erworben und möchten gerne, dass nach dem Import diese Lieder weiterhin zusammengehörig erscheinen. Das ist der klassische Anwendungsfall für eine Wiedergabeliste. Das heißt: Der Name der Wiedergabeliste ist im Regelfall der Name des Albums, das Sie importiert haben.

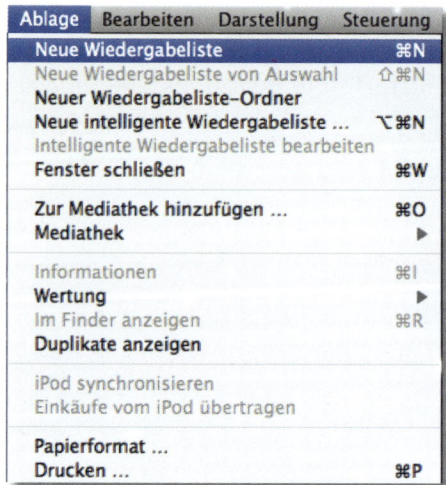

Ablage –> Neue Wiedergabeliste.

Sogleich erscheint in der linken Spalte des iTunes-Fensters im Bereich *Wie-dergabelisten* eine neue Liste und Sie vergeben den Namen hierfür. Wie wird nun diese Wiedergabeliste befüllt? Klicken Sie hierzu in den Bereich *Musik* und ziehen Sie per Drag & Drop aus dem rechten Teil des iTunes-Fensters die gewünschten Lieder auf die Wiedergabeliste.

! Für diese Funktion hat es sich als nützlich erwiesen, die Listendarstellung zu verwenden und zum Beispiel nach Album oder Interpret zu sortieren, damit alle Lieder eines Künstlers zusammen erscheinen und Sie die gewünschten Lieder vernünftig sortiert vorfinden.

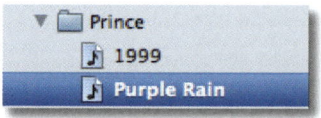

Wiedergabelisten und Ordner.

Sie können die so erstellte Wiedergabeliste natürlich auch ganz einfach per Drag & Drop wieder einem Ordner untersortieren, um für einen Interpreten die Wiedergabelisten zusammengehörig zu haben.

Da Wiedergabelisten eine sehr häufig benötigte Funktion von iTunes sind, hat Apple zusätzlich neben den Menüpunkten eine Kurztaste hierfür am linken unteren Rand des iTunes-Fensters eingebaut.

Ganz links die Kurztaste für eine neue Wiedergabeliste.

Dort sehen Sie ganz links das Plus, mit dem Sie schnell und einfach eine neue Wiedergabeliste erzeugen können.

Die Knöpfe daneben haben von links nach rechts folgende Funktionen: zufällige Wiedergabe ein- und ausschalten, das markierte Objekt oder die Wiedergabeliste mehrmals wiederholen, das Cover/die Videovorschau ein- bzw. ausblenden.

Löschen eines Musikstückes

Wie wird ein Musikstück außerhalb der Mediathek z. B. aus einer Wiedergabeliste endgültig gelöscht? Verwenden Sie hierzu im einfachsten Fall die *ctrl*-Taste, klicken Sie damit das Lied an und wählen Sie aus dem erscheinenden Menü den Eintrag *Löschen* aus.

Was verloren? Spotlight hilft

Sollten Sie schon sehr viel Musik in iTunes eingeladen und es mit den Wiedergabelisten oder gar Ordnern nicht ganz so genau genommen haben, hilft Ihnen Spotlight, in iTunes verschollene Lieder wiederzufinden. Achten Sie zuerst darauf, dass Sie die gesamte Musikbibliothek *(Musik)* angewählt haben. Geben Sie rechts oben in das ovale Suchfeld z. B. Liednamen, Interpret, Album oder auch nur Teile des Namens ein. Es können auch zwei oder mehr Komponenten eingegeben werden, wie z. B. Interpret und Album.

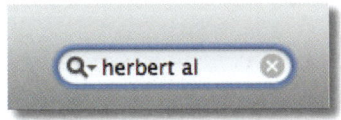

Suche mit Spotlight.

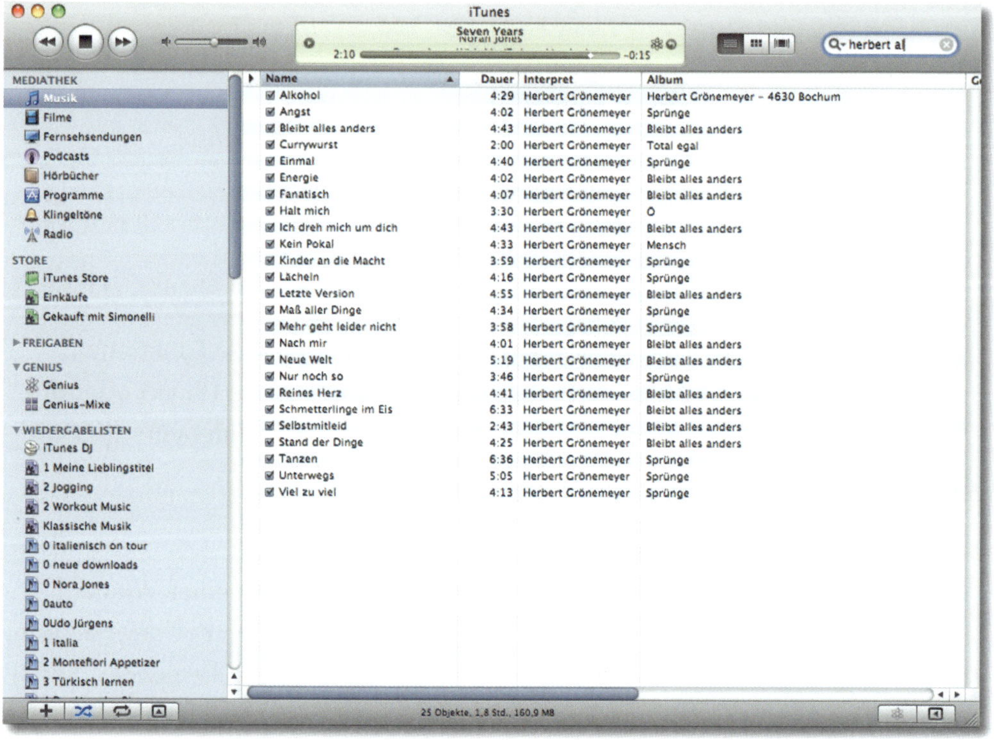

Das Ergebnis der Suche.

Sollte die Trefferliste noch nicht zufriedenstellend sein, grenzen Sie die Suche durch weitere Begriffe ein.

CD brennen

Wenn Sie mit iTunes schöne Wiedergabelisten erstellt, aber noch keine Möglichkeit haben, diese zu transportieren, um sie z. B. auch im Auto hören zu können, hilft hier nur der Ausweg, eine traditionelle Audio-CD zu erzeugen. Der Weg dahin ist furchterregend einfach: Wählen Sie eine Wiedergabeliste aus und klicken Sie im rechten unteren Eck des iTunes-Fensters auf den Button *Brennen*.

Die Schaltfäche „Brennen" befindet sich rechts unten im iTunes-Fenster.

Brenneinstellungen.

Wählen Sie dort aus, ob Sie eine Audio-CD oder eine MP3-CD haben wollen. Viele CD-Player verstehen sich mittlerweile auf das Format MP3. Der Vorteil liegt klar auf der Hand: Das MP3-Format ist komprimiert, so dass Sie auf einer CD deutlich mehr Lieder unterbringen können, als dies bei der herkömmlichen Audio-CD der Fall ist.

Musik sehen

Wie soll das denn gehen? Dass Sie Musik anhören können, ist Ihnen und mir sicher klar. Dass Sie Musik aber tatsächlich auch visuell darstellen können, erschließt sich nicht auf den ersten Blick. Und doch ist es so.

Am besten wählen Sie hierzu ein Musikstück aus und lassen dieses von iTunes abspielen. Wählen Sie nun den Menüpunkt *Steuerung* und dort unter *Visuell* aus einem der mitgelieferten Visualisierer. Entscheiden Sie sich z. B. für den *iTunes Classic Visualizer*. Um diesen zu Gesicht zu bekommen, sollten Sie am besten mit der Tastenkombination ⌘ + T die Visualisierung einschalten. Und sogleich wird Ihre Musik von iTunes optisch dargestellt.

Möchten Sie das Ganze nun auch noch bildschirmfüllend haben, so wählen Sie die Tastenkombination ⌘ + F oder den Menüpunkt *Darstellung –> Bildschirmfüllend*. Um von der bildschirmfüllenden Darstellung zurück zur Fensterdarstellung zu gelangen, genügt ein Einfachklick mit der Maus. Sie gelangen wieder in Ihr Fenster zurück und die Visualisierung wird abgebrochen.

Organisiert sein – Das Adressbuch

Das Adressbuch ist dazu da, Adressen, Telefonnummern, Notizen sowie Geburtstage der Menschen aufzunehmen, mit denen Sie häufig in Kontakt treten. Wenn Sie mit einem Computer arbeiten, werden Sie damit nicht nur im Internet surfen, E-Mails versenden und Dokumente (Kapitel 6) erstellen, sondern Sie werden es auch mit Terminen oder Telefonnummern zu tun haben. Es wäre doch eine schöne Geschichte, wenn diese Daten nicht immer neu eingeben werden müssten, sondern in jedem Programm verfügbar wären, sind sie einmal hinterlegt.

> **Beispiel: Das Eingeben von E-Mail-Empfängern wird leichter, sobald die E-Mail-Adresse im Adressbuch hinterlegt wurde. Ist das der Fall, so wird z. B. in Mail beim Tippen der ersten Buchstaben des Namens der Empfänger vorgeschlagen.**

Adressen eintragen

Wenn Sie das Programm *Adressbuch* gestartet haben, dann klicken Sie unterhalb der Spalte Name auf das +, um eine neue Adresse einzugeben.

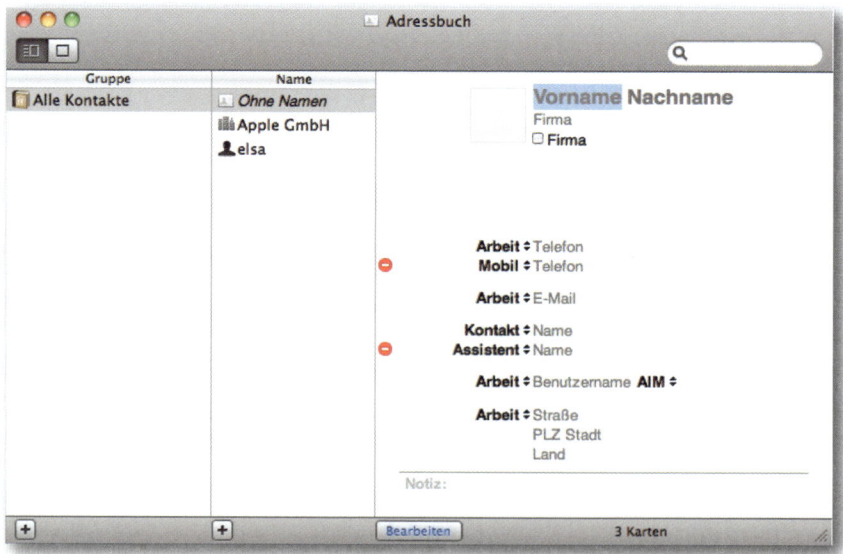

Neue Adresse eintragen.

Beachten Sie hierbei, dass Sie nicht alle Felder ausfüllen müssen. Sie können aber zu der Vorlage, die erscheint, zusätzliche Felder hinzufügen. Beispielsweise wird in der Standardeinstellung nur eine Telefonnummer angeboten. Wählen Sie zunächst aus, um welche Telefonnummer es sich handelt (die private, die mobile oder ...). Ist die Telefonnummer eingetragen, können Sie links daneben mit dem + weitere Telefonnummern aufnehmen.

Weitere Felder werden mit dem grünen Plus angelegt.

Fehlt Ihnen ein passender Begriff, so gibt es noch eine Reihe zusätzlicher Felder, die Sie der Visitenkarte hinzufügen können. Wählen Sie hierzu Visitenkarte –> Feld hinzufügen.

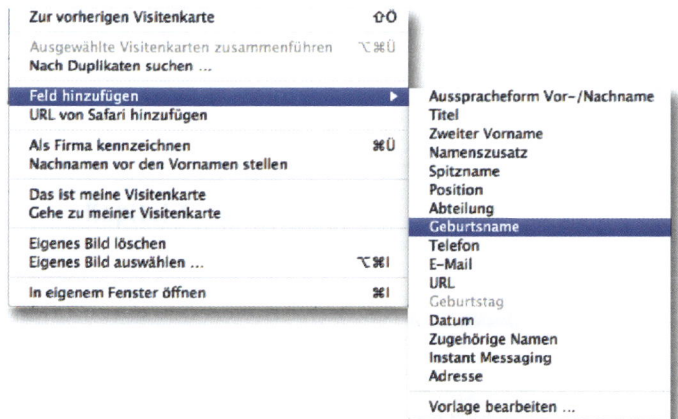

Fehlende Felder werden über das Menü eingefügt.

Wenn alle Daten eingegeben sind, klicken Sie auf auf die Schaltfläche *Bearbeiten*, um die Eingaben zu sichern.

Meine Visitenkarte

Wenn Sie an Ihrem Computer einen E-Mail-Account haben, dann legt beim ersten Erstellen des Benutzers Ihr Computer zugleich im Programm *Adressbuch* eine Visitenkarte für Sie an. Diese Visitenkarte wird als die ihrige tituliert.

! **Im Programm Adressbuch können Sie diese stets sehr schnell ausfindig machen. Wählen Sie den Menüpunkt Visitenkarte –> Gehe zu meiner Visitenkarte an. Sogleich zeigt Ihnen das Adressbuch nur noch Ihre Visitenkarte mit den dort hinterlegten Daten an.**

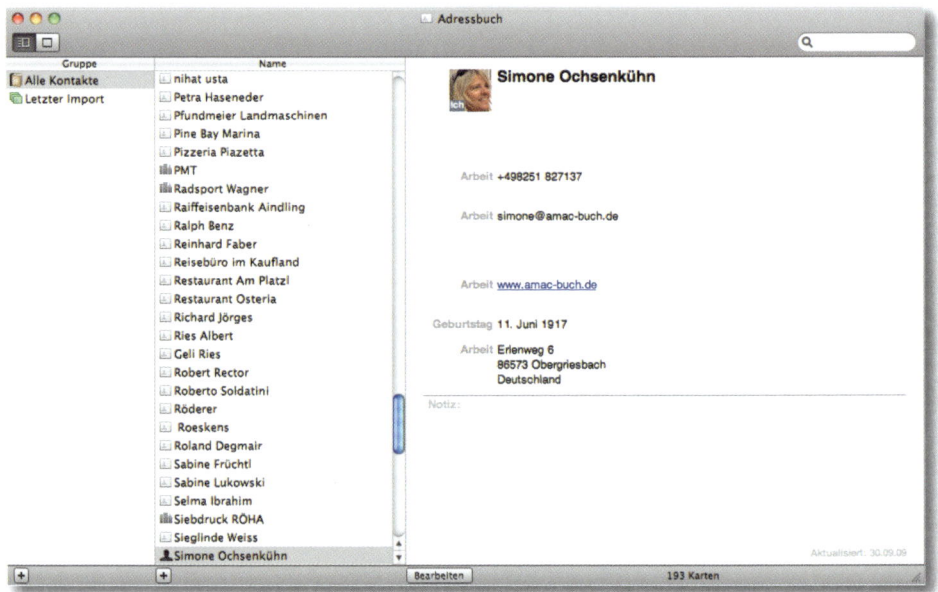

„Meine" Visitenkarte.

Warum ist es wichtig, seine eigene Visitenkarte zu kennzeichnen und diese mit möglichst allen Daten ausgefüllt zu haben? Diese Funktion ermöglicht es, falls Sie im Internet auf ein Formular stoßen und dort Daten eintragen müssen, dass aus Ihrem Adressbuch die persönlichen Einträge automatisch übernommen werden. Was Ihnen Zeit sparen hilft, denn Sie können das Formular durch die Eingabe weniger Informationen automatisch an den relevanten Stellen wie *Straße, Telefonnummer, Faxnummer, E-Mail* automatisch ausfüllen lassen.

Einstellungen fürs Adressbuch

Selbstverständlich verfügt auch das Programm *Adressbuch* über eine Reihe von sinnvollen Voreinstellungen. Rufen Sie diese *Voreinstellungen* wie in den meisten Apple-Programmen mit der Tastenkombination ⌘ + , *(Komma)* auf oder verwenden Sie den Menüpunkt *Adressbuch –> Einstellungen*.

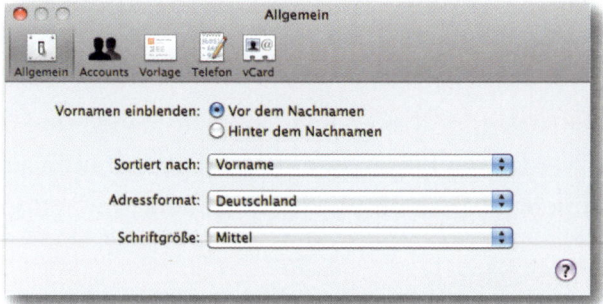

Allgemeine Einstellungen für das Adressbuch.

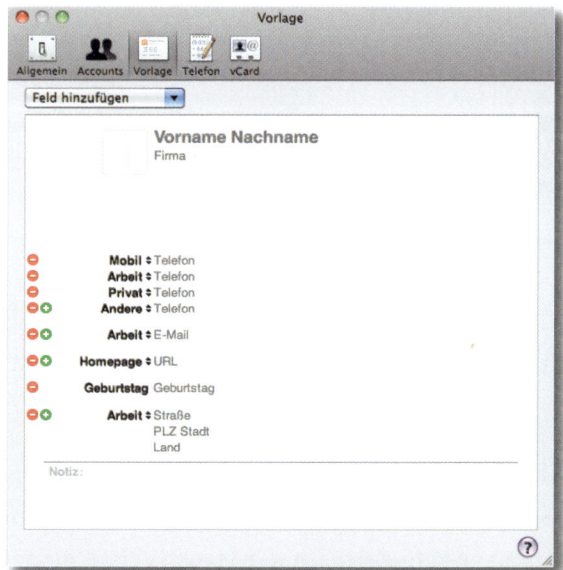

Die Vorlage im Adressbuch kann bearbeitet werden.

Weiterhin von Interesse sind die Einstellungen bei *Vorlage*. Mit *Vorlage* definieren Sie, wie ein neuer Adressbucheintrag standardmäßig aussieht, also welche Felder in welcher Reihenfolge enthalten sind.

Vielleicht möchten Sie Ihren Einträgen immer die Geburtstagsinformationen hinzufügen. Das Feld Geburtstag gibt es aktuell nicht im Standardlayout. Wählen Sie deshalb die Eigenschaft Feld hinzufügen und den Eintrag Geburtstag aus. Damit haben Sie die Standardvorlage verändert. Wenn Sie nun in Zukunft eine neue Adresse erstellen, wird der Eintrag Geburtstag stets mit aufgelistet.

Geburtstage im Adressbuch

Wenn Sie den Ratschlag im Kasten angenommen haben und die Geburtstage mit erfassen, so werden die Einträge im Kalenderprogramm automatisch übernommen. So können Sie diese nie wieder vergessen.

Spotlight im Adressbuch

Wie auch in den vorigen Programmen können Sie im Adressbuch nach Personen, Straßen, Orten suchen lassen. Klicken Sie dazu einfach in das ovale Feld rechts oben und geben Sie einen oder mehrere Begriffe ein.

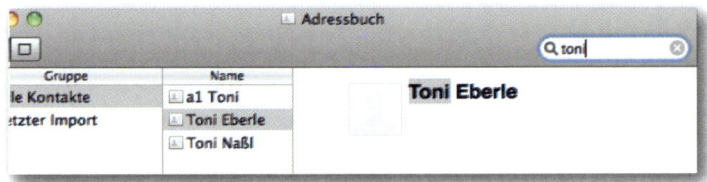

Die Suche nach Toni ergibt drei Treffer.

Vergrößerte Darstellung der Telefonnummer

Bevor wir das Programm *Adressbuch* verlassen und uns mit dem Programm *iCal* beschäftigen, noch eine kleine Nettigkeit, die das Leben erleichtert.

Vielleicht kennen Sie diese Situation: Sie sehen an Ihrem Rechner eine Faxnummer und Sie haben einen Zettel in der Hand, gehen nun zum Faxgerät und wollen diesen Zettel faxen. Das Faxgerät steht einige Meter von Ihrem Computer entfernt und schon haben Sie die Faxnummer vergessen. Sie gehen erneut zurück zum Rechner, um sich die Faxnummer zu merken oder irgendwo auf dem Fax zu notieren. Deutlich einfacher ist folgender Trick: Sie klicken einfach links neben eine Telefon- oder Fax- oder Mobilnummer und wählen die Eigenschaft *Vergrößern* aus.

Vergrößern.

Damit können Sie sich ruhig einige Meter von Ihrem Monitor entfernen und noch immer bequem die Telefon-, Fax- oder Mobilnummer lesen.

iCal

Seit wann machen Termine Spaß? Seit iCal werden keine Geburtstage mehr vergessen, Mülltonnen bleiben niemals ungeleert, keine Festivitäten werden versäumt. Auch Medikamente, die regelmäßig eingenommen werden müssen, stehen pünktlich als Erinnerung auf dem Plan.

Immer wiederkehrende Ereignisse können niemals mehr versäumt werden. Lernen Sie im Folgenden, wie Sie Termine verwalten und mit Erinnerungen versehen.

Einstellungen in iCal

Nutzen Sie *iCal* für die Planung Ihrer Termine, so kann es zunächst sinnvoll sein, in die *Allgemeinen Einstellungen* zu gehen. Egal ob privat oder beruflich: Die Funktion *Geburtstagskalender einblenden* sollte auf jeden Fall aktiv sein. Damit werden aus dem Programm *Adressbuch* die Geburtstagsinformationen in *iCal* schon mal automatisch eingetragen. Sie ersparen sich damit gleich eine Menge Tipparbeit.

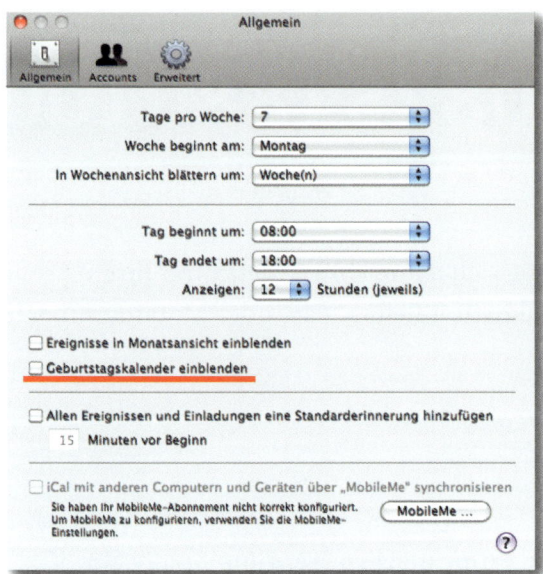

iCal –> Einstellungen-> Allgemein.

Wenn Sie möchten, dass Sie keinen Termin und kein Ereignis versäumen, könnten Sie zudem die *Standarderinnerung* aktivieren. Ich verwende diese Funktion nicht und definiere stets individuell, ob ein Ereignis so wichtig ist, um daran erinnert zu werden.

Neue Ereignisse in iCal erstellen

Neues Ereignis in iCal aufnehmen.

Neues Ereignis: Wenn Sie über den Menüpunkt *Ablage –> Neues Ereignis* oder über die Tastenkombination ⌘ + *N* einen neuen Termin bzw. ein neues Ereignis festlegen, taucht dieses am heutigen Tag zur aktuellen Stunde auf.

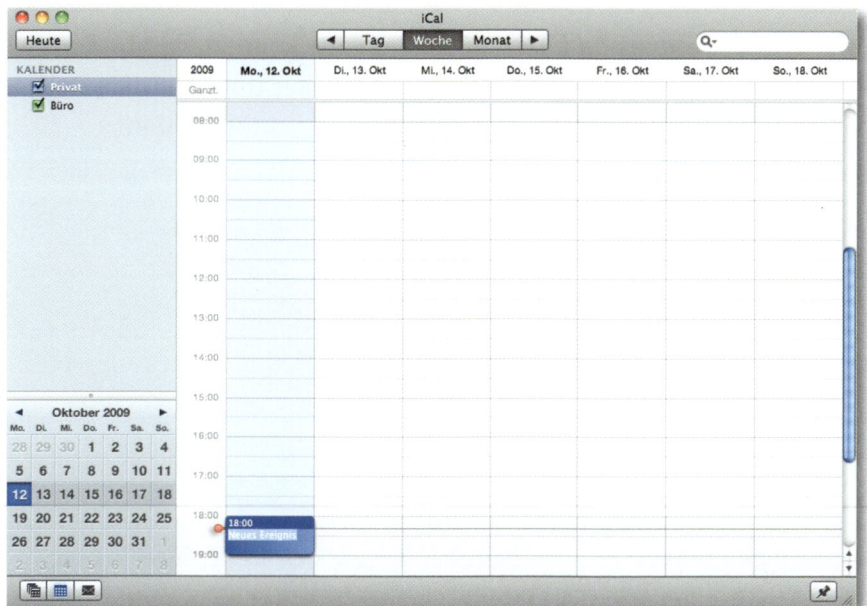

Das neue Ereignis erscheint im Privat-Kalender zur Erstellungsuhrzeit.

Das neue Ereignis wird zunächst einmal eine Stunde dauern. Wenn Sie die Startzeit ändern wollen, dann schieben Sie die entstandene „Blase" einfach nach weiter oben oder auf einen anderen Tag.

Die Zeitdauer beeinflussen Sie durch Ziehen an der unteren Kante der „Blase".

Das Ereignis kann verschoben und verlängert werden. Fahren Sie dazu an den unteren Rand des Ereignisses, der Cursor wird zum Doppelpfeil.

> Wenn Sie ein **Ereignis bearbeiten** wollen, dann können Sie ⌘ + E verwenden, um den Termin zu ändern. Wird ein normaler Doppelklick mitten auf die „Blase" ausgeführt, kann das **Ereignis betrachtet** werden.

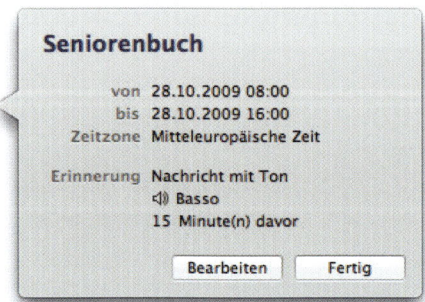

Wenn Sie einen Doppelklick ausführen, können Sie sich einen Überblick verschaffen, müssen aber, um ihn zu bearbeiten, auf den Schalter „Bearbeiten" klicken.

Bearbeiten Sie das Ereignis mit ⌘ + E.

Sie können sehr exakt, weil nummerisch, definieren, wann ein Termin beginnen und wann er enden soll. Sie können die Zuordnung zu einem Kalender definieren oder auch eine Erinnerung eintragen. Weiterhin können Sie

Teilnehmer zu diesem Termin einladen oder Dateianhänge hinzufügen, eine Internetadresse angeben oder eine Notiz anfügen. Sie haben also vielfältigste Einstellungen für die Definition eines Ereignisses zur Verfügung.

Ereignisse von der Blase lösen

Haben Sie mit ⌘ + E die Infos aufgerufen, so sehen Sie ein Dreieck zwischen Termin und den Ereignisinformationen. Klicken Sie auf das Dreieck, um das Fenster vom Termin wegzuziehen. Oder aber ziehen Sie das Infofenster einfach weg, das Dreieck verschwindet automatisch und Sie können das Infofenster beliebig verschieben. Nachdem Sie es geschlossen haben, wird es bei einem erneuten Doppelklick wieder mit seinem Dreieck erscheinen.

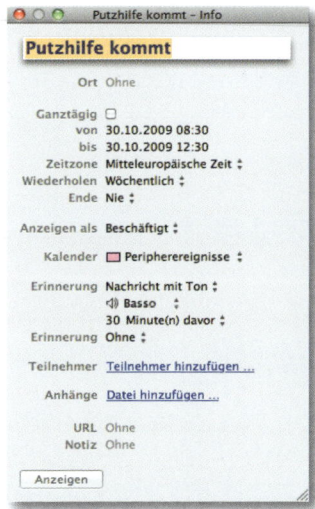

So sieht ein Bearbeitungsfeld aus, wenn Sie es an dem kleinen Dreieck gezogen haben.

Wiederholungen

Besonders die Wiederhol- und Erinnerungsfunktionen haben es in sich. Es gibt in regelmäßigen Zyklen Dinge, die Sie erledigen müssen, wie z. B. Zahlungen an das Finanzamt, das Hinausbringen der Mülltonne, das Verlängern eines Abonnements etc. Mit den Wiederholfunktionen können Sie jedes mögliche und unmögliche Zeitintervall realisieren. Definieren Sie darüber hinaus, wie lange diese Wiederholfunktion laufen soll. Die Standardeinstellung ist *Nie*, das heißt dieser wiederkehrende Rhythmus endet niemals.

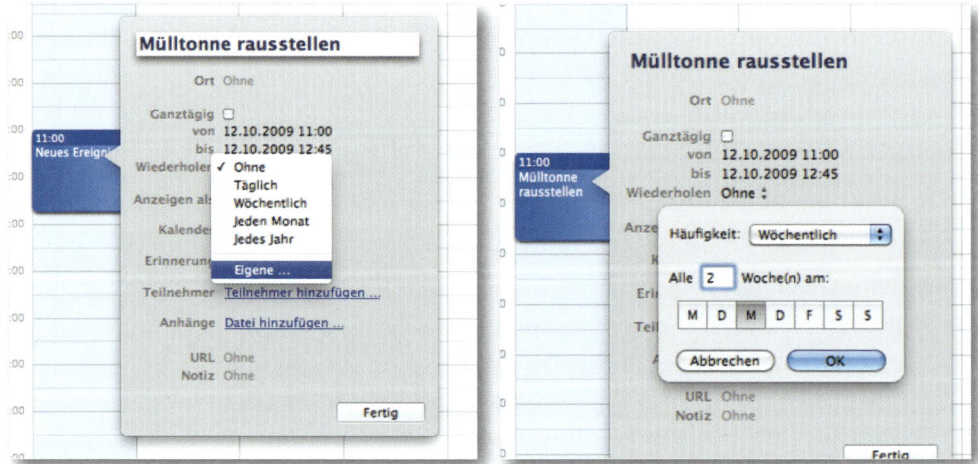

Eigene Wiederholungen von Terminen. – Alle zwei Wochen Mülltonne rausstellen.

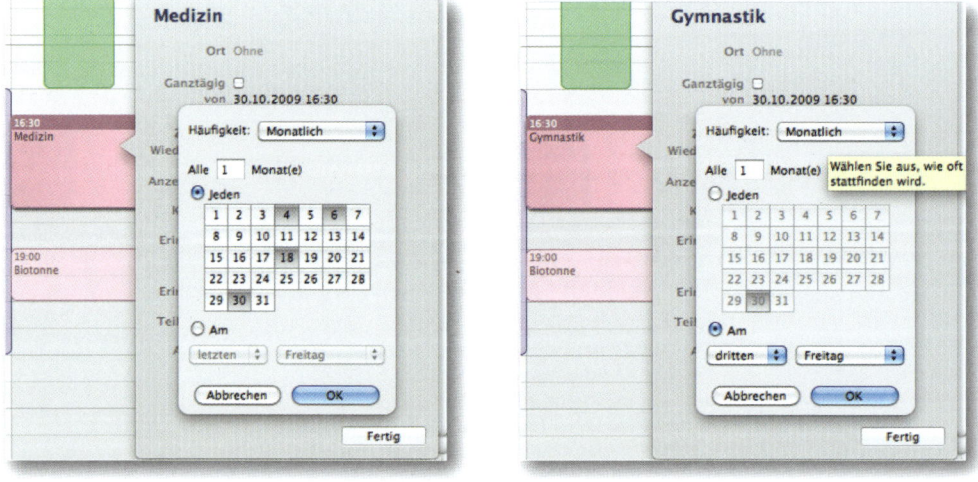

Sie können auch bestimmte Tage im Monat (l.) oder unregelmäßige Intervalle eingeben.

Erinnerungen

Besonders gut gelungen sind darüber hinaus auch die Erinnerungen. Sie können sich entweder eine *Nachricht* einblenden oder die Nachricht auch mit einem akustischen Signal (*Nachricht mit Ton*) versehen lassen. Hier sind Ihrer Fantasie keine Grenzen gesetzt.

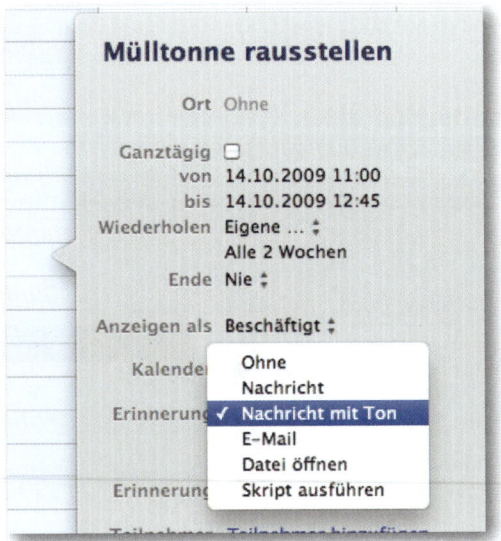

Möglichkeiten, sich erinnern zu lassen.

Sind Sie wegen eines Termins ganztägig unterwegs, dann können Sie dem Termin diese Eigenschaft zuordnen. Im Informationsfenster des Termins findet man die Einstellung *Ganztägig*. Sofern Sie dort das Häkchen anbringen, wird der Termin auf ganztägig gesetzt und ist dann am oberen Ende des iCal-Fensters zu finden. Wir haben einen neuen Termin dafür verwendet.

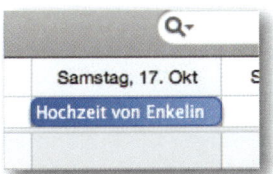

Ein ganztägiger Termin.

Neue Kalender erstellen

Ganz klar, es ist eine wesentliche Aufgabe des Programms iCal, verschiedene Kalendarien zu erstellen. Beispielsweise einen Kalender für die Tätigkeit in einem Verein, einen Kalender für Ihre privaten Aktivitäten, einen Kalender für die Fußballspiele des FC Bayern München etc.

Haben Sie tatsächlich viele, viele Termine, wäre es eine Überlegung wert, diese wirklich thematisch zu trennen, indem man mit Kalendern und Farben arbeitet.

Sie haben standardmäßig einen Kalender namens *Privat* und einen *Büro-*Kalender auf der linken Seite im Hauptfenster von iCal. Wenn Sie nun einen neuen hinzufügen wollen, so gehen Sie unter den Menüpunkt *Ablage –> Neuer Kalender*.

Einen neuen Kalender erstellen.

Daraufhin erscheint in der linken Spalte unterhalb der beiden bestehenden Kalender ein neuer Eintrag. Diesen können Sie gleich nach Ihren Vorstellungen benennen. Wir haben ihn Medizin genannt.

Der neue Kalender namens „Medizin".

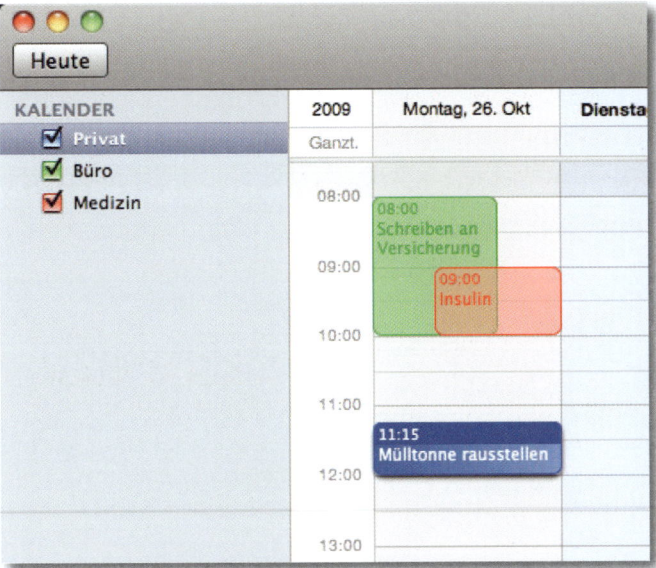

Die Kalender unterscheiden sich in der Farbe. So können sie optisch schön unterschieden werden.

! Achten Sie bei der Erstellung Ihrer Ereignisse immer darauf, dass Sie in der linken Spalte den richtigen Kalender aktiviert haben, sonst rutscht dieser aus Versehen in die andere Rubrik. Was zwar von der Wirkung keinen Unterschied macht, aber die gewünschte Trennung aufhebt.

Tipp: Sollte Ihnen dennoch einmal ein Termin in den verkehrten Kalender rutschen ist, so klicken Sie den Termin doppelt an und wählen Bearbeiten. Sie finden ein Aufklappmenü, wo Sie nachträglich den richtigen Kalender zuweisen können.

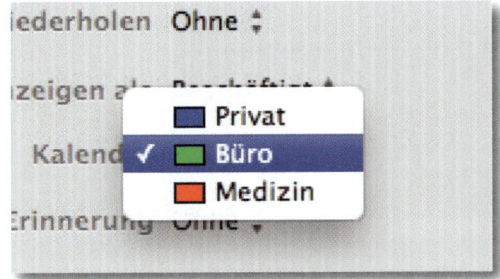

Hat man den Termin versehentlich falsch eingetragen, ist die nachträgliche Korrektur auch kein Problem.

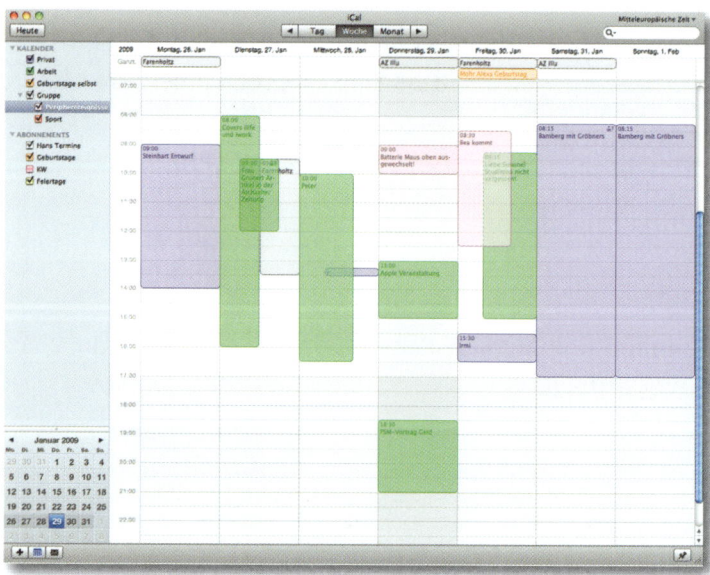

So kann ein voller Terminkalender aussehen.

Alles Ansichtssache

Kalender ausblenden:

Damit Sie nicht stets von der Fülle aller Termine und Ereignisse erschlagen werden, können Sie nicht benötigte Kalender ganz einfach ausblenden. Entfernen Sie das Häkchen vor dem jeweiligen Kalender.

Kalender ausblenden.

> **Heute anzeigen:** Wenn Sie viel hin- und herspringen in Ihrem Kalender, kann es notwendig werden, dass Sie schnell zum heutigen Tag zurückkehren wollen. Verwenden Sie hierzu den Menüpunkt Einstellung –> Heute anzeigen oder alternativ die Tastenkombination ⌘ + T.

Darstellung als Tag, Woche, Monat

Sie sehen oben im Titel des iCal-Fensters die drei Buttons für die tage-, wochen- oder monatsweise Anzeige.

Umschalten der Darstellung.

Ich verwende hier immer die Tastenbefehle, denn die kann man sich einfach merken. ⌘ + 1 = Tag, ⌘ + 2 = Woche, ⌘ + 3 = Monat.

Ganztägige Ereignisse einblenden

Wie Sie vorher sahen, können Sie Ereignissen oder Terminen die Eigenschaft *Ganztägig* vergeben. Wenn Sie mit ganztägigen Terminen arbeiten, dann müssen Sie gewährleisten, dass Sie diese in Ihrem Kalender auch zu Gesicht bekommen. Zuständig hierfür ist der Menüpunkt *Darstellung –> Ganztägige Ereignisse einblenden*. Achten Sie darauf, dass dieser aktiviert ist, damit Sie nicht irgendwelche gesetzten Termine versäumen.

Dashboard

> **Dashboard** *(däschboad)*, **engl. für Armaturenbrett, Anzeigetafel.**

Dashboard ist spaßig! Dashboard ist nützlich! Dashboard ist nach einer Weile unersetzlich! Dashboard bietet Ihnen den superschnellen Zugriff auf Informationen an. Diese können z. B. das aktuelle Wetter oder Börsendaten sein. Oder benötigen Sie einen Taschenrechner? Dashboard bietet Ihnen im Zusammenhang mit dem Internet eine Reihe von Informationsquellen, z. B. Flugauskunft, Bahnauskunft etc., an.

Dashboard starten und benützen

Dashboard wird standardmäßig über das Dock gestartet.

Start von Dashboard aus dem Dock heraus.

Sie können aber auch die Funktionstaste F4 verwenden oder sich Dashboard auf eine Maustaste legen (Kapitel 2).

Dashboard.

Sogleich erscheinen die sogenannten *Widgets*. Widgets sind kleine Programme, die meist sehr einfach strukturiert sind. Das ist aber auch so gewollt. Betrachten wir das Programm für die *Uhrzeit*. Dieses Widget tut nichts anderes, als für einen Ort auf dieser Welt die Uhrzeit anzuzeigen.

Widget *(widschet)*: **Im Zusammenhang mit Dashboard wird der Begriff für das einzelne Programm verwendet.**

Wenn Sie mit der Maus auf dieses Uhrzeit-Widget fahren, erscheint unten rechts in der Ecke des Widgets ein kleines *i*. Klicken Sie dieses *i* an, dreht sich das Widget um. Auf der Rückseite können Sie z. B. einen beliebigen Ort auswählen, von dem Sie die Uhrzeit eingeblendet haben möchten. Klicken Sie auf *Fertig*, dreht sich das Widget wieder und zeigt nun die Uhrzeit des ausgewählten Ortes an.

Ebenso verhält es sich beim Wetter-Widget. Sie fahren auf das Wetter-Widget, klicken rechts unten auf das kleine *i*, geben den Ort Ihrer Wahl ein, stellen möglicherweise von Fahrenheit auf Grad Celsius um und lassen sich zudem die tiefsten Temperaturen in den nächsten sechs Tagen anzeigen. Sie bestätigen mit *Fertig* und sogleich dreht sich das Widget wieder und zeigt die Wetterdaten der Ortschaft an. Voraussetzung hierfür ist natürlich eine bestehende Internetanbindung. Ohne Internetzugang werden viele Widgets nicht laufen.

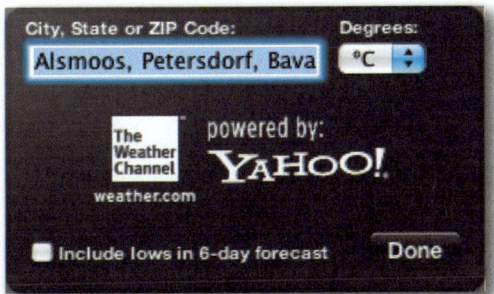

Wetter-Widget einstellen. Überschreiben Sie einfach den Begriff. Fast alle Städte kann man auch in Deutsch eingeben.

Zusätzliche Widgets auf Dashboard

Wie kann man zusätzliche Widgets auf den Desktop bringen? Vielleicht haben Sie ganz links unten das weiße Pluszeichen im Kreis schon bemerkt. Klicken Sie es einmal an, es erscheint jetzt eine Art Dock, in dem die von Apple vorinstallierten Widgets aufgelistet sind.

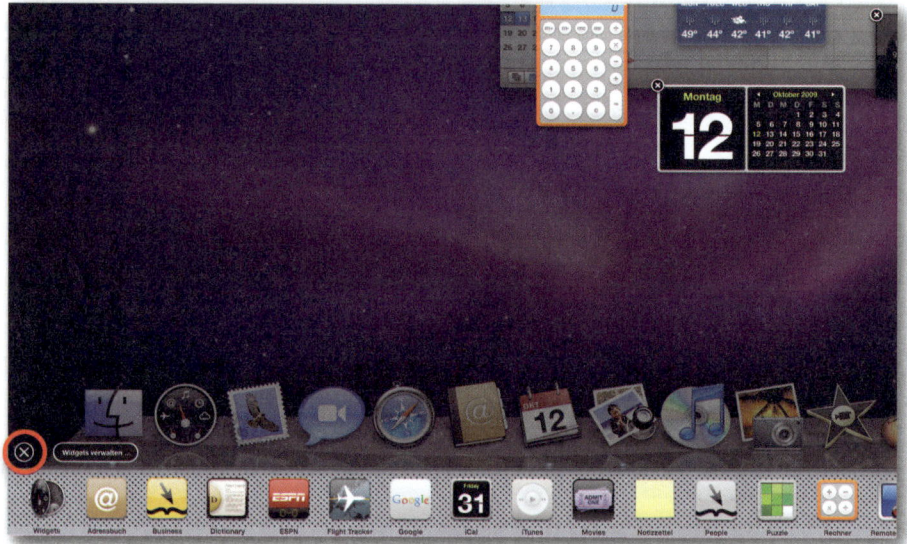

Das kleine weiße Plus bringt zusätzliche Widgets hervor.

Wenn Sie eines dieser Widgets haben möchten, klicken Sie das Widget einmal an und es wird auf dem Display erscheinen. Besonders interessant ist auch die grafische Animation, als wenn es auf eine Wasseroberfläche fallen würde und Wellen von sich gäbe.

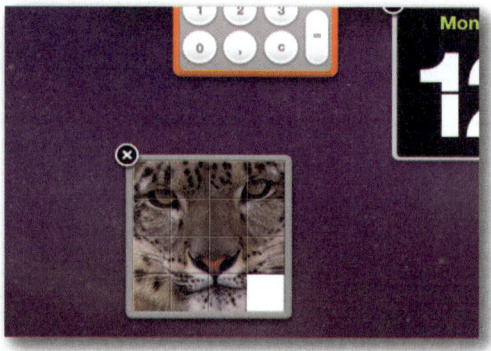

Ich habe mich für ein neues Widget namens Puzzle entschieden.

Sie können jedes Widget beliebig oft auf dem Bildschirm platzieren. Das macht aber nicht bei allen Widgets Sinn. Beim Wetter-Widget ist es anders. Da macht es durchaus Sinn, dieses mehrmals anzubringen, weil Sie von verschiedenen Orten gleichzeitig die Wetterinformationen haben möchten.

So kann man das Heimatwetter mit dem Wetter der fernen Verwandten vergleichen.

Sie können selbstverständlich ein Widget wieder verschwinden lassen, sollten Sie es nicht mehr benötigen. Die Widgets haben in ihrer linken oberen Ecke ein weißes x in einem schwarzen Kreis, der weiß umrandet ist. Klicken Sie hier einmal, dann wird das Widget wieder geschlossen.

> **Wird diese Schließen-Funktion** bei den Widgets im Moment noch nicht angezeigt, dann tun Sie Folgendes: Fahren Sie mit Ihrer Maus in die linke obere Ecke des Widgets und drücken Sie die ⌥-Taste. Jetzt muss die Schließen-Funktion erscheinen und Sie können das Widget durch Klicken mit der Maus schließen.

Wie beendet man eigentlich Dashboard? Es gibt wieder einmal mehrere Wege, dies zu tun. Der einfachste ist, Sie klicken einfach außerhalb eines Widgets auf den Hintergrund. Dashboard überlagert ja den eigentlichen Bildschirm, das heißt, wenn Sie irgendwo außerhalb eines Widgets auf den dahinterliegenden Bildschirm klicken, so wird Dashboard beendet. Sie könnten aber ebenso erneut die Funktionstaste *F4* drücken, um Dashboard zu verlassen.

Kapitel 5

Ordnung ist das halbe Leben:

Fenster und Ordner

Fenster und Ordner

Sie haben bis jetzt überwiegend mit Programmen zu tun gehabt, die ihre Dateien selbst verwalten. Ablage und Organisation bleiben dabei allein dem Programm vorbehalten. Das hatte den Vorteil, dass Sie sich nicht darum kümmern mussten, wo z. B. iPhoto die Bilder ablegt oder iTunes die Musik. Wenn Sie aber jetzt selber Briefe schreiben oder Dateien archivieren wollen, die außerhalb von Mail und iPhoto gespeichert werden müssen, so ist das Erlernen der Fenster- und Ordnerstruktur am Apple unerlässlich.

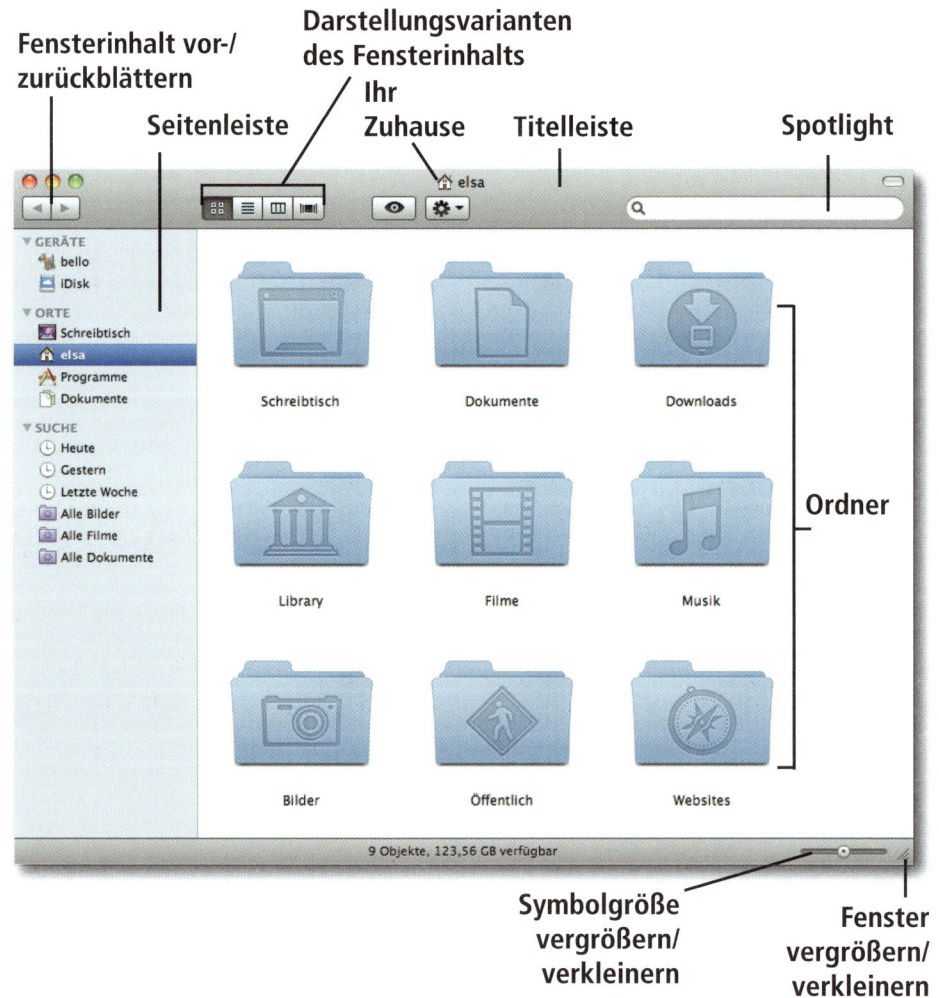

Das Fenster

Das Wichtigste zuerst: Wenn Sie sich im *Finder* befinden, also in keinem Programm arbeiten, und Sie verwenden die Tastenkombination ⌘ + *N (Ablage –> Neues Fenster)*, so erhalten Sie ein neues Fenster auf dem Schreibtisch.

! **Die gleiche Funktion** bzw. ebenfalls ein neues Fenster erhalten Sie, wenn Sie im **Dock auf das Finder-Symbol (die lachenden blauen Gesichter)** klicken.

  In diesem Fenster erscheint standardmäßig der Inhalt des Benutzerordners, in unserem Falle sind das die Ordner des Benutzers „elsa". Das ist der persönliche Bereich, in dem all Ihre Dateien abgelegt werden sollen.

  Wenn Sie dieses Fenster nun geöffnet haben, wissen Sie ja sicher längst aus dem Grundlagenkapitel, dass Sie es mit dem roten Knopf wieder schließen können.

! **Zur Erinnerung:** Das Minimieren funktioniert mittels ⌘ + M. Daraufhin verschwindet das Fenster im Dock. Sie können es durch Anklicken wieder herausholen. Zum Schließen des Fensters wird ⌘ + W gedrückt.

  Wenn Sie die Kurzbefehle wiederholt bzw. geübt haben, so holen Sie sich wieder ein Fenster hervor.

Ordner erstellen

Sie können mittlerweile mit Tastenkombinationen und mit der Maus sehr rasch arbeiten und Funktionen ausführen. Der wichtigste Inhalt eines Fensters sind die Ordner. Und die braucht man, um Ordnung zu schaffen. Sie müssen sich vorstellen, dass Ihr Computer im Regelfall über eine sehr große Festplatte verfügt. Angenommen, die Festplatte hat ein Fassungsvermögen von 250 GByte.

> **1 Bit** ist die kleinste Einheit am Computer und steht für 0 oder 1. **8 Bit** er-
> geben die Einheit **1 Byte**. Wenn Sie auf der Tastatur ein Zeichen eintippen,
> so ist das ca. 1 Byte im Computer. Wenn Sie beispielsweise eine DIN A4
> Seite mit 2500 Buchstaben eingetippt haben, so sind daraus etwa 2500
> Byte oder eben **2,5 Kilobyte** geworden (kilo = 1000). Ihr Computer hat
> eine Festplatte und damit ein Fassungsvermögen von z. B. **250 GigaByte**
> **(GByte = 1 Milliarde Byte)**. Mittlerweile kann man auch schon Festplatten
> mit **1 TByte (Terrabyte = 1 Billion)** oder mehr Fassungsvermögen kaufen.

Eine DIN-A4-Seite reinen Textes hat also lediglich eine Größe von etwa zwei
bis vier kByte. Das heißt, x-hunderttausende Seiten geschriebenen Textes können Platz auf der Festplatte finden.

Natürlich haben Musikdateien oder Filmdateien ein höheres Datenvolumen
als Text. Aber nichtsdestotrotz macht es Sinn, auf dem Rechner Ordner und
Unterordner anzulegen, um dort Daten gezielt abzulegen und sie auch schnell
wieder zu finden. Wie und wo aber erstellt man nun einen neuen Ordner?

Da Sie sich in Ihrem „Zuhause", also im Häuschen, befinden und alle Ordner,
die darin liegen, Ihnen gehören, ist es quasi egal, welchen Sie bevorzugen. Die
Ordner sind ja auch schon sinnvoll benannt, so dass man Textdateien in *Dokumente* legen kann und Musik in den Ordner *Musik* usw.

Zuerst möchten wir Ihnen zeigen, wie man Textdokumente erstellt und in
Ordner ablegt. Darum macht es jetzt Sinn, die Ordner erst einmal im *Dokumente*-Ordner anzulegen.

Anleitung für eine kleine Ordnerhierarchie

1. Klicken Sie zunächst doppelt auf den Ordner *Dokumente*. Dieser dürfte na-
    hezu leer sein. Dass Sie auch im richtigen Ordner sind, erkennen Sie daran,
    dass die Titelleiste den Namen *Dokumente* trägt.

2. Die Tastenkombination lautet nun ⌘ + ⇧ + *N*. Wenn Sie über das Menü ge-
    hen möchten, so müssen Sie zu *Ablage –> Neuer Ordner* gehen. Der Ordner
    wird in dem Fenster erzeugt, in dem Sie sich aktuell befinden, also müsste
    es im *Dokumente*-Ordner folgendermaßen aussehen:

Nach Erstellung eines Ordners im Dokumente-Ordner befindet sich ein Objekt namens „Neuer Ordner" darin.

Dieser Ordner bekommt erst einmal den Titel *Neuer Ordner*. Sie sehen zugleich, dass dieser Name dunkel unterlegt ist, das heißt Sie können jetzt sofort diesem Ordner einen vernünftigen Namen verpassen. Bestätigen Sie die Eingabe des Ordnernamens mit einem abschließenden ↵ (Absatzschaltung).

Nennen Sie den Ordner „Briefe an Versicherungen".

! **Wenn Sie erneut ↵ betätigen, wird der Ordnername wieder zum Editieren freigegeben. Sie können aber auch nachträglich mit der Maustaste auf den Ordner klicken, ein wenig warten, er wird gleichermaßen dunkel unterlegt und steht dann für Änderungen zur Verfügung.**

Beachten Sie bitte, dass Ordnernamen bis zu 255 Zeichen lang sein können. Das können auch Sonderzeichen sein. Nicht erlaubt sind lediglich der Punkt (.) zu Beginn und ein Doppelpunkt innerhalb des Ordnernamens.

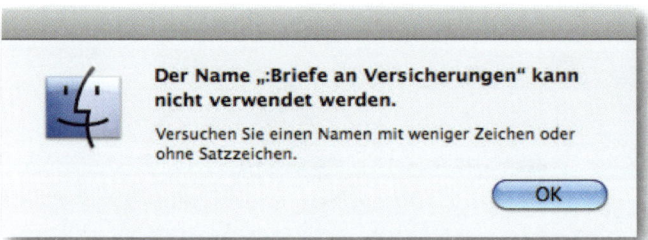

Ein Punkt als Beginn eines Namens ist untersagt.

Soll der Ordner mit weiteren Unterordnern strukturiert werden, so führen Sie auf den Ordner einen Doppelklick aus.

> **Sie können den Ordner aber auch mit dem Kurzbefehl ⌘ + O öffnen.**

Nun können Sie weitere *Neue Ordner* erstellen, um so ein vernünftiges und strukturiertes Ablagewesen zu erzeugen. Erstellen Sie also Unterordner namens Allianz bzw. HUK. Das könnte dann wie im folgenden Screenshot aussehen.

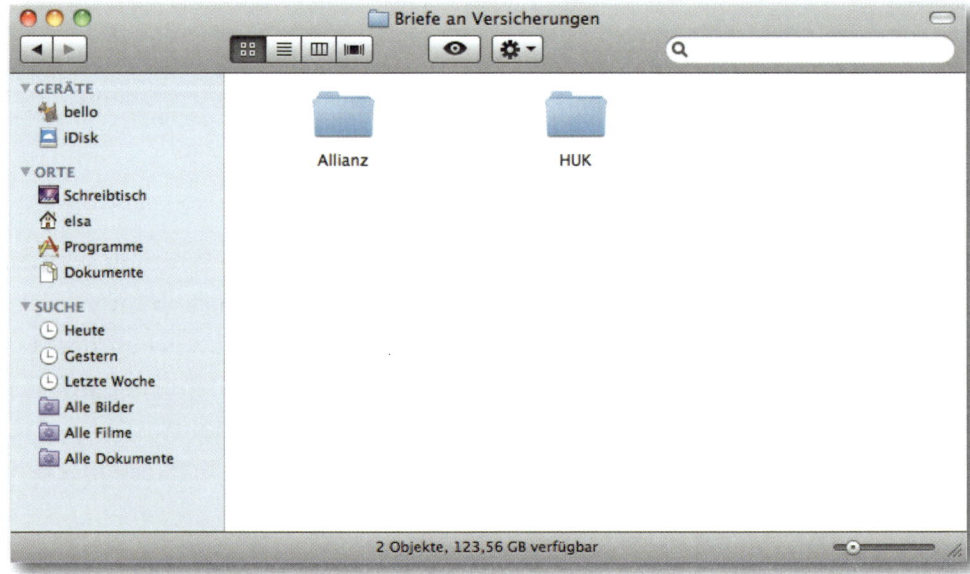

Ablagestruktur.

Verschiedene Darstellungsarten des Fensters

Darstellungstasten: 1. Symbole, 2. Liste, 3. Spalten, 4. Cover Flow (v. l.).

Als Symbole

Bei der Darstellung in Form von Symbolen erscheinen die Icons relativ groß. Sie können aber sowohl die Größe der Icons als auch deren Anordnung ändern. Wie gelangt man sehr schnell in die Symboldarstellung? Hierfür verwenden Sie ⌘ + 1.

Sie sehen die aktuell erzeugte Ablagestruktur in der Symboldarstellung.

Als Liste

Die Listendarstellung erreichen Sie über den dazugehörigen Schalter der Symbolleiste oder über den Menüpunkt *Darstellung* oder via ⌘ + 2. Sie können in der Listendarstellung über die Darstellungsoptionen definieren, welche Informationen in der Listendarstellung angezeigt werden sollen.

! **Die Darstellungsoptionen erreichen Sie mit der Tastenkombination ⌘ + J oder natürlich über das Menü Darstellung.**

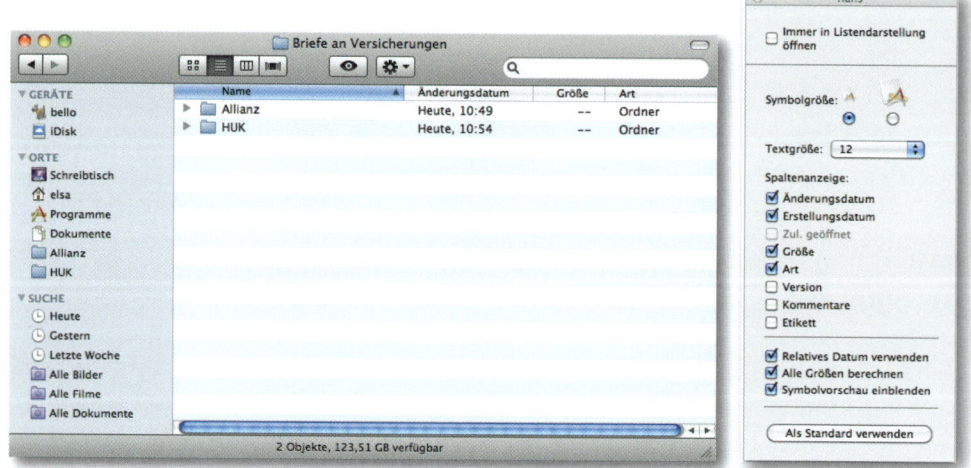

Listendarstellung und die Darstellungsoptionen (⌘ + J).

Dabei lassen sich folgende Einstellungen einblenden:

- *Änderungsdatum*: Dieses Datum gibt an, wann eine Datei oder ein Ordner zum letzten Mal geändert wurde.
- *Erstellungsdatum*: das Datum, an dem der Ordner oder eine Datei erstellt wurde.
- *Größe*: Hier wird die Datei- bzw. die Ordnergröße errechnet. Geben Sie unten noch die Eigenschaft *Alle Größen berechnen* an, damit auch für Ordner die Summengröße des Inhalts errechnet wird.
- *Art*: Die Art gibt an, mit welchem Programm die Datei erstellt wurde bzw. dass es sich um einen Ordner oder um ein anderes Objekt handelt.
- *Version*: Version gibt von Programmen die aktuelle Versionsnummer an, z. B. 2.9.
- *Kommentare*: Zu jedem Objekt können Sie im Informationsfenster einen zusätzlichen Kommentar eintragen. Dieser Kommentar kann für die Suchfunktion in Spotlight zur Anwendung kommen.

Das absolute Highlight der Listendarstellung sind allerdings die Dreiecke, die den Ordnern links vorangestellt sind. Damit kann man in den Ordner hineingucken, ohne ihn durch einen Doppelklick öffnen zu müssen. Klicken Sie dazu auf das Dreieck vor einem Ordner: Das Dreieck kippt nach unten und gibt die nächste Ebene des Ordnerinhalts frei.

Die Dreiecke in der Listendarstellung.

Keine Frage: Klicken Sie erneut auf das Dreieck, dreht es sich wieder um und klappt den Ordnerinhalt zu.

Als Spalten

Noch einfacher gelingt die Navigation mit der Spaltendarstellung. Das nächste Bildschirmfoto zeigt Ihnen die Ablagestruktur als Spalten. Diese vereinfacht das zukünftige Arbeiten mit den Ordnern. Dazu drücken Sie bitte die dritte Taste der Darstellungsoptionen. Oder aber Sie drücken die Tastenkombination ⌘ + 3.

Spaltendarstellung der Ablage.

Sie sehen das Fenster in verschiedene Spalten aufgeteilt. Nicht nur die aktuelle Dateiebene, sondern auch die Unterebenenstruktur des selektierten Ordners wird dabei sichtbar. Trennlinien zwischen den verschiedenen Ebenen erleichtern Ihnen die Orientierung. In dem dargestellten Bildschirmfoto können Sie also gleichzeitig in vier verschiedene Ordnerhierarchien schauen – und das alles in einem einzigen Fenster.

Selbstverständlich können die Spaltenbreiten den Bedürfnissen entsprechend angepasst werden. Immer rechts unterhalb der Spalte sehen Sie einen Anfasser mit zwei kleinen Strichen. An diesem Anfasser können Sie die Spaltenbreite ändern.

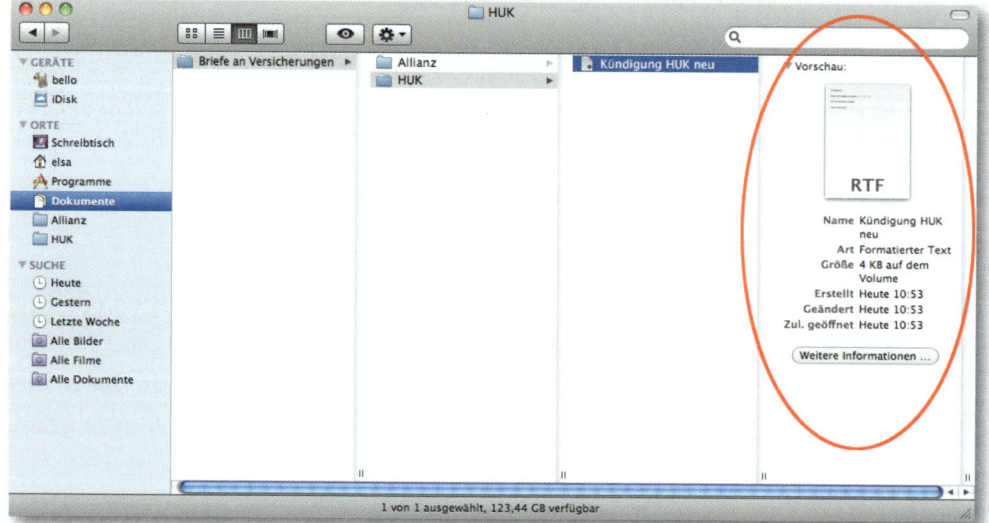

Letzte Spalte.

Von besonderem Interesse ist die allerletzte Spalte. Auf dem Bildschirmfoto greifen wir schon ein bisschen vor. Im Ordner HUK haben wir eine Textdatei gespeichert. Und wenn diese markiert ist, sehen Sie eine Menge an Informationen zu dieser Datei. Sie sehen natürlich den Dateinamen, das Erstellerprogramm, die Größe, wann es geändert, erstellt, zuletzt geöffnet wurde etc.

Als Cover Flow

Schalten Sie am besten gleich einmal in die Cover-Flow-Darstellung um. Diese erreichen Sie entweder mit der Tastenkombination ⌘ + 4 oder durch den vierten Schalter am Fenster.

Die Cover-Flow-Darstellung zeigt Ihnen ein zweigeteiltes Fenster. Im oberen Teil sehen Sie groß arrangierte Icons mit der Vorschau auf den Inhalt der Dateien. Dateien werden nicht als normale Symbole oder Icons gelistet, sondern deren Inhalt wird gezeigt. Darunter sehen Sie die alphabetisch sortierte Auflistung des Inhalts dieser Ordner.

Cover Flow.

! **Die Cover-Flow**-Darstellung macht erst richtig Sinn, wenn Sie Dateien generieren können. Aber natürlich gehört das Thema hier her.

Besonders toll ist es, wenn Sie die **Leertaste** drücken, während Sie ein Dokument angewählt haben. Diese Funktion heißt **Übersicht** und zeigt Ihnen, **ohne ein Programm öffnen zu müssen**, den Inhalt des Dokuments groß an. Zum Schließen nur das graue X links oben einmal anklicken..

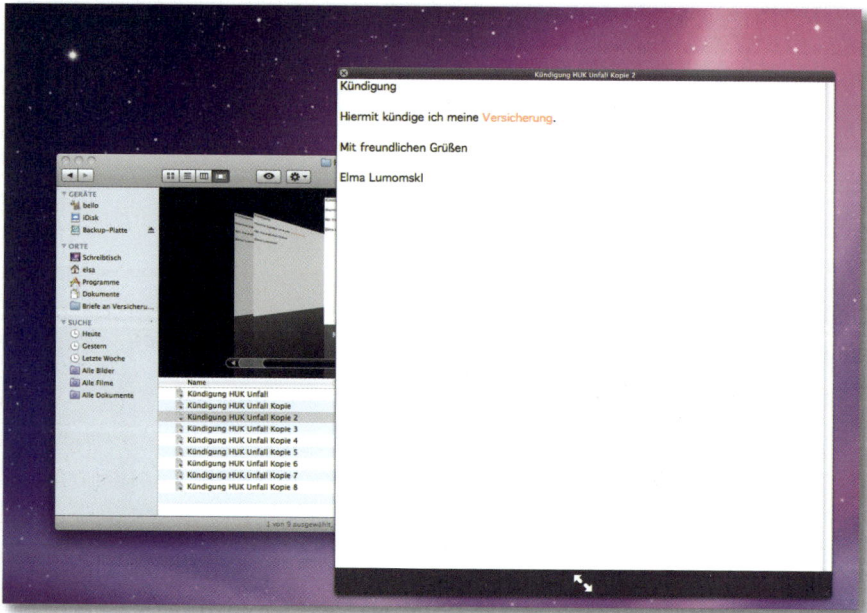

Cover Flow und Übersicht Hand in Hand.

Zusammenfassung Darstellungsarten

Sie haben also nun vier verschiedene Varianten kennengelernt, wie sich ein Fenster darstellen lässt:

- als Liste,
- als Symbole,
- als Spalte
- und als Cover Flow.

Jede dieser Darstellungen hat Vorteile und somit liegt es an Ihnen, mit diesen verschiedenen Funktionen zu „spielen". Die Symboldarstellung bietet Ihnen die Möglichkeit, mit großen Icons zu arbeiten und die Vorschau auf Dateien zu bekommen. Die Listendarstellung mit den pfiffigen Dreiecken ist eine sehr elegante Möglichkeit, bei Ordnern in die Unterstruktur Einblick zu nehmen, was mit der Spaltendarstellung noch eine Idee perfekter funktioniert. Mit der Spaltendarstellung haben Sie einen vollkommenen Überblick über die Verzeichnisstruktur auf Ihrem Rechner oder externen Datenträgern. Die Cover-Flow-Darstellung besticht durch die sehr einfache Möglichkeit, durch die Icons hindurchzuklicken, und mit dem sehr schnellen Zugriff auf die Übersichtsdarstellung. So hat also jede Darstellung ihre eigenen Vorteile.

Verschieben und kopieren von Ordnern

Kommen wir zum Thema Verschieben von Ordnern oder Dateien. Es ist grundsätzlich so: Wenn Sie den Ablageort einer Datei oder eines Ordners auf dem gleichen Datenträger wechseln, wird der Ordner respektive die Datei verschoben.

Wenn Sie innerhalb des gleichen Datenträgers etwas nicht verschieben, sondern kopieren wollen, dann drücken Sie die ⌥-*Taste*. Wenn Sie eine Datei oder einen Ordner zwischen zwei Datenträgern verschieben wollen, dann ist die ⌘-*Taste* genau die richtige Wahl.

Angenommen, Sie haben an dem Rechner einen zweiten Datenträger angeschlossen, z. B. eine externe USB-Festplatte. Wenn Sie nun einen Ordner oder eine Datei auf das andere Medium bewegen, so wird der Ordner respektive die Datei kopiert.

> **Wenn Sie ein und denselben Ordner, der an dem Ort aktuell existiert, als exaktes Duplikat haben möchten, dann können Sie die Tastenkombination ⌘ + D verwenden. D ist die Abkürzung für Duplizieren. Das heißt, das Objekt wird ein zweites Mal in absolut identischer Form am gleichen Ablageort erstellt. Es erhält den Zusatz Kopie.**

> **Sollte Ihnen, während Sie mit der Maus Ordner hin und her schieben, in Ihrer Ablagestruktur einmal etwas misslingen, dann ist das kein Problem. Im Menüpunkt Bearbeiten gibt es einen sehr wichtigen Kurzbefehl, der übrigens in jedem Programm gilt, das auf diesem Betriebssystem läuft. Er heißt schlicht und ergreifend Widerrufen. Die Tastenkombination sollten Sie sich unbedingt merken, sie lautet ⌘ + Z.**

! **Doch aufgepasst! Im Finder kommt man nur einen Schritt zurück. Beispiel: Wenn Sie hintereinander 99 Fehler gemacht haben, dann ist lediglich der letzte Fehler korrigierbar. Bei iPhoto beispielsweise kann man beliebig viele Schritte mit ⌘ + Z rückgängig machen.**

Noch mal zurück zu einem konkreten Beispiel: Angenommen, Sie haben einen Ordner umbenannt und wollen das nun wieder rückgängig machen. Kein

Problem – Sie verwenden ⌘ + Z. Oder Sie haben einen Ordner an eine falsche Stelle gezogen – Sie verwenden wiederum ⌘ + Z. Sie haben aus Versehen eine Datei durch Drücken der ⌥-*Taste* beim Verschieben dupliziert – ⌘ + Z.

Aufspringende Ordner und Fenster

Wenn Sie das erste Mal einen Ordner auf einen anderen Ordner draufbewegt haben, haben Sie wahrscheinlich, wenn Sie die Maustaste vor lauter Schreck nicht sofort losgelassen haben, gemerkt, dass der Ordner nach kurzer Zeit in einem neuen, eigenen Fenster erscheint. Diese Funktion ist keine Fehlfunktion, sondern eine von Apple absichtlich eingebaute Erleichterung, die es schon seit vielen Jahren in diesem Betriebssystem gibt. Das nennt sich *Aufspringende Ordner und Fenster*. Diese Funktion ist standardmäßig in Ihrem Betriebssystem aktiviert. Sie können dies überprüfen, wenn Sie in *Finder –> Einstellungen* nachschauen.

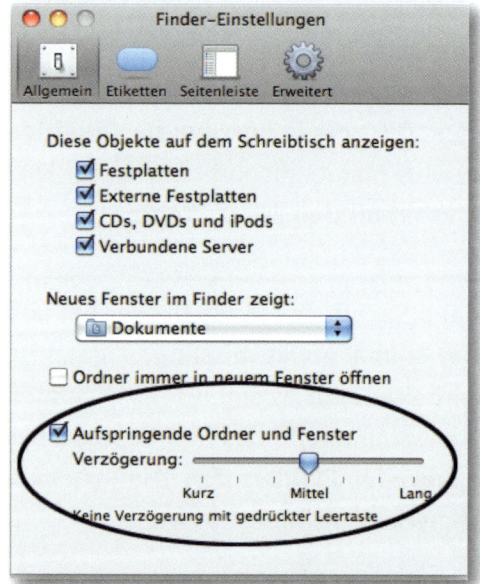

Finder –> Einstellungen –> Aufspringende Ordner und Fenster.

Wenn Sie das Dialogfeld ansehen, können Sie drei Einstellungen vornehmen. Einmal können Sie die Funktion deaktivieren. Zweitens können Sie die Verzögerung von der zeitlichen Dimension her modifizieren und drittens sehen Sie einen Ordner, der angegeben werden kann. Der Inhalt dieses Ordners erscheint dann immer, wenn ein neues Fenster erzeugt wird.

> Im Übrigen unterstützt auch die Seitenleiste die Funktion Aufspringende Ordner. Probieren Sie es einfach mal aus. Ziehen Sie den Ordner HUK auf die Seitenleiste, in den Dokumente-Ordner, und bleiben, das Objekt haltend, auf der Maustaste. Dann wird nach ein bis zwei Sekunden der Dokumente-Ordner in einem neuen Fenster erscheinen und dann können Sie den Ordner dort loslassen.

Ganz klar, die Funktion *Aufspringende Ordner* ist gewöhnungsbedürftig. Es gibt Menschen, die ausschließlich damit arbeiten. Und es gibt Menschen, die damit überhaupt nicht zurechtkommen. Sie sollten es einfach einige Tage oder Wochen ausprobieren und von Fall zu Fall entscheiden, ob Sie die Funktion verwenden möchten. Denken Sie immer daran, dass Sie in *Finder –> Einstellungen* die Funktion komplett deaktivieren oder das zeitliche Verhalten steuern können.

Etiketten

Sie haben weiter vorne, als wir über die Listendarstellung in Fenstern sprachen, vielleicht schon den Begriff Etiketten gesehen. Etiketten sind farbliche und begriffliche Markierungen, die man an Ordner/Dateien vergibt und dann als Sortier- und auch Suchfunktion verwenden kann.

Was aber sind die Etiketten? Was kann man mit ihnen tun?

Der erste Blick sollte wieder in Richtung *Finder –> Einstellungen* gehen. Denn dort gibt es den Reiter *Etiketten*.

Etiketten definieren.

Sie können also in den *Einstellungen* den *Farben* Begriffe zuordnen. Bitte tun Sie das. Danach können Sie die Einstellungen wieder schließen. Wenn Sie nun in ein beliebiges Fenster gehen, sollten Sie in der Listendarstellung die Etiketten einblenden lassen (*Darstellung –> Darstellungsoptionen einblenden*). Sie erhalten eine zusätzliche Spalte namens *Etiketten*.

Nun können Sie Ordnern und Dateien diese Etiketten, sprich diese Farben, zuweisen. Dazu verwenden Sie die rechte Maustaste, also das Kontextmenü, oder den Menüpunkt *Ablage –> Etikett* oder Sie verwenden den *Aktions*-Button ⚙️▾, den Sie in der Standardsymbolleiste des Fensters sehen. Also viele Wege führen auch hier nach Rom.

Die Seitenleiste

Jedes Fenster enthält auf der linken Seite, sofern Sie die Symbolleiste eingeblendet haben, die Seitenleiste. Sie ist dafür geschaffen, dass man schnell an Orte kommt, die man häufig aufsuchen muss.

Die Seitenleiste ist standardmäßig in vier Bereiche unterteilt.

- *Geräte,*
- *Freigaben,*
- *Orte,*
- *Suche.*

Seitenleiste.

Diese Seitenleiste kann Ihren Bedürfnissen angepasst werden. Dazu gebe ich Ihnen eine Idee: Icons können herausgenommen oder hinzugefügt werden.

Wir widmen uns zunächst einmal dem Bereich *Orte*. Hier sind standardmäßig der *Benutzerordner* (das Häuschen), der *Schreibtisch*, die *Programme* und der *Dokumente*-Ordner eingetragen.

Wenn Sie der Seitenleise zusätzliche Ordner hinzufügen wollen, weil Sie dort sehr oft hingelangen müssen, dann können Sie diese dort aufnehmen.

Bei dieser Aktion werden die Ordner nicht verschoben und nicht kopiert. Es wird ein sogenanntes Alias, ein Wegweiser zum Originalordner, erzeugt.

Das funktioniert so: Angenommen, Sie befinden sich aktuell in Ihrem Ordner *Dokumente*. Dort liegt z. B. der Ordner *Briefe an Versicherungen*. Und diesen Ordner benötigen Sie sehr häufig.

Nehmen Sie aus dem Fenster auf der rechten Seite den Ordner *Briefe an Versicherungen* und ziehen diesen auf die linke Seite in den Bereich *Orte*. Passen Sie bitte dabei auf, dass Sie einen dünnen, blauen Strich sehen, damit wird der Ordner *Briefe an Versicherungen* zusätzlich in die Seitenleiste aufgenommen.

Wenn Sie ihn auf ein anderes Icon ziehen, dann wird dieses blau umrandet. Das würde bedeuten, der Ordner *Briefe an Versicherungen* wird in diesen Ordner hinein verschoben, was Sie nicht wirklich wollen.

Ordner Briefe an Versicherungen in der Seitenleiste korrekt eingefügt ...

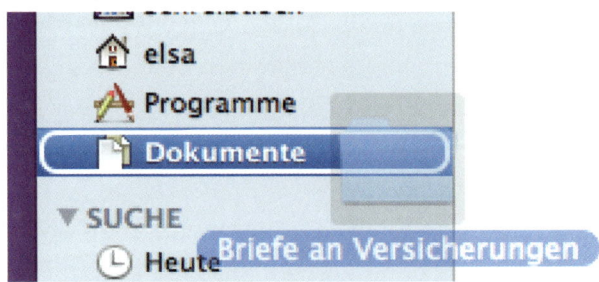

... und hier versehentlich verschoben.

Von jetzt an können Sie immer gleich in der Seitenleiste auf den Ordner *Briefe an Versicherungen* zugreifen und müssen nicht erst über den *Dokumente*-Ordner die lange Hierarchie bis zum Ordner *Briefe* durchklicken. Es wird im Laufe der Zeit für Sie reine Routine werden, Ordner, die Sie häufig brauchen, in der Seitenleiste abzulegen.

! Aber wie **kriegt man den Ordner**, einmal platziert, dort **wieder heraus?** Ganz einfach. Klicken Sie ihn in der Seitenleiste an und ziehen ihn einfach **nach links** aus dem Fenster heraus.

Kapitel 6

Briefe schreiben leicht gemacht:

Öffnen, Speichern, Drucken

Briefe schreiben mit TextEdit

Haben Sie nun Ihre Ordnerstruktur erfolgreich erstellt, dann können Sie beginnen, Dateien, Briefe etc. in dieser Ordnerstruktur abzulegen. Wir zeigen Ihnen das Briefeschreiben und das Sichern dieser Dateien anhand des Programms TextEdit. Das kleine Schreibprogramm ist für Texte aller Art bestens geeignet. Sie können damit Ihre Texte in Form bringen, speichern und ausdrucken.

Das Programm TextEdit.

TextEdit finden Sie im *Programme*-Ordner auf Ihrer Festplatte. Sie haben ja im vorigen Kapitel gelernt, dass es die Seitenleiste im Fenster gibt. Dort finden Sie auch ein Alias namens *Programme*.

> **Ein Alias ist eine Verknüpfung zu einem Ordner oder einer Datei. Stellen Sie sich einfach einen Wegweiser vor, der zu einer Stadt führt. Er weist den Weg zur Stadt, wie das Alias den Weg zum Ordner/zur Datei weist.**

Wenn Sie TextEdit öfter benötigen, können Sie es auch im Dock ablegen, indem Sie das TextEdit-Symbol in das Dock ziehen.

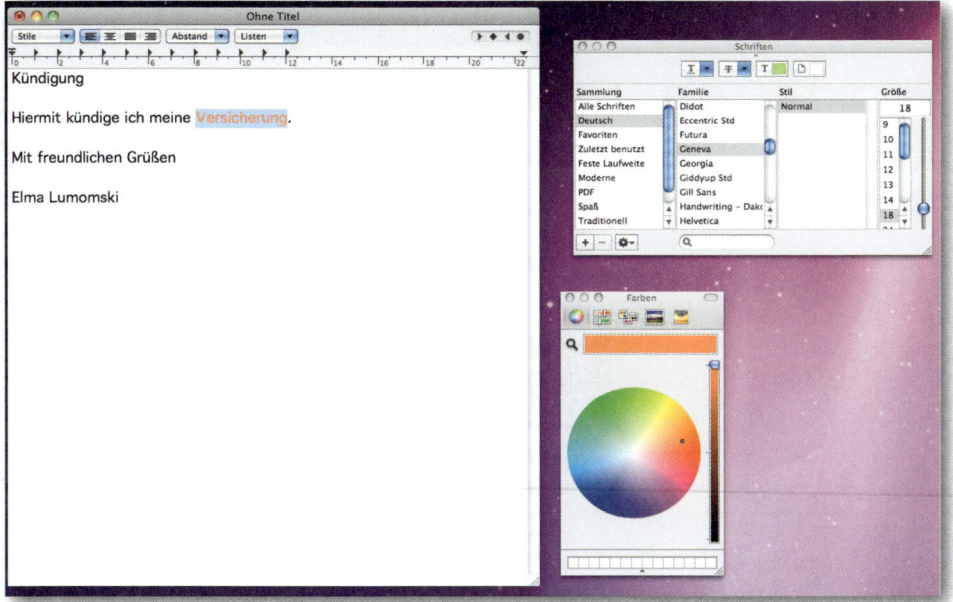

Das Programm TextEdit mit Formatierungspalette und Farbkreis.

Wie Sie anhand des Bildschirmfotos sehen, können Sie mit *TextEdit* nicht nur Texte erfassen, sondern diesen Text auch schön gestalten. Um die Formatierungspalette aufzurufen, verwenden Sie am besten die Tastenkombination ⌘ + T *(Menü Format –> Schrift –> Schriften einblenden).* Es kommt nun die Palette *Schriften* zum Vorschein, in der Sie aus verschiedenen Schriftarten wählen können.

Wenn Sie möchten, können Sie den Text auch farbig gestalten. Wählen Sie hierzu auf der Schriftpalette das grüne kleine Rechteck. Daraufhin erscheint ein Farbkreis. Markieren Sie zuerst Ihren Text, indem Sie mit der Maus darüberfahren und dann klicken Sie im Farbkreis an eine beliebige Stelle. Fertig.

Ein Klick auf das Feld bringt den Farbkreis hervor.

Das Dokument sichern

Haben Sie Ihr Dokument fertig verfasst, können Sie beginnen, dieses Dokument abzulegen.

Dokument ablegen/sichern

Der Menüpunkt hierfür lautet *Ablage –> Sichern*. Oder Sie verwenden die Tastenkombination ⌘ + *S*.

Der Sichern-Dialog von TextEdit.

Sie sehen, dass der Rechner Ihnen als Ablageort automatisch den Ordner *Dokumente* empfiehlt.

> **TextEdit speichert standardmäßig im RTF-Format ab, dem sogenannten Rich Text Format** *(ritsch text format)*. **Das Rich Text Format ist in der Lage, Formatierungen, wie z. B. die Farbe, zu behalten.**

Wenn Sie Dateien ablegen, sollten Sie ihnen, damit Sie diese wieder finden können, einen Namen geben. Das Programm schlägt Ihnen den Dateinamen *Ohne Titel* vor. Das ist natürlich wenig sinnvoll. Ändern Sie dies, indem Sie Ihren gewünschten Dateinamen eintragen und damit *Ohne Titel* überschreiben.

> **! Der Dateiname inklusive dem sogenannten Dateianhang (in diesem Fall .rtf) kann maximal 255 Zeichen lang sein.**

Nun wollen Sie aber das Dokument nicht in dem Dokumente-Order ablegen, sondern Sie haben ja im Dokumente-Ordner Unterordner vorbereitet und in einem dieser Unterordner soll das Dokument zu liegen kommen. Deshalb sollten Sie von dem spartanischen Sichern-Dialog auf einen umfangreicheren Dialog umschalten. Das gelingt, indem Sie neben dem Dateinamen auf das schwarze Dreieck auf blauem Untergrund klicken. Dann erhalten Sie den Sichern-Dialog, in dem alle Ordner sichtbar werden.

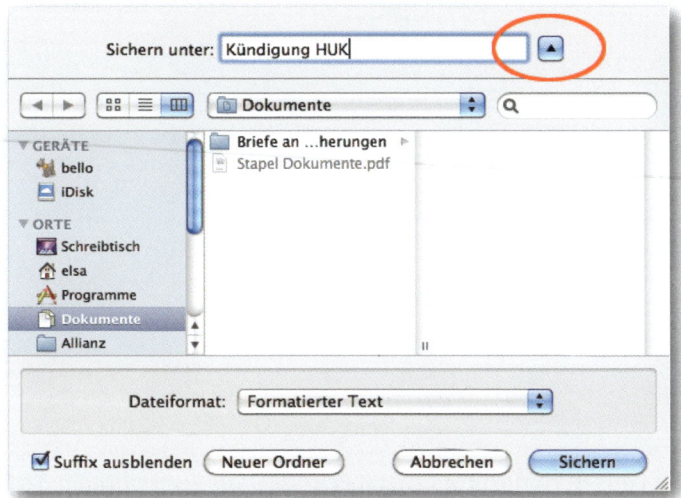

Unterordner im Sichern-Dialog einblenden.

Jetzt können Sie also durch einen Doppelklick den dafür vorgesehenen Unterordner *Briefe an Versicherungen* öffnen und so in den Zielordner *(HUK)* gelangen, in dem dieses Dokument abgelegt werden soll.

Nachfolgend möchte ich Ihnen einen Tipp geben, wie Sie in diesem Sichern- bzw. Speichern-Dialog noch einfacher und effizienter arbeiten können.

- ⌘ + *D:* Wenn Sie in dem Sichern-Dialog ⌘ + *D* drücken, so gelangen Sie automatisch zum Ablageort *Desktop* bzw. *Schreibtisch*. Das funktioniert übrigens auch im Öffnen-Dialog.

! Haben Sie was verloren? Keine Angst, die **Suchen-Funktion** haben wir nicht vergessen! Wir werden sie noch im Kapitel **Spotlight** begutachten.

> **Zur Erinnerung:** **Ordner und Dateien können auch in der Seitenleiste ab-**
> **gelegt werden,** **um diese sehr schnell zu erreichen.**

Überprüfen der Ablage

Wenn Sie nun das Dokument schließen und im Finder nachsehen, müsste Ihr Dokument im Ordner *HUK* gelandet sein.

Das hat geklappt: Das Dokument liegt an der richtigen Stelle.

Auch hierzu gibt es eine einfachere Möglichkeit. Wenn Sie das Dokument ge-öffnet haben, so klicken Sie bei gedrückt gehaltener ⌘-Taste mit der Maus auf den Dateinamen, der in der Titelleiste des Fensters zu sehen ist.

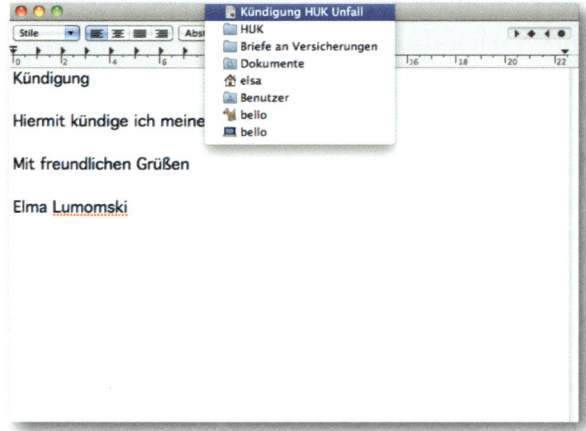

Pfadauflistung über das Titelleisten-Icon

Das Schöne an dieser Einblendung ist nicht nur die Möglichkeit zu sehen, ob Sie die Datei richtig abgelegt haben, sondern Sie können in der Liste auch einen Eintrag anklicken. Wenn Sie, wie im nächsten Bildschirmfoto zu sehen, den Begriff *HUK* anklicken, wechselt der Computer zum Finder und blendet Ihnen ein Fenster mit dem Inhalt des Ordners *HUK* ein.

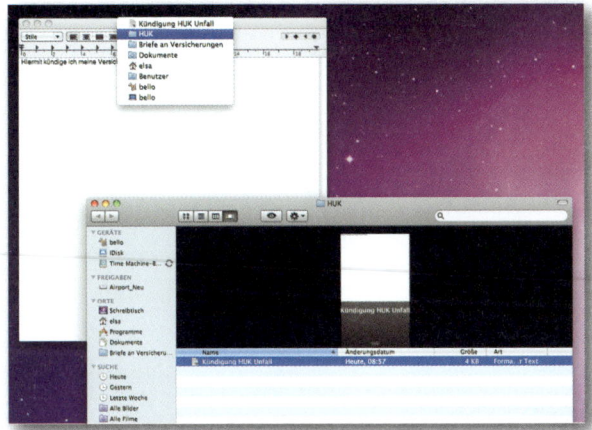

Die Datei wurde über die Titelleiste im Finder „aufgespürt".

Das heißt, Sie haben so eine sehr einfache Querverbindung vom Programm hinüber zum Finder, um dort weiterarbeiten zu können, um z. B. einen fehlenden Ordner zu erstellen.

Feines mit Tastenkombinationen

Ich habe es an mehreren Stellen schon erwähnt: Das Geniale an dem Betriebssystem Mac OS X und den Programmen, die mit diesem Betriebssystem arbeiten, ist die Möglichkeit, diese Programme einheitlich zu bedienen.

Datei-/Ablage-Menü

- ⌘ + *N*: Damit erstellen Sie in dem betreffenden Programm ein neues Dokument, eine neue Datei.
- ⌘ + *O*: Hierüber laden Sie ein bereits existierendes Dokument wieder in das Programm hinein.

- ⌘ + *W*: Mit ⌘ + *W* schließen Sie das Dokument. Das können Sie auch über den roten Schließen-Button tun.

Schließen-Icon zeigt noch nicht gespeicherte (links)
bzw. bereits gespeicherte Dateien an (rechts).

In vielen Programmen erkennen Sie übrigens an dem roten Schließen-Button auch, in welchem Zustand sich das Dokument befindet. Enthält der Button einen kleinen schwarzen Kreis, wurde die Datei bis dato oder in der jetzigen Form noch nicht gespeichert. Ist ein schwarzes X zu sehen, wurde die Datei bereits erfolgreich abgelegt. Man muss allerdings schon ganz genau hinsehen, um das zu erkennen.

- ⌘ + *S*: Die Funktion des Speicherns oder Sicherns ist in allen Programmen mit ⌘ + *S* hinterlegt.
- *Sichern unter/Speichern unter:* In sehr vielen Programmen gibt es zudem die Möglichkeit, ein und dieselbe Datei erneut mit einem anderen Namen oder an einem anderen Ablageort abzuspeichern. Manchmal gibt es hierfür auch eine Tastenkombination, im Fall von TextEdit ⌘ + ⇧ + *S*.
- ⌘ + *P*: Hiermit drucken Sie die Datei auf Ihren installierten Druckern aus.
- ⌘ + *Q*: Wenn Sie ein Programm beenden möchten, dann können Sie das über ⌘ + *Q* machen. Dieser Menüpunkt ist zu finden im Menü, das den Namen des Programms trägt, also im Falle von TextEdit im *TextEdit*-Menü, das direkt neben dem -Menü zu finden ist.

Bearbeiten-Menü

Aber damit nicht genug! Nicht nur das Ablage-/Dateimenü ist in vielen Programmen identisch, ähnlich sieht es mit dem Bearbeiten-Menü aus.

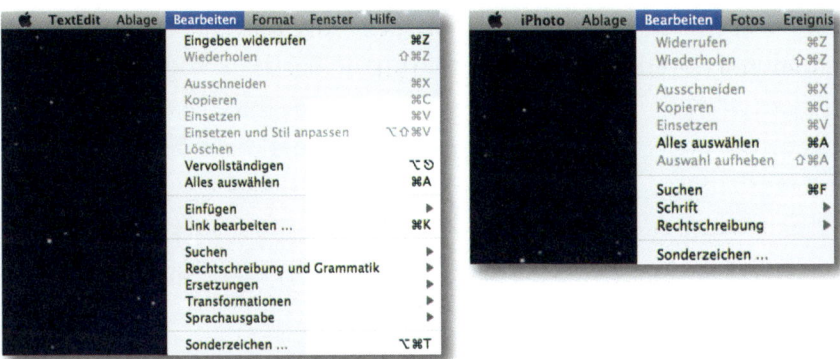

Das Bearbeiten-Menü in TextEdit (links) und im Programm iPhoto (rechts).

Jedes unter Mac OS X laufende Programm verfügt über den Menüpunkt *Bearbeiten*. Und auch dort gibt es sehr viele Ähnlichkeiten.

- ⌘ + *Z*: Diese Funktion ist die Widerrufen-Funktion und kann den letzten Arbeitsschritt rückgängig machen.

- ⌘ + ⇧ + *Z*: Das ist das Gegenteil von Widerrufen. Die letzte Aktion, die rückgängig gemacht wurde, kann wiederhergestellt werden.

- ⌘ + *X*: Ausschneiden – damit können Sie z. B. in einem Textverarbeitungsprogramm einen Text markieren, mit Ausschneiden aus dem Textverarbeitungsprogramm herausnehmen und z. B. in einem anderen Programm über die Tastenkombination ⌘ + *V* wieder einsetzen bzw. einfügen.

- ⌘ + *C*: Ähnlich wie das Ausschneiden, nur mit dem Unterschied, dass im Quellprogramm der Text oder das Bild erhalten bleibt. Mit Kopieren bekommen Sie also ein Duplikat, das Sie an einer anderen Stelle wieder einfügen können.

- ⌘ + *V*: Mithilfe von Einsetzen holen Sie den Inhalt der sogenannten Zwischenablage an die aktuelle Cursorposition. Wie bekommen Sie Dinge in die Zwischenablage? Das geht entweder über die Funktion des Ausschneidens oder die Funktion des Kopierens. Beachten Sie bitte, dass diese Zwischenablage lediglich einen Platz verfügbar hat. Das heißt, wenn Sie zwei Dinge hintereinander kopieren, so wird lediglich das zuletzt kopierte oder zuletzt ausgeschnittene Element Bestandteil der Zwischenablage sein.

- ⌘ + *A:* Durch diese Funktion können Sie alles innerhalb eines Dokuments gemeinsam markieren, was im Falle einer Textbearbeitung bedeutet, dass Sie den kompletten Text markieren können. Im Falle eines Bildbearbeitungsprogramms markieren Sie das komplette Bild.

> **!** Für interessierte Anwender oder Menschen, **die mehr Texte schreiben und bearbeiten möchten**, gibt es natürlich umfangreichere und professionellere Programme für den Apple. Das berühmteste ist **Microsoft Word** für den Mac. Wenn Sie eine gute Alternative suchen, empfehlen wir **Pages** aus dem Hause Apple. Fragen Sie beim **Fachhändler** danach.

Drucken

Keine Frage, ohne Drucker macht das Arbeiten an einem Computer nur halb so viel Spaß. Sie erzeugen Dateien, Dokumente, Briefe, Collagen, Prospekte. Das Ausgabemedium Nummer eins ist natürlich der Drucker. Das heißt, wir schauen uns jetzt an, wie wir einen Drucker anschließen und wie wir ihn konfigurieren können. Als Beispiel dient uns ein Tintenstrahldrucker der Firma Canon. Sie können aber auch jede andere Marke anschließen, die mit Apple-Geräten kommuniziert. Am besten, Sie lassen sich im Fachgeschäft beraten.

Drucker anschließen

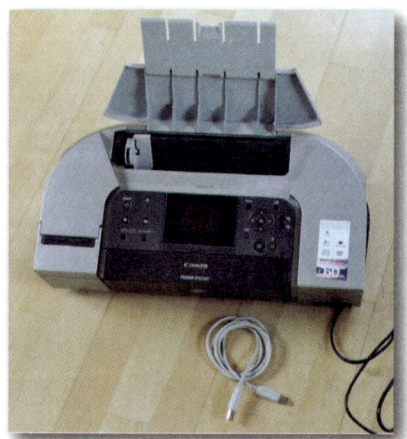

Unser Drucker: Achten Sie beim Kauf darauf, dass der Drucker über einen USB-Anschluss verfügt und mit dem Apple zusammenarbeitet.

Stecken Sie das Kabel am Drucker und das breite Ende am Computer an.

Dann schalten Sie den Drucker ein.

! Es könnte sein, dass sich nun ein **Automatismus** in Gang setzt, um den sogenannten **Druckertreiber** aus dem Internet herunterzuladen. Ist dies der Fall,
so folgen Sie einfach den **Anweisungen** auf dem Bildschirm.

Druckertreiber installieren

Druckertreiber: Ein Druckertreiber ist eine Hilfsdatei, die es dem Computer ermöglicht, den Drucker anzusteuern und ihn zu verstehen. Drucker
sind je nach Hersteller und Art sehr verschieden. So sieht das Betriebssystem zwar einige Modelle vor, jedoch nicht alle sind vorinstalliert. In diesen Fall lesen Sie bitte weiter. Erhalten Sie keine Meldung auf dem Bildschirm, lesen Sie erst bei Systemeinstellung –> Drucken & Faxen weiter.

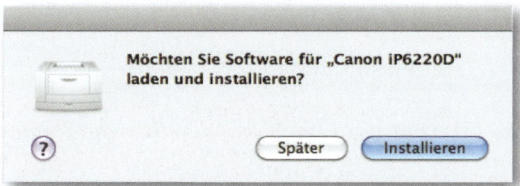

Wenn der Computer den Druckertreiber nicht findet, sucht er automatisch im Inter-
net danach. Voraussetzung ist allerdings eine bestehende Internetverbindung

! Sollte das **Internet in dem Moment nicht funktionieren**, wenn Sie den Drucker
anschließen, wird es komplizierter für Sie. Dann müssen Sie zu einem späteren
Zeitpunkt die Herstellerseite mit Safari ausfindig machen, z. B. www.canon.de,

und sich dort im Bereich Treiber und Downloads nach dem Druckertreiber für Ihr Modell umsehen. Funktioniert das Internet dauerhaft nicht, können Sie es mit der beiliegenden Installations-DVD versuchen. Allerdings haben wir die Erfahrung gemacht, dass die Druckertreiber dort **meist veraltet** sind. Bitten Sie dann Ihren Fachhändler um den entsprechenden Treiber.

Sagen Sie in diesem Fall *Installieren*, so geht es gleich los mit der Installation. Sie müssen allerdings noch die Lizenzbestimmungen akzeptieren.

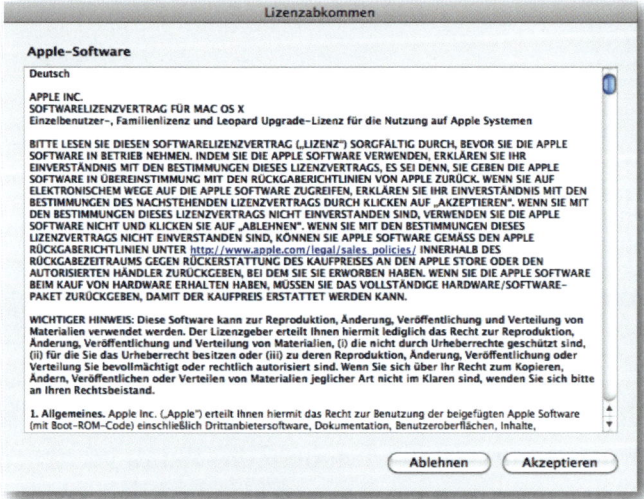

Lizenzbestimmungen akzeptieren ...

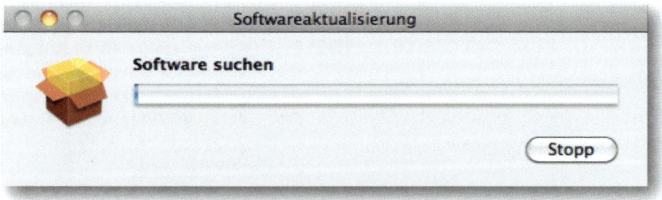

... das Internet wird nach dem Treiber durchsucht ...

... der Druckertreiber wurde gefunden, das Paket wird übertragen ...

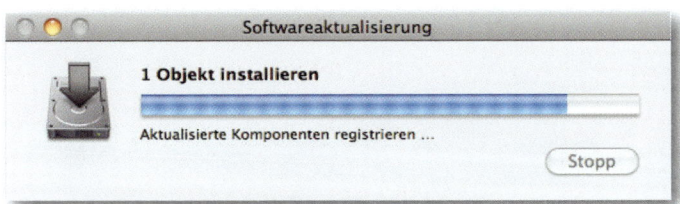

... abschließende Installation.

Die Installationsroutine kann einige Minuten in Anspruch nehmen. So müssen Sie sich noch ein wenig gedulden, bis Sie ausdrucken können.

Holen Sie dann aus dem Apfel-Menü die *Systemeinstellungen –> Drucken & Faxen* nach vorne, um den Drucker dem Computer zur Verfügung zu stellen.

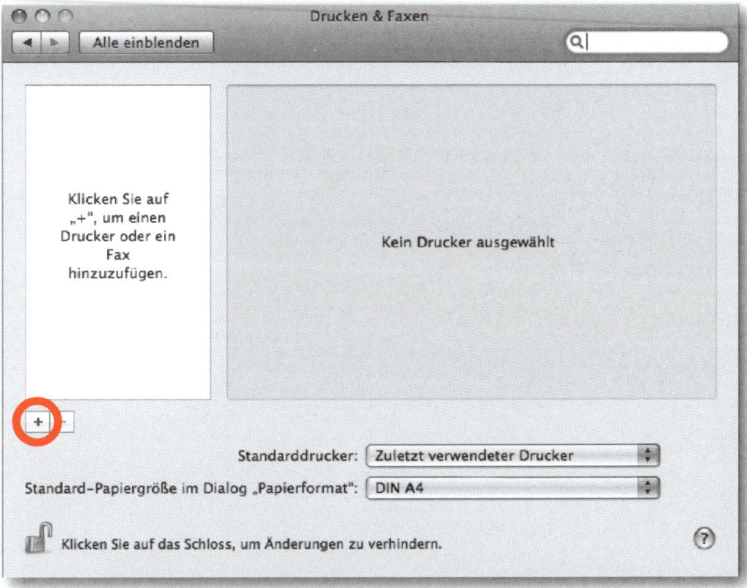

Systemeinstellungen –> Drucken & Faxen.

Sie sehen im linken Bereich des Fensters das Pluszeichen. Klicken Sie dieses an, daraufhin erscheint ein zweites Fenster. In diesem zweiten Fenster werden die Drucker zur Zusammenarbeit mit Ihrem Rechner aufgefordert. Wie Sie anhand des nun erscheinenden Fensters sehen, gibt es verschiedenste Kommunikationswege zwischen Ihrem Computer und dem Drucker. Wählen Sie zunächst den Eintrag *Standard* aus.

Neue Drucker hinzufügen

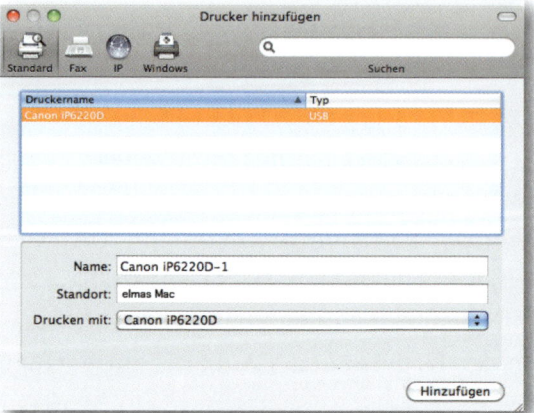

Browser zum Auffinden von Druckern

Hier melden sich per USB an den Rechner angeschlossene Drucker aber auch netzwerkfähige Geräte. Voraussetzung hierfür ist, dass der Rechner an einem Netzwerk angeschlossen ist. Das kann ein kabelgebundener Anschluss sein wie das *Ethernet* oder ein drahtloser über *AirPort*.

Wir aber bleiben bei der Annahme, dass Sie ein Gerät lokal an den USB-Anschluss angesteckt haben.

Klicken Sie den Drucker in der Liste an und wählen Sie rechts unten in der Ecke *Hinzufügen*. Anschließend kommuniziert Ihr Rechner mit dem Drucker. Ist die Kopplung erfolgreich vonstattengegangen, erscheint der Drucker anschließend in Ihren *Systemeinstellungen* bei *Drucken & Faxen*. Fertig!

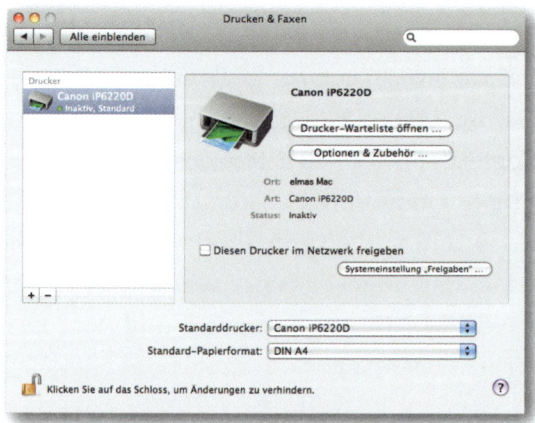

Der Drucker meldet sich bei Drucken & Faxen.

Das Drucken aus TextEdit

Der Drucker ist erfolgreich installiert und steht für Drucke aller Art bereit. Kehren Sie nun zurück in das Programm TextEdit. Öffnen Sie ein vorhandenes Dokument aus Ihrer Ordnerhierarchie oder erstellen Sie ein neues Dokument, das Sie ausdrucken möchten. Sichern Sie das Dokument, wie Sie es eingangs in diesem Kapitel gelernt haben, bevor Sie es ausdrucken.

Dann drücken Sie bitte ⌘ + P oder wählen aus dem Menü *Ablage* den Menü-Unterpunkt *Drucken*.

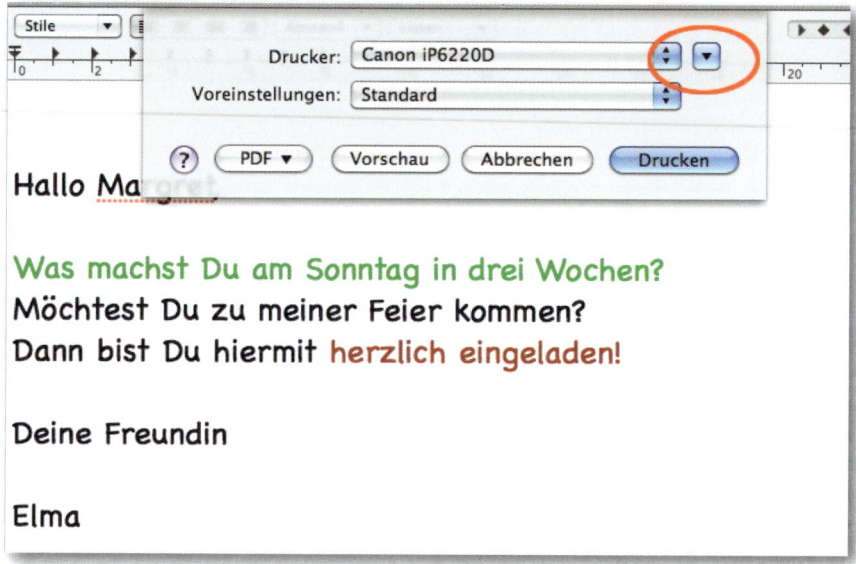

Der Drucken-Dialog.

Zunächst erscheint ein abgespeckter Dialog. Wenn Sie mehr Optionen zur Papierlage, der Farbeinstellung oder zum Papierformat haben möchten, so drücken Sie bitte den kleinen blauen Pfeil in der ersten Zeile, gleich hinter der Druckerbezeichnung. Sogleich öffnet sich der umfangreiche Drucken-Dialog.

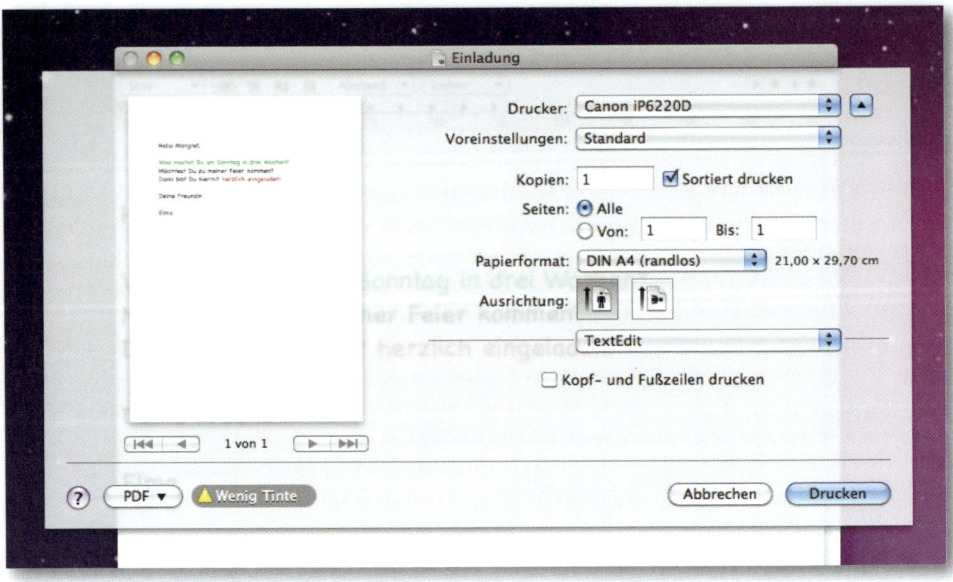

Der Drucken-Dialog kann von Drucker zu Drucker abweichen.

Links sehen Sie die Vorschau Ihres Dokumentes, rechts die Einstellungen zu Kopien, von/bis, Formatwahl, Hoch- oder Querformat u. v. m. Hier müssen Sie einfach einmal in Ruhe betrachten, was Sie für die Seite genau brauchen.

! Zwar ist der Kurzbefehl ⌘ + P in allen Programmen von Apple identisch, jedoch der Drucken-Dialog kann von Programm zu Programm etwas abweichen (siehe z. B. den Drucken-Dialog in iPhoto oder iTunes).

Der Drucken-Dialog aus iTunes.

Kapitel 7

Etwas Besonderes: Spotlight und Time Machine

Spotlight

Es gibt Funktionen, an die man sich nach sehr kurzer Zeit gewöhnt hat. Und wenn man in aller Ruhe darüber nachdenkt, kann man sich nicht vorstellen, je ohne sie ausgekommen zu sein. *Spotlight* ist eine dieser Funktionen. *Spotlight* ist eine geniale Suchmaschine auf Ihrem Rechner.

> **Spotlight** erstellt einen computerweiten Index, einen Index, der alle Datei- und Ordnernamen enthält, aber auch die Inhalte jeder Datei, das heißt jedes einzelne Wort einer **TextEdit**-Datei, einer **E-Mail** wird indiziert. Jede Information eines Musikstücks (der Albumname, der Interpret, der Jahrgang etc.), jede Information eines Bildes von einer digitalen Fotokamera (Belichtungszeit, Verschlusszeit, Name der Kamera etc.) – all dies ist als **Spotlight** bekannt.

Die Technologie *Spotlight* setzt Apple seit dem Frühjahr 2005 ein. In dem Augenblick, in dem Sie eine neue Datei abspeichern, wird in Sekundenbruchteilen aktualisiert und jedes Wort der gerade gespeicherten Datei sofort der *Spotlight*-Suche zur Verfügung gestellt. Optimiert dahingehend, dass die Suche unglaublich schnell vonstattengeht.

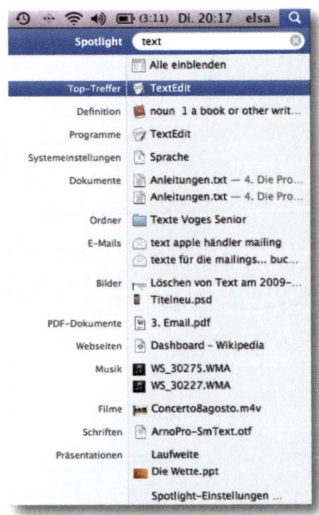

Spotlight-Suche.

Zum Ausprobieren könnten Sie mal rechts oben in die *Suchlupe* von *Spotlight* klicken und beispielsweise den Begriff „Apple" als Suchbegriff eingeben. Und kaum haben Sie aufgehört, den Begriff zu schreiben, sind schon alle Suchergebnisse vorhanden – sensationell! Sie möchten nun aber auch wissen, wie viele Suchergebnisse es tatsächlich waren. Deswegen sollten Sie von dieser heißen Trefferliste, dem sogenannten *Spotlight*-Menü, über *Alle einblenden* in das entsprechende *Spotlight-Fenster* umschalten.

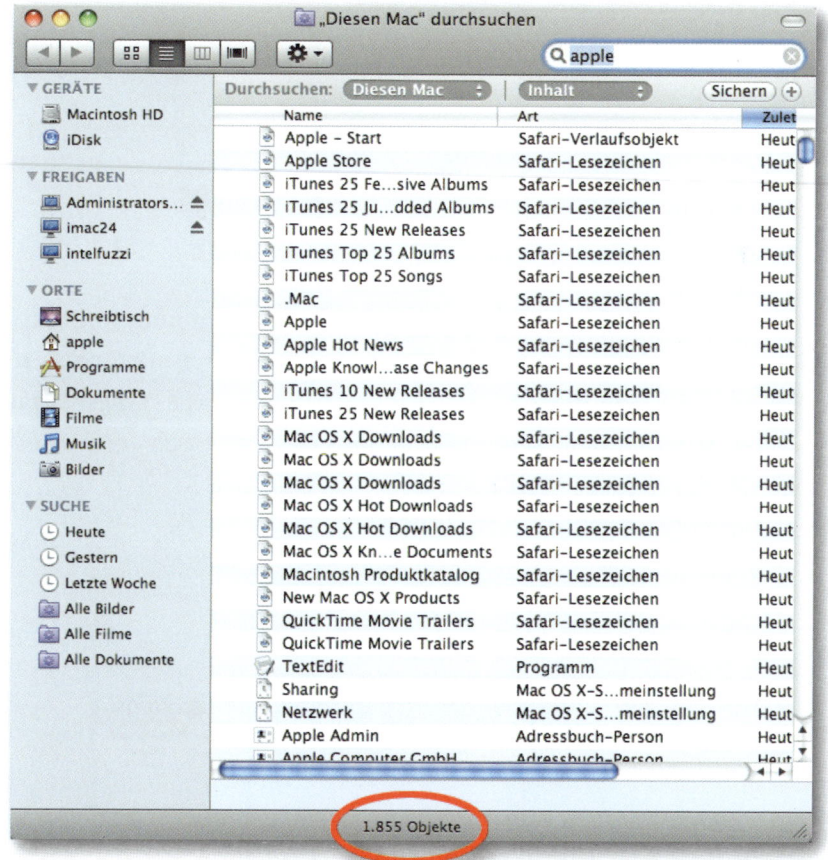

Anzahl der Fundstellen.

Und sogleich erkennen Sie, dass wir in Bruchteilen von Sekunden circa 2.000 Dokumente gefunden haben. Wenn Sie Ihre Suche einschränken wollen – nichts leichter als das! Dann geben Sie einfach hinter dem Begriff „Apple" einen zweiten Begriff an, in meinem Fall den Begriff „Store". Und so haben Sie statt der gefundenen 2.000 Einträge lediglich etwa 50 Einträge selektiert.

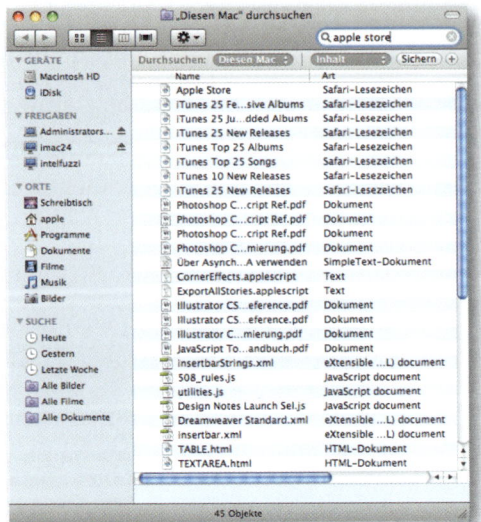

Suche nach „apple store".

Wir wollen uns die Geschichte noch einmal an einem anderen Beispiel an-schauen: Sie wissen, Sie haben irgendetwas zu tun mit einer Person namens *Mayer*. Sie möchten von diesem *Mayer* aber lediglich die *E-Mail-Informationen* bekommen. Dann geben Sie schlicht und ergreifend als Suchworte ein: „Mayer Nachrichten" oder „Mayer Mail".

Kombination von Suchbegriffen.

Durch die Kombination dieser Suchbegriffe haben Sie nicht nur die Anzahl der Suchergebnisse eingeschränkt, sondern zugleich auch definiert, aus wel-chem Bereich Sie etwas suchen möchten. Wollen Sie die Suche noch weiter ein-schränken, so fügen Sie zum Beispiel einen weiteren Begriff hinzu.

Suche eingrenzen.

Durch den weiteren Begriff kommen Sie von einer Trefferzahl von vorher etwa 70 auf mittlerweile unter 20 Einträge, die Sie nun noch in Ihrer Liste haben.

Interessieren Sie sich aber nur für die Termine, die Sie mit Herrn Mayer vereinbart haben, dann könnten Sie beispielsweise Mayer iCal eingeben, um damit zu verdeutlichen, dass Sie nur Termine innerhalb des Programms iCal finden möchten, die irgendetwas mit Mayer zu tun haben.

Konkrete Suche.

Haben Sie also über die Such-Funktion die verloren geglaubte Information wieder aufstöbern können, dann genügt ein Doppelklick, um diese Datei mit dem dazugehörigen Programm zu öffnen. Haben Sie also beispielsweise einen Termin gefunden, dann wird sogleich iCal starten und Ihnen diesen anzeigen. War es hingegen ein Brief, der mit TextEdit erstellt wurde, so wird sofort dieses Programm geholt und der Text angezeigt.

In kürzester Zeit finden Sie so jegliche Information auf Ihrem Rechner, unabhängig davon, mit welchem Programm diese erstellt worden ist. *Spotlight* ist dabei unglaublich schnell, einfach zu bedienen und kann auch mit vielen weiteren Suchkriterien beauftragt werden.

Spotlight kann aber noch viel mehr! Zum Beispiel können Sie *Spotlight* auch einfache Rechenfunktionen an die Hand geben – das Ergebnis wird sofort ausgespuckt.

Spotlight kann auch rechnen.

Spotlight eignet sich auch perfekt **als Programmstarter,** also als Zusatzfunktion, um Programme schnell und einfach zu starten. Klicken Sie dazu oben auf die Lupe und geben Sie einen Teil des Programmnamens ein.

Sie werden erleben, dass das gesuchte Programm sofort als Top-Treffer markiert wird. Mit Return können Sie das Programm direkt starten. Ich verwende die Funktion tausend Mal am Tag, da ich sehr viel mit tragbaren Rechnern unterwegs bin, meistens keine Maus dabei habe und mir das Trackpad von der Bedienung her zu umständlich ist. Zwei, drei, vier Buchstaben des gewünschten Programms eingegeben und – schwupp – mit einem Klick auf Return wird das benötigte Programm prompt gestartet.

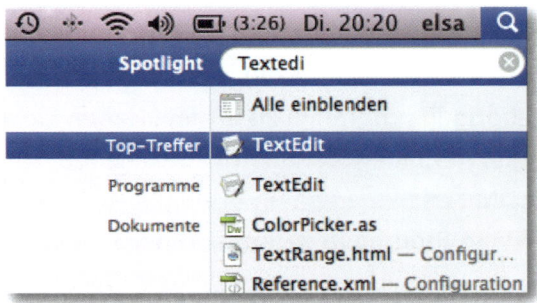

Programme via Spotlight starten.

Time Machine

Time Machine sichert den kompletten Inhalt Ihres Computers. Das geniale Programm verwaltet Ihre Sicherungskopien, die Sie ja in Zukunft in regelmäßigen Abständen machen, und ermöglicht kinderleichten Zugriff auf in der Vergangenheit Verlorenes. Wozu sollen Sie das tun? Nun ja, manchmal ist man doch etwas voreilig mit Aufräumen und löscht so manches, was man doch noch brauchen könnte. Time Machine holt alles wieder hervor.

Die erste und wichtigste Anschaffung ist hierfür eine externe Festplatte, die Sie sich beim Fachhändler besorgen können. Die Festplatte sollte mindestens die doppelte Speicherkapazität haben als die Computerfestplatte. Besitzen Sie also einen Computer mit 400 Gigabyte Speicherkapazität, so ist eine Platte mit einem Terabyte zu empfehlen. Beachten Sie beim Kauf, dass die Festplatte auch für den Apple geeignet ist, anderenfalls müssen an dem Medium größere Änderungen vorgenommen werden.

Time Machine einstellen

Time Machine macht automatisch stündliche, tägliche und wöchentliche Backups. Sie müssen sich dabei um nichts kümmern. Es ist deshalb ein absolut reißfestes Sicherheitsnetz, das Ihnen hier angeboten wird. Sie haben lediglich dafür zu sorgen, einen möglichst großen Datenträger zur Verfügung zu stellen, so dass alle Backups darauf untergebracht werden können.

Backup *(bäckap)* = **Sicherheitskopie**

Wissenswertes über Time Machine

Wenn Sie Time Machine aktivieren und somit das allererste Backup sichern, wird von Ihrer internen Festplatte eine komplette Sicherungskopie auf die externe Festplatte kopiert. Dieser Vorgang kann durchaus einige Zeit in Anspruch nehmen. Die weiteren Backups, die im stündlichen, täglichen, wöchentlichen Rhythmus gemacht werden, aktualisieren jeweils nur die Daten, die Sie inzwischen geändert haben. Das heißt, wenn Sie einmal eine Datei erstellt haben und diese Datei wird drei Monate lang nicht mehr verändert, dann wird von dieser natürlich keine weitere Version auf den Sicherungsdatenträger übernommen.

Time Machine aktivieren

Wenn Sie eine Festplatte zum ersten Mal an den Rechner anschließen, so wird in den meisten Fällen Time Machine automatisch starten. Tut es das nicht, so gehen Sie bitte in die *Systemeinstellungen* zu *Time Machine*.

Systemeinstellungen Time Machine.

Das einzige, was Sie jetzt noch tun müssen, ist, den Schalter von *Aus* auf *Ein* zu stellen. Wenn Sie das getan haben, wird Sie Time Machine fragen, welche Festplatte Sie für die Sicherungskopien verwenden wollen. Wählen Sie die Festplatte an und bestätigen Sie Ihre Wahl.

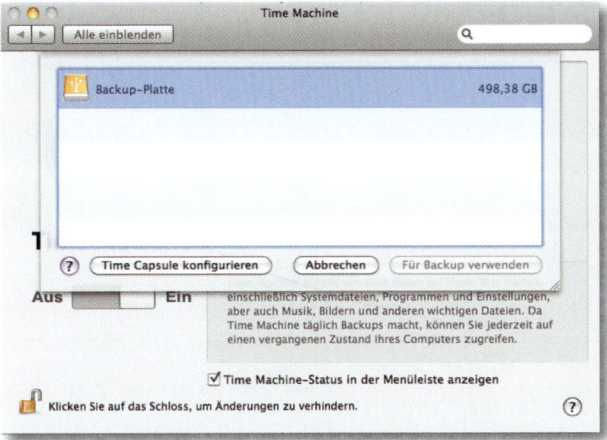

Wählen Sie die Festplatte aus und sagen Sie „Für Backup verwenden".

Nun legt der Rechner los. Das erste Backup kann mehrere Stunden dauern, je nachdem, wie viele Daten sich auf Ihrem Rechner befinden. An dem kleinen Icon oben in der Menüleiste erkennen Sie, dass ein Backup erstellt wird. Es dreht sich dabei um die eigene Achse. Des Weiteren können Sie es im Menüfenster in Time Machine sehen.

Das kleine Time-Machine-Symbol.

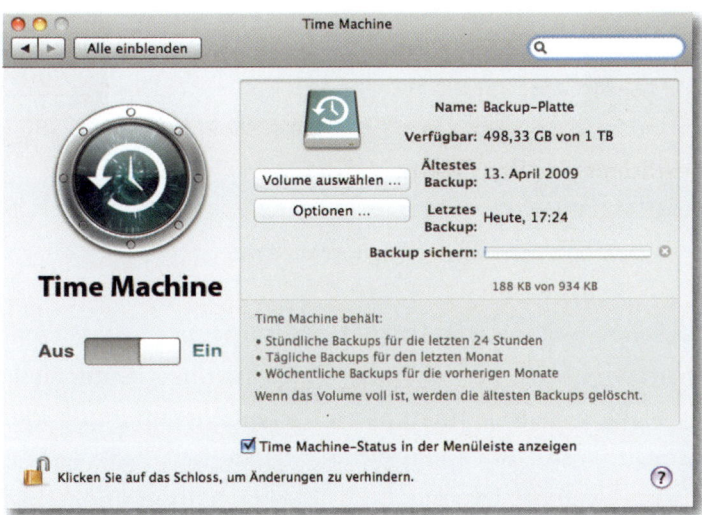

Time Machine arbeitet, wenn sich das kleine Symbol dreht.

Auf das Backup zugreifen

Wenn das Backup fertig ist, so hört das Symbol in der Menüleiste zu drehen auf. Wie greifen Sie nun als Anwender auf Ihre gesicherten Datenbestände zurück? Das geht ganz einfach!

Zurück in die Vergangenheit

Gehen Sie über den Menüpunkt *Gehe zu Benutzerordner* zu Ihrem Homeverzeichnis. Das ist der Ausgangspunkt. Starten Sie nun das Programm *Time Machine*. Sie sollten es in Ihrem Dock finden. Andernfalls können Sie das Programm aus dem Programme-Ordner heraus oder über die Spotlight-Suche starten.

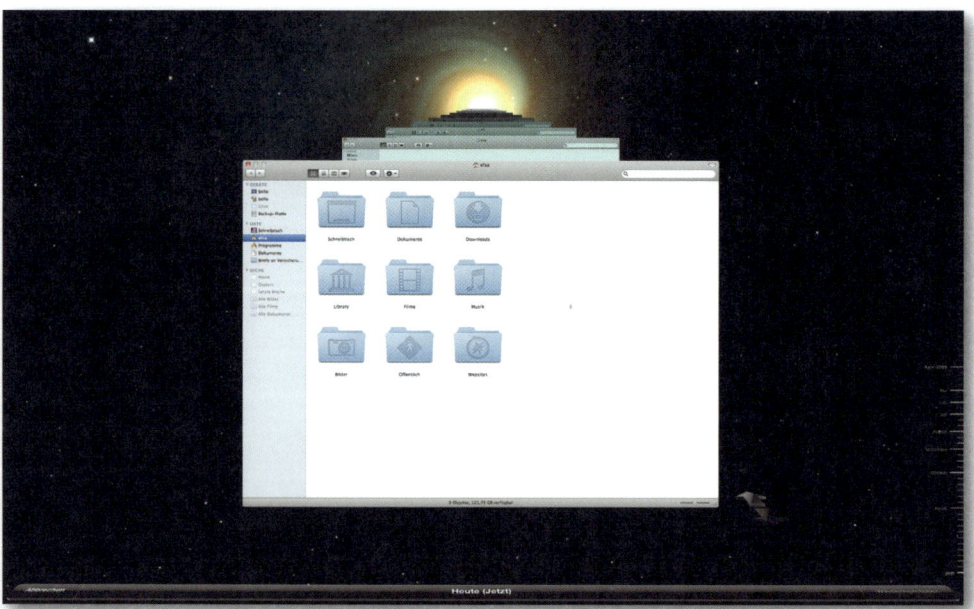

Time Machine arbeitet ...

Und schon sehen Sie, wie wir auf dem Bildschirmfoto dargestellt haben, viele Fenster hintereinander. Sie sehen die Vergangenheit hinter sich aufgetürmt. Und auf der rechten Seite können Sie für jedes Backup einen kleinen, feinen Strich entdecken. Wenn Sie einen dieser Striche berühren, sagt er Ihnen, zu welchem Tag und welcher Uhrzeit dieses Backup stattgefunden hat.

Wie bewegen Sie sich nun in die Vergangenheit? Hierzu gibt es drei Möglichkeiten:

- Entweder klicken Sie auf der rechten Seite der Zeitleiste eine Uhrzeit an. Damit wird aus der Vergangenheit das Fenster respektive der Zustand dieses Ordners nach vorne geholt.
- Oder aber: Sie sehen die Fenster kaskadiert hintereinander liegen. Sie klicken einfach ein Fenster, das Sie weiter hinten sehen, an und schon wird dieses Fenster nach vorne gebracht. Am unteren Rand der Darstellung sehen Sie, welches Datum und welche Uhrzeit das Fenster hat.
- Und drittens: Sie sehen die beiden dreidimensionalen Pfeile, die nach hinten und nach vorne schauen. Damit können Sie in dem betreffenden Ordner zu dem Zeitpunkt zurückspringen, an dem die letzte Änderung erfolgt ist!

Das heißt, Sie haben vielfältige Varianten, zurück in die Zeit zu reisen. Und dann sieht sie auch noch spektakulär gut aus, die Zeitreise mit Time Machine!

Die Idee hinter Time Machine ist, Dateien, die Sie vielleicht in der alten Fassung für gut befunden haben, oder Dateien und Ordner, die Sie zwischenzeitlich gelöscht haben, wieder aus der Vergangenheit zu holen. Zunächst müssen Sie diese Information aber erst finden. Lassen Sie mich an einem weiteren Beispiel versuchen, Ihnen Time Machine näherzubringen. In diesem Fall gehe ich weiter zurück.

Beispiel für die Datenwiederherstellung

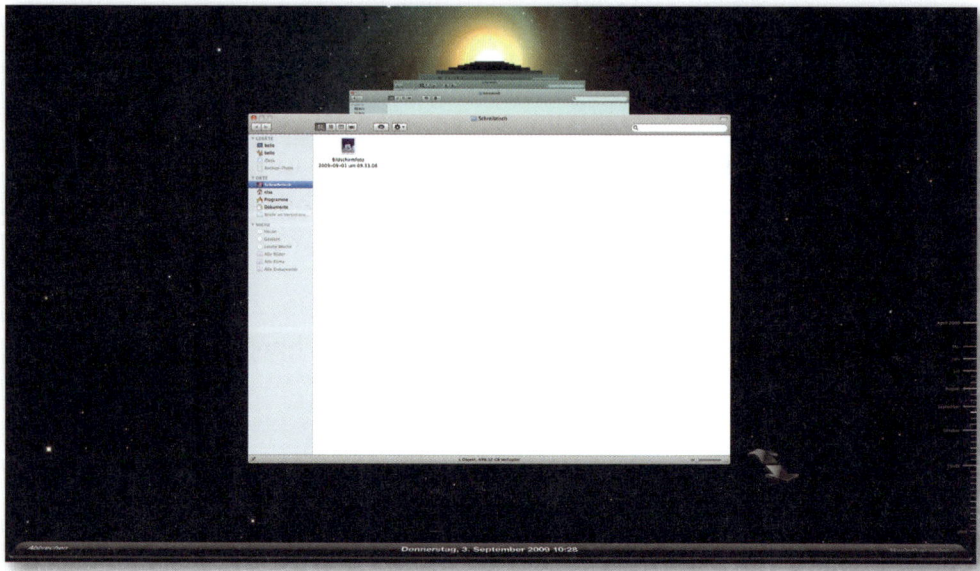

„Verschwundene Datei" gefunden

Ich vermisse ein Foto, das ich vor geraumer Zeit auf dem Schreibtisch abgelegt hatte. Vermutlich habe ich das aber mittlerweile versehentlich gelöscht.

1. Ich starte Time Machine über das Symbol *Time Machine starten*
2. Nun gehe ich zurück in die Vergangenheit. Ich gehe über die Zeitleiste auf der rechten Seite auf den Tag *Donnerstag, 3. September 2009, 10.28.*
3. Time Machine hat die verlorene Bilddatei in dieser Sicherungskopie vom 3. September 2009, die bereits mehrere Tage zurückliegt, entdeckt. Wie hole ich diese Datei jetzt wieder in die Gegenwart? Auch das ist sehr gut gelöst worden.
4. qIch klicke in dem Fall auf die Datei (es könnte auch ein ganzer Ordner sein). Ich markiere das Element, danach rechts unten im Fußbereich des Fensters verwende ich die Funktion *Wiederherstellen*. Damit saust die Datei aus der Vergangenheit in das aktuelle Fenster, und schwupps, haben Sie die Datei zurückgeholt, um mit ihr arbeiten zu können.

Wenn Sie im Time-Machine-Modus sind, bleibt der Finder in seiner Funktionalität vollständig. Das heißt, Sie können zwischen den vier Darstellungsvarianten eines Fensters, also zwischen der Spalten-, Listen-, Symbol- und Cover-Flow-Darstellung wählen. Sie haben ebenso die Möglichkeit, mit Doppelklick Ordner zu öffnen, um an andere Plätze zu gehen. Auch die Seitenleiste stellt sich zur Verfügung. Selbst die Spotlight-Suche funktioniert innerhalb von Time Machine. Sie führen damit eine Suche nach Dateien in der Vergangenheit aus. Unglaublich, aber so ist es!

Welche Programme arbeiten neben dem Finder noch mit Time Machine zusammen?

Aktueller Stand (August 2009):

- Adressbuch: Holen Sie sich gelöschte Visitenkarten zurück.
- iPhoto: Bilder und Videos werden wiederhergestellt.
- Mail: E-Mails, die im Papierkorb landeten, können gefunden und gerettet werden.

Starten Sie also beispielsweise iPhoto und anschließend Time Machine. Wenn Sie nun in den Fußbereich der Time-Machine-Darstellung schauen, dann sehen Sie die Einträge Wiederherstellen und Alles wiederherstellen. Alles wiederherstellen bedeutet, den kompletten Datenbestand wiederherzustellen. In iPhoto wird also eine versehentlich komplett gelöschte Fotobibliothek wiederhergestellt. Super – Ihre Urlaubserinnerungen sind nicht verloren!

Alles wiederherstellen.

! Fazit: Time Machine ist ein absolut perfektes Werkzeug und begeistert und beeindruckt alle. Sie ist leicht zu konfigurieren und noch leichter zu bedienen. **Und sie bewahrt jeden vor möglichen Datenverlusten.**

Als Anwender sitzen Sie dabei vor dem Gerät und merken gar nicht, wie Time Machine sich darum kümmert, die aktuellsten Fassungen der Dateien ständig auf das Backupmedium zu schreiben. Wir finden, Time Machine hat das Prädikat „toll" verdient.

Kapitel 8

Wenn es mal Probleme geben sollte: Problemlösungen

Wenn es mal Probleme geben sollte

Sie haben sich den Mac ja deswegen geholt, weil er landauf und landab als ein sehr zuverlässiger Helfer bekannt ist. Das kann ich nur bestätigen. Funktioniert tatsächlich mal etwas nicht so, wie Sie es erwarten, dann müssen Sie versuchen, den Fehler zu finden. Ich gebe Ihnen einige wesentliche Tipps und Hinweise, mit denen Sie die meisten Fehler relativ einfach beheben können.

! Hinweis: Sollten Sie mit den folgenden Ratschlägen und Tipps bei der Fehlerbehebung nicht weiterkommen, so empfehle ich Ihnen, mit dem Händler Ihres Vertrauens zu sprechen. Dieser ist Experte und kann Ihnen sicher in kürzester Zeit Hilfestellung leisten.

1. Ein Programm reagiert nicht mehr

... oder tut nicht mehr das, was es tun soll, vielleicht ist es auch „eingefroren". Dann ist es allerhöchste Zeit, das Programm aus dem Arbeitsspeicher zu entfernen. Gehen Sie hierzu zum Beispiel in das -*Menü* und wählen den Eintrag *Sofort beenden* aus. Alternativ dazu können Sie auch die Tastenkombination ⌘ + ⌥ + *Escape* verwenden.

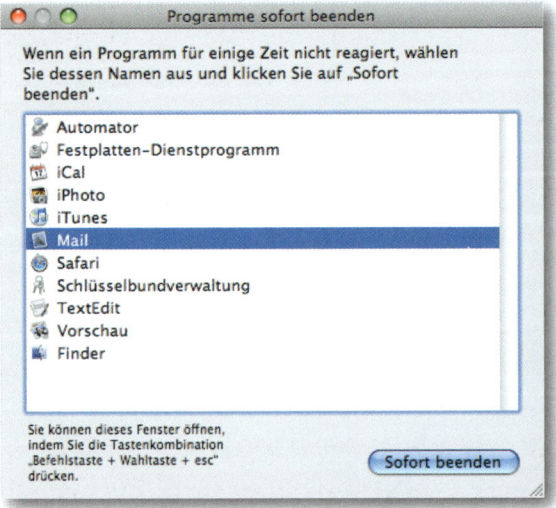

Programme sofort beenden.

Hier sehen Sie eine Liste aller Programme, die aktuell gestartet sind. Das Programm, das Ihnen den Ärger verursacht, sollten Sie anklicken und dann mit *Sofort beenden* aus dem Arbeitsspeicher entfernen. Bitte achten Sie darauf, dass hierbei natürlich noch nicht gespeicherte Dateiinhalte dieses Programms verloren gehen.

> **Hernach sollten Sie das Programm einfach noch einmal starten. Es ist nicht notwendig, den Rechner neu zu starten oder andere Dinge zu tun – versuchen Sie einfach, das Programm erneut zu starten. Im Regelfall wird es dann seinen Dienst wieder aufnehmen.**

Tut es das nicht, dann haben Sie ein generelles Problem, möglicherweise mit dem Programm oder Ihren Einstellungen. Um die Einstellungen zu überprüfen, Tipp 2:

2. Macht ein Programm regelmäßig oder auch unregelmäßig Ärger …

… dann gibt es einen Trick, der Ursache auf die Schliche zu kommen. Sie sollten über administrative Rechte verfügen und in den *Systemeinstellungen –> Benutzer* einen neuen Benutzer generieren. Ich nenne diesen meistens *Test* und vergebe ihm auch das gleichnamige Kennwort. Anschließend logge ich mich als *Test*-Benutzer (via Apfelmenü) ein und starte das betreffende Programm .

Nachdem ich als *Test*-Benutzer vermutlich das Programm zum allerersten Mal starte, werden grundsätzliche Dateien auch zum ersten Mal für diesen *Test*-Benutzer angelegt. Arbeitet das Programm wunschgemäß, dann habe ich die absolute Sicherheit, dass Einstellungsdateien dieses Programms beim regulären Benutzer nicht korrekt sind. Arbeitet auch hier das Programm nicht, erweisen sich die gleichen Fehler, so liegt ein grundsätzliches Problem mit dem Programm vor, das ich vielleicht über eine Aktualisierung beseitigen kann.

Kommen wir zurück zu der Annahme, dass das Programm beim *Test*-Benutzer tadellos funktioniert, jedoch beim regulären Benutzer nicht. Jedes Programm, das Sie als Anwender starten, legt sich im *Benutzerordner* und dort genauer unter den Ordnern *Library* und *Preferences* Konfigurationsdateien ab. Diese Präferenz- oder Konfigurationsdateien könnten Sie testhalber auf den Schreibtisch verschieben, um das Programm einmal ohne diese zu starten.

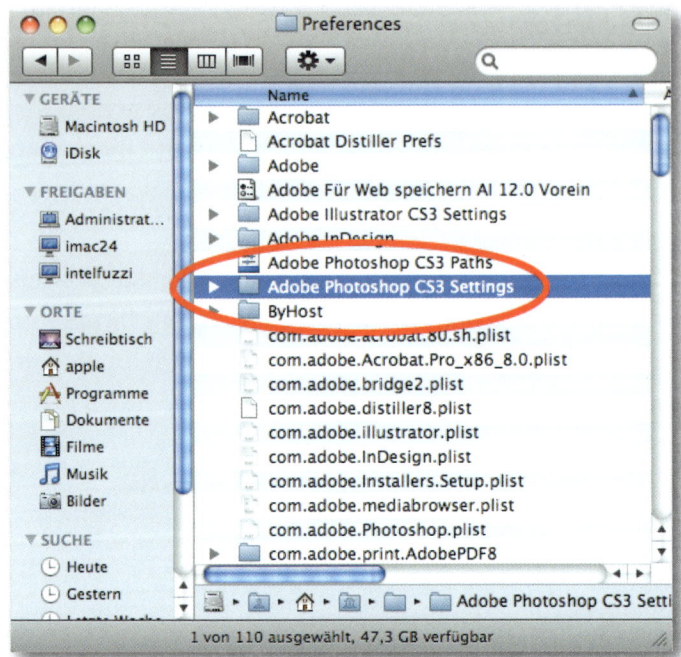

Preferences-Ordner.

Wie Sie anhand des Bildschirmfotos sehen, habe ich aktuell den *Settings*-Ordner für das Programm *Adobe Photoshop CS3* markiert. Das heißt: Immer wenn *Adobe Photoshop* (ein Bildbearbeitungsprogramm) startet, liest es die dort hinterlegten Einstellungen aus. Ziehen Sie einfach diesen Ordner testhalber auf den *Schreibtisch* und starten *Adobe Photoshop* erneut. *Adobe Photoshop* legt sich diesen Ordner neu an. Wenn nun alles problemfrei funktioniert, waren die Grundeinstellungen des Programms *Adobe Photoshop* Ursache des Problems. Mit der Idee, einen *Test*-Benutzer anzulegen, die Anwendung auszuprobieren und dann eventuell die Software zu aktualisieren oder an den *Preferences* zu arbeiten, können Sie im Regelfall 97 Prozent aller Problemfälle beseitigen.

> **Stellen Sie sich das so vor: Ihr Auto macht Probleme, es stottert beim Anfahren. Wenn Sie eine andere Person einmal mit Ihrem Auto fahren lassen und das Problem tritt auch dort auf, ist das Auto (das Programm) das Problem. Stottert das Auto nur, wenn Sie selber fahren, liegt der Fehler nur bei Ihnen (dem Benutzer), dann ist die dazugehörige Voreinstellungsdatei (Preference) zu entfernen und durch eine neue zu ersetzen.**

3. Problem: Der Internetzugang funktioniert nicht

Hierfür hat Apple ein Programm mitgeliefert. Sie finden dieses in den *System-einstellungen* bei *Netzwerk*. Klicken Sie hier auf *Assistent* und dann auf *Diagnose*.

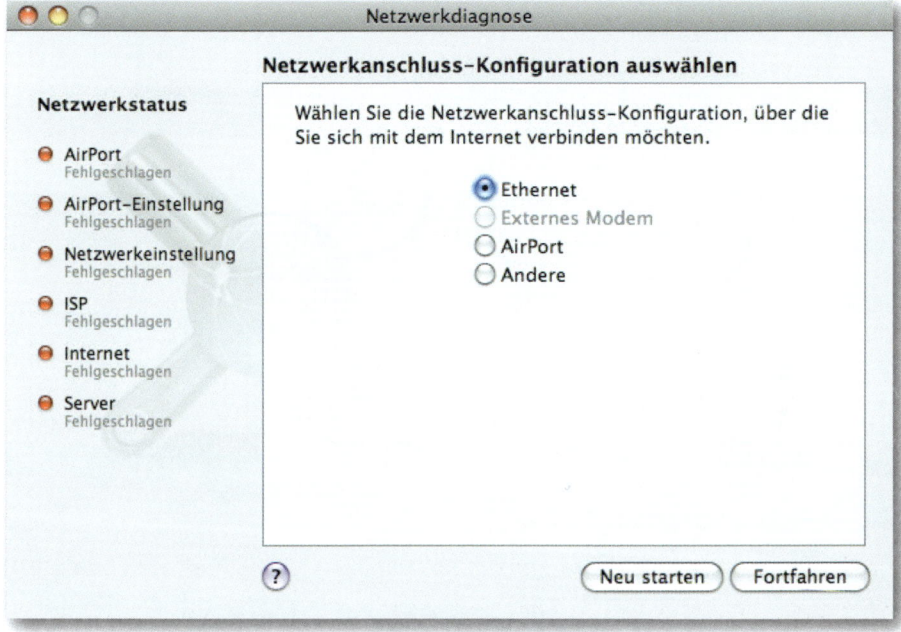

Netzwerkdiagnose.

Schritt für Schritt führt Sie die *Netzwerkdiagnose* durch die Einstellungen, die den Internetzugang betreffen. Sie können hier verschiedene Parameter aus-probieren, um festzustellen, warum die Internetverbindung nicht mehr funk-tioniert. In den allermeisten Fällen war bei Problemschilderung durch andere Anwender folgende Situation gegeben: Der Internetprovider hatte ein Problem in der Zurverfügungstellung des Internetanschlusses.

> **Fazit: Das Problem lag hinter dem Router oder hinter der DSL-Leitung** und war **nicht ein Problem des Apple-Rechners** oder der anderen Rechner im Netzwerk. Sie sollten also als Allererstes an Ihrem **Router** bzw. **DSL-Modem** prüfen, ob Sie noch **ein Signal haben, bevor** Sie wie wild an Ihrem Mac die **Netzwerkeinstellungen** überprüfen.

Zu diesem Zweck sollten Sie z. B. Ihr Speedport-Gerät aus- und dann erneut einschalten und die LED bei DSL beobachten. Springt diese danach wieder auf Grün, haben Sie damit das Problem gelöst. Tut es das nicht, so hat möglicherweise Ihr Internetanbieter eine Störung auf der Leitung. Warten Sie eine Weile ab, sollte die Störung fortdauern, so empfehle ich den Anruf bei der Störungsstelle Ihres Internetanbieters.

4. Kernel-Panik

You need to restart your computer. Hold down the Power button for several seconds or press the Restart button.

Veuillez redémarrer votre ordinateur. Maintenez la touche de démarrage enfoncée pendant plusieurs secondes ou bien appuyez sur le bouton de réinitialisation.

Sie müssen Ihren Computer neu starten. Halten Sie dazu die Einschalttaste einige Sekunden gedrückt oder drücken Sie die Neustart-Taste.

コンピュータを再起動する必要があります。パワーボタンを数秒間押し続けるか、リセットボタンを押してください。

Wow – Kernel-Panik!

Sollten Sie diesen Bildschirm bei der Arbeit an Ihrem Apple-Rechner zu Gesicht bekommen, dann haben Sie ein dickeres Problem. Im Regelfall weist dieser Bildschirm darauf hin, dass entweder das Betriebssystem an die Wand gefahren ist – das sollte so gut wie nie vorkommen –, oder er ist ein Hinweis darauf, dass an Ihrer Hardware etwas nicht stimmt.

In 99 Prozent aller Fälle habe ich folgende Erfahrung gemacht: Wenn Anwender darüber klagen, dass die Kernel-Panik in unregelmäßigen Abständen auf ihrem Bildschirm erscheint, waren die Arbeitsspeichermodule, die in dem Rechner verbaut sind, defekt. Kontaktieren Sie also in diesem Fall den Händler Ihres Vertrauens, damit er sich dieser Sache annehmen kann. Ich habe nur in Ausnahmefällen erlebt, dass eine Kernel-Panik erscheint, wenn das Betriebssystem Ärger bereitet.

5. Probleme beim Starten

Will der Rechner nach dem Einschalten nicht starten, dann sollten Sie folgende Dinge ausprobieren:

- Halten Sie nach dem Einschalten die ⇧-Taste gedrückt, und zwar so lange, bis unter dem Apfellogo (das Sie sehen, wenn der Computer startet) ein grauer Balken erscheint, der sich langsam zu füllen beginnt. Jetzt können Sie die ⇧-Taste loslassen und Ihr Rechner startet wichtige Reparaturmechanismen. Wenig später sollte das Anmeldefenster erscheinen. Führen Sie nun einen erneuten Neustart durch Klicken auf das entsprechende Symbol durch.
- Löschen des sogenannten Parameter-RAMs: Halten Sie beim Rechnerstart die Tasten ⌘ + ⌥ + P + R gedrückt. Tun Sie das so lange, bis der Startton ein zweites Mal ertönt.
- Bringen Sie Ihren mobilen Mac auf die Werkseinstellungen zurück. Keine Angst – dabei werden keinerlei Daten gelöscht. Drücken Sie dazu auf Ihrer Tastatur im linken Bereich gleichzeitig die ⇧ + ⌥ + Ctrl-Taste und halten dazu noch die Einschalttaste gedrückt. Das Ganze tun Sie für fünf Sekunden und sodann startet Ihr Rechner neu.
- Legen Sie die Installations-DVD ein und starten Sie via Gedrückthalten der *Taste C* von diesem Medium. Nach der Auswahl der Sprache erscheint die Menüleiste. Dort finden Sie die *Dienstprogramme* und lassen mal mit dem *Festplatten-Dienstprogramm* sowohl den Datenträger als auch die Zugriffsrechte überprüfen. Sollten insbesondere beim Überprüfen des Datenträgers Probleme auftreten, dann kann Ihnen auch hier der Fach-

handel weiterhelfen. Wurden Probleme erfolgreich repariert, beenden Sie das Festplatten-Dienstprogramm, wechseln zum *Startvolume* und versuchen erneut, von der Festplatte zu starten (siehe auch Fitnesstraining für Ihren Mac – Teil B).

Fitnesstraining für Ihren Mac

Damit Ihr Apple-Rechner immer zuverlässig mit Ihnen arbeitet und auch ihm die Arbeit Spaß macht, sollten Sie ab und an kleine Fitnessübungen mit ihm durchführen, damit er seinen Dienst klaglos verrichtet. Zwei Fitnessübungen würde ich Ihnen aus meiner Erfahrung anraten.

A. Softwareaktualisierung

Über die *Softwareaktualisierung* halten Sie Ihr Betriebssystem und die Apple-Programme up to date. Meist werden mit den *Softwareaktualisierungen* Zusatzfunktionen bereitgestellt oder kleinere existierende Fehler ausgebügelt. Es ist also durchaus eine sinnvolle Geschichte, ab und an die *Softwareaktualisierung* zu starten. Am einfachsten gehen Sie hierzu links oben in das -*Menü* und starten dort die *Softwareaktualisierung*.

Softwareaktualisierung.

Möglicherweise bekommen Sie über diverse Internetseiten oder Dokumente bzw. über Medien Informationen, dass es ein neues Betriebssystem gibt oder neuere Versionen für Ihre Apple-Programme vorhanden sind. Über die Softwareaktualisierung ist all dies auffindbar und ausführbar. Das ist quasi so, als würden Sie mit Ihrem Auto zum Kundendienst fahren, was Sie ja wahrscheinlich auch regelmäßig tun, oder?

Updater von Adobe (links) und Microsoft (rechts).

Berücksichtigen Sie bitte, dass diverse Programmhersteller im Regelfall eigene Softwareaktualisierungsprogramme bei der Installation mitgeliefert haben, um ihre Programme auf dem aktuellen Stand, also fit zu halten. Zum Beispiel die Firma Adobe legt ihre Updater-Programme in den Dienstprogramme-Ordner, bei Microsoft-Programmen hingegen finden Sie die Update-Funktion über das Hilfe-Menü, z. B. in Microsoft Word.

B. Festplatten-Dienstprogramm

Wenn Sie viele Dinge installieren und deinstallieren, dann kann es ab und zu sein, dass auf der Struktur Ihrer Festplatte etwas durcheinandergerät. Erste Anlaufstelle in diesem Fall ist das *Festplatten-Dienstprogramm*. Dieses befindet sich im Ordner *Programme –> Dienstprogramme*. Das *Festplatten-Dienstprogramm* bietet Ihnen die Eigenschaften, Ihre Festplatte zu überprüfen sowie die Zugriffsrechte auf Ihrem Volume reparieren zu lassen.

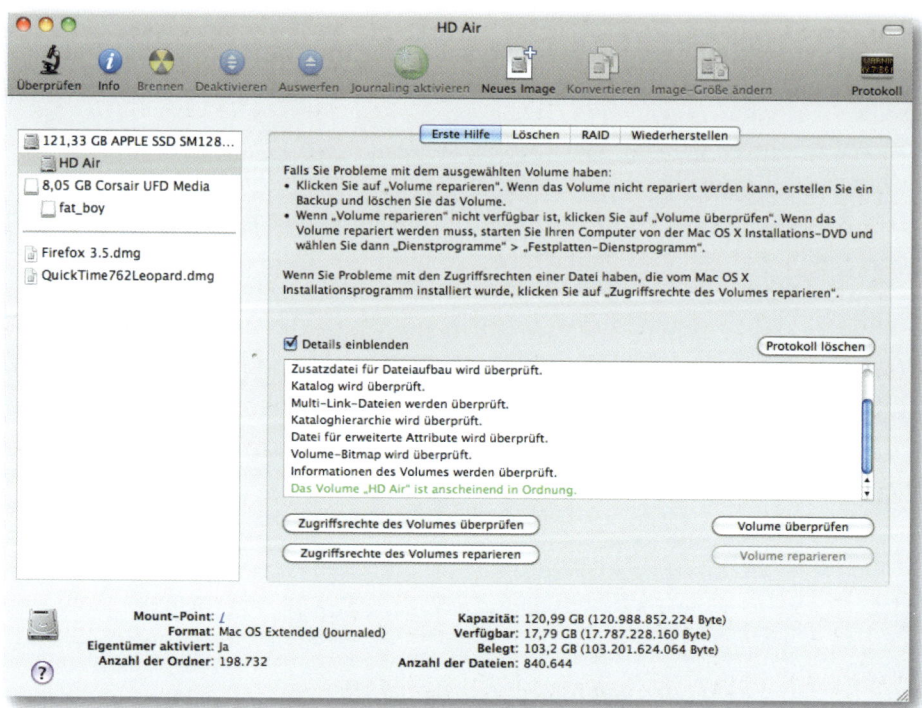

Festplatten-Dienstprogramm.

Im Regelfall ist nach der Reparatur der Zugriffsrechte wieder alles in Ordnung. Wird hingegen bei *Volume überprüfen* ein Fehler gemeldet, dann müssen Sie mit der beim Kauf beigelegten Installations-DVD Ihren Rechner starten und über die *Dienstprogramme* erneut das *Festplatten-Dienstprogramm* aufrufen. So erhalten Sie die Möglichkeit, Ihren Datenträger auch reparieren zu können.

Zu diesem Zweck legen Sie also den besagten Datenträger in das Laufwerk ein und schalten Ihren Computer z. B. über das *Apfelmenü* aus. Nun drücken Sie den Einschaltknopf und halten den Buchstaben *C* gedrückt. Damit teilen Sie dem Rechner mit, dass er von der DVD starten möge. Nach wenigen Sekunden werden Sie nach der Sprache gefragt – wählen Sie dort *Deutsch* aus und klicken Sie unten rechts im Fenster auf den Pfeil. Nun erscheint am oberen Bildschirmrand eine Menüleiste mit dem Begriff *Dienstprogramme* und dort finden Sie das *Festplatten-Dienstprogramm*. Sie starten dieses. Klicken Sie in der linken Leiste Ihre Festplatte (Macintosh HD) an und wählen rechts den Knopf *Volume reparieren*.

Ist das Programm fertig durchgelaufen, sollten alle Probleme behoben worden sein. Ist das nicht der Fall, sollte der Händler aufgesucht werden.

Wurden alle Probleme erfolgreich beseitigt, können Sie das Fenster schließen und über das Menü *Dienstprogramme* nun *Startvolume* anwählen. Dort klicken Sie Ihre Festplatte (Macintosh HD) an und wählen dann *Neustart*. Jetzt wird Ihr Apple-Computer wieder normal hochstarten und Sie können stolz auf sich sein, denn Sie haben ohne fremde Hilfe ganz einfach das Problem beseitigt.

> **Die Sache verhält sich so, dass sich der Rechner nicht reparieren kann, solange er von seinem eigenen Betriebssystem gestartet ist. Deshalb booten (starten) Sie von einem Fremddatenträger, um in die Reparaturmechanismen einsteigen zu können. Aus meiner Erfahrung heraus hatte ich in den letzten sechs, sieben Jahren niemals Probleme mit meinen in den Apple-Rechnern eingebauten Festplatten.**

Ein letztes Wort: Hilfe von außen mit TeamViewer

Natürlich kann es in den ersten Tagen und Wochen, die Sie mit Ihrem neuen Apple-Rechner verbringen, ab und an einmal Probleme geben. Meist sind diese jedoch schnell gelöst, so dass der Weg zum Händler sich wohl nicht lohnen würde.

! Wie wäre es, wenn Ihnen quasi jemand über die Schulter schaut und Ihnen hilft, Probleme zeitnah zu lösen? Genau das ist möglich mit einem Programm namens TeamViewer. Voraussetzungen hierfür sind: Ihr Rechner muss mit dem Internet verbunden sein und Ihr Gegenüber muss ebenfalls am Computer sitzen (egal ob Mac oder PC) und im Internet sein. Beide Teilnehmer starten dann das Programm und schon kann es losgehen ...

Und dabei ist es nun völlig egal, ob Ihre Kinder oder Enkelkinder als Problemlöser im fernen Amerika weilen oder einfach nur tagsüber in der Arbeit sind. Über das Internet ist das einfach und unkompliziert und dabei auch noch kostenlos möglich.

TeamViewer installieren

Aber zunächst einmal muss die dafür notwendige Software installiert werden. Das ist flugs geschehen. Steuern Sie dazu mit Ihrem Safari-Programm folgende Internetseite an: *http://www.teamviewer.com/de/index.aspx.*

Klicken Sie auf den Eintrag „Jetzt kostenlos runterladen".

Sogleich erscheint das Fenster Downloads und Sie sehen, wie das neue Programm aus dem Internet auf Ihren Rechner übertragen wird. In wenigen Minuten sollte das geschehen sein.

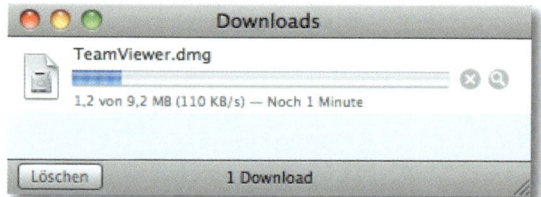

Das Programm TeamViewer wird heruntergeladen.

Ist das geschehen, erscheint sofort ein neues Fenster. Nunmehr ziehen Sie das Icon *TeamViewer* auf der linken Seite auf das Symbol *Applications* auf der rechten Seite. Das alles passiert innerhalb eines Fensters.

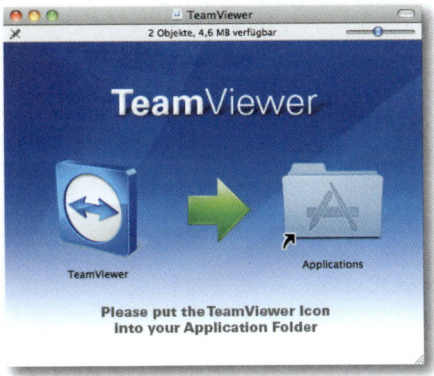

Das neue Programm muss in den Applications-Ordner (deutsch: Programme)
übertragen werden.

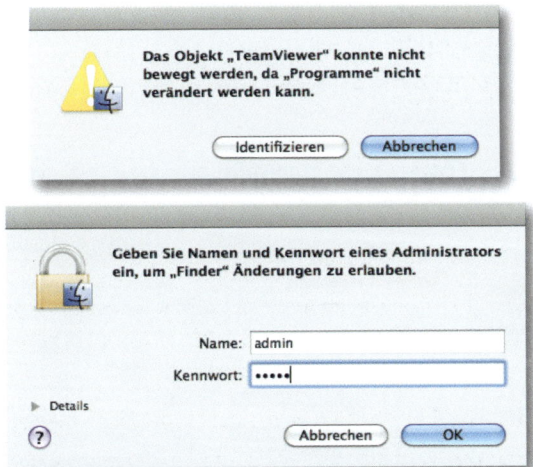

Sie erinnern sich: Nur ein Administrator darf Dinge am Rechner verändern.

Klicken Sie auf *Identifizieren* und geben Sie dann Ihre Administratordaten
ein. Fertig! Die Installation ist nun abgeschlossen und damit ist das Wichtigste
schon geschehen.

Wie fordern Sie nun Hilfe an?

Also angenommen, Sie haben eine Frage, ein Problem oder was auch immer
und brauchen jemanden, der Ihnen „live" an Ihrem Computer hilft. Dann sollten Sie zunächst zum Telefon greifen und die betreffende Person anrufen, damit diese ihren Computer startet und genauso wie Sie das Programm *TeamVie-*
wer öffnet.

Sie machen das an Ihrem Mac ganz einfach: Sie klicken rechts oben auf die *Spotlight*-Suchlupe und tippen *TeamViewer* ein.

TeamViewer wird gesucht und prompt als Top-Treffer gefunden.

Klicken Sie den *Top-Treffer*-Eintrag an und das Programm wird starten.

Auf der linken Seite des Fensters sehen Sie Ihre Daten.

Sie geben nun die beiden Zahlen, die auf der linken Seite im Fenster zu sehen sind, an Ihren Sohn oder Ihre Tochter weiter. Die tragen wiederum Ihre ID auf deren Computer im rechten Teil des Fensters ein und wählen den Eintrag *Fernwartung*. Sobald diese dann auf *Mit Partner verbinden* geklickt haben, muss vor der Kontaktaufnahme noch das *Kennwort* übermittelt werden. Geben Sie also das *Kennwort* (4-stellige Zahl) ebenfalls Ihrem Gegenüber.

Anschließend wird die Verbindung hergestellt. Auf Ihrem Rechner erscheint ein kleines Fenster, das Ihnen zeigt, dass nun jemand Ihren Bildschirm sieht und Ihre Maus und auch Tastatur verwenden kann.

Die Verbindung ist hergestellt.

Nun können Sie z. B. per Telefon Ihr Problem beschreiben und Ihr Partner kann an Ihrem Rechner all die Dinge einstellen, die notwendig sind, damit alles wieder problemfrei funktioniert. Wie schon beschrieben, teilen Sie sich nun die Maus und die Tastatur Ihres Computers.

! Bedienen Sie, während Ihr Gegenüber den Rechner steuert, weder die Maus noch die Tastatur. Das stört den Ablauf der Hilfestellung und verlangsamt die Mausreaktion über das Internet erheblich.

Soll nach hoffentlich erfolgter Problemlösung die Verbindung getrennt werden, so klicken Sie in dem kleinen Fenster einfach auf das *X*.

Mit dem Programm *TeamViewer* haben Sie die Sicherheit, dass immer jemand da sein kann, der Ihnen bei Fragen schnell und unkompliziert weiterhilft, egal wo auf der Welt sie beide sich befinden.

! Angst vor Missbrauch brauchen Sie dabei nicht zu haben. Sie bekommen nach jedem Beenden und erneutem Starten ein neues Kennwort zugeteilt, dass Sie dem Gegenüber nennen müssen. So kann dieser nur dann Ihren Rechner fernsteuern, wenn Sie die Sitzung eröffnen. Allerdings sollten Sie nur vertrauensvollen Personen den Zugang ermöglichen.

Gratulation!

Sie haben nun die ersten Schritte in die faszinierende Welt der Computer und des Internets unternommen. Natürlich gibt es noch mehr Dinge, die Sie mit einem Computer tun können. Ziel dieser Anleitung sollte ja sein, Sie in das Thema einzuführen und die Begeisterung in Ihnen zu wecken. Und wenn Sie alles bis hierhin durchgelesen und -gearbeitet haben, dann sind Sie sowieso schon richtig weit.

Wie kann es weitergehen?

Sie wollen noch tiefer und umfassender über den Computer und dessen Betriebssystem Bescheid wissen? Sie wollen neben Musik und Bildern auch Filme Ihres digitalen Camcorders bearbeiten? Sie wollen Internetseiten erstellen und diese mit Ihren Bildern füllen? Sie möchten umfangreiche Text- oder Tabellendokumente am Computer erstellen?

Kein Problem – all das ist möglich und dafür haben wir als Verlag Bücher im Sortiment, damit Sie noch umfassender in die Materie einsteigen können.

Besuchen Sie einfach unsere Internetseite *www.amac-buch.de*, um sich über unser aktuelles Produktportfolio zu informieren.

Und natürlich freuen wir uns jederzeit über Ihre E-Mail: *info@amac-buch.de*. Viel Spaß bei der Arbeit mit Ihrem Apple-Rechner wünschen die Autoren

Simone Ochsenkühn   *Elsa Lukowski*

Index

A

Account 33, 130
Accountname 32, 37
Account-Postfach 130
Administrator 32, 38
Adressbuch 238
    Gruppen 241
    Meine Visitenkarte 239
    Neues Ereignis 244
Adressen eintragen................................... 238
Alben 200
Alle Bilder importieren 194
Alle Ereignisse... 204
Alttaste 62
Angst vor Missbrauch 327
Anmeldedialog... 61
Anmelden 38, 60
Anpassen 210
Anpassen von Bildern 210
Anschlusskennung...................................... 52
Ansprechverzögerung................................. 97
Antik.. 209
Apfel-Menü....................................47, 86, 87
Apple Premium Reseller............................... 20
Apple Store 20
Auflösung 211
Aufspringende Ordner und Fenster............. 272
Ausblenden... 205
Ausgabe 108
Ausschalten.. 60
Auswahl importieren 194
Auswerfen 228
Auswurftaste....................................... 60, 64
Automatische Anmeldung........................... 37

B

Backspace... 62, 213
Batterieanzeige 66
Befehlstaste 62
Begradigen von Bildern 208
Benutzer 35
Bereitstellen... 214
Betriebssystem 19, 27
Bilder als E-Mail versenden........................ 216

Bilder behalten... 195
Bildimport... 193
Bild löschen 212
Bildschirmschoner 94
Bildschirmzoom.. 105
Bluetooth.. 38
Bluetooth-Assistent..................................... 40
Bluetooth-Maus.. 38
Brennen 214
Brennen von Bilder-CDs............................. 214
Briefe schreiben 280
Browser 165

C

Capslock 62
Cardreader... 196
CD brennen.. 236
CD-Cover laden 226
CD komplett importieren 228
CD teilweise importieren 229
CD-Titel abfragen 230
Chat 138
Computermonitor.. 17
Cover Flow 227
Cursor... 62

D

Darstellung als Tag, Woche, Monat 253
Darstellungsarten des Fensters 265
Das Drucken aus TextEdit........................... 293
Dashboard 254
Dateien auf Datenträger exportieren........... 215
Desktop 86
Diashow 218
    Als Standard verwenden........................ 219
    Einstellungen 220
    Fotoalbum 219
    Ken Burns 219
    Klassisch... 219
    Musik 219
    Rutschbahn.. 219
    Schnappschüsse 219
    Splitter.. 219
    Themen... 219

Digitale Bilder 190
Digitalkamera 189
Dock 72, 82, 86
Doppelklick 72
Download 172
Drag & Drop 198
Drahtlosnetzwerk 57
Drehen von Bildern 207
Drucken 222, 288
Drucken aus iPhoto 222
Drucker anschließen 288
Druckertreiber installieren 289
DSL 42
DSL-Modem 42
DSL-Splitter 42

E

ebay 20
Effekte in iPhoto 209
Ein-/Ausschaltknopf 60
Einblenden 205
Ein Ereignis pro Tag 192
Einschalten 60
Einstellungen 190
Einstellungen in iCal 243
E-Mail 124, 216
    Account 129, 130
    beantworten 151
    empfangen 148
    löschen 154
    mit Bildern 155
    online verwalten 164
    ordnen 160
    suchen 158
    verfassen 152
    Werbung 159
Ereignisname 194
Ereignisse 192, 201
    Einstellungen 204
Ereignisse nach Import automatisch teilen . 194
Ereignisse teilen 202
Ereignisse verbinden 202
Erinnerungen in iCal 248
Escape-Taste 62
Ethernet 48

Ethernetanschluss 47
Etiketten 273
Exportieren von Bildern 215

F

Färbung 211
Fenster 260
    aufspringende Fenster 272
    neues Fenster 261
Fenstergröße ändern 91
Fenstertechnik 89
Festplatten-Dienstprogramm 321
Feststelltaste 62
Finder 87
Firefox 165
FireWire-800-Anschluss 66
Flatrate 53
Fotos bereitstellen und verteilen 213
Fotos für das Ereignis einblenden 204
Fotos löschen 195
Freemail 134, 165
Freistellen von Bildern 207

G

Geburtstage im Adressbuch 242
Geburtstagskalender 243
Gelber Knopf 90
Geräte 193
Gerätepasswort 50
Gesättigt 209
Gigabit-Ethernetanschluss 66
Gitter 227
GMX 134
GPS 189
Grüner Knopf 90

H

Hardware 18
Hauttonsättigung vermeiden 211
Helligkeit 211
Hilfe von außen 323
Hyperlink 75

I

iCal 243
   Ganztägige Ereignisse einblenden 253
   Kalender ausblenden 252
iChat 138
   Videotelefonie 142
Icon 73
iMac 16
Importieren stoppen 199
Importieren von Filmen 197
Import per Drag & Drop 198
Import vom Datenträger 195
Import von Bilddateien einer Kamera
in iPhoto 193
Import von Bild- oder Filmdateien von
einem Datenträger 195
Import von Liedern 228
Informationsfenster 231
Internet Explorer 165
Internetzugang 51
iPhoto 188
iTunes 224
iTunes Account 226
iTunes-Assistent 225
iTunes Dashboard Widget 232

J

Junkmail 159

K

Kalender 250
Kernel-Panik 318
Kontextmenü 99
Kontraste 211
Kopfhöreranschluss 66

L

Laut-/Leisetasten 64
Leertaste 64, 65
Lesezeichen
   Anlegen von Ordnern in den
   Lesezeichen 116

Letzter Import 195
Licht 211
Link 75
Liste 227
Lizenzvertrag Skype 174
Löschen eines Musikstückes 235

M

MacBook 16
MacBook Air 17
MacBook Pro 16
Mac mini 16
MacPro 16
MagSafe 66
Mail 124, 144
Markierung 229
Maske 209, 210
Mausklick 71
Mauspad 70
me.com 136
MediaMarkt 20
Menüleiste 86, 87
Mighty Mouse 98, 102
Mikrofon 109
Miniatur-Vorschau 194
MiniDisplay-Port 66
Mitbenutzernummer/Suffix 52
MobileMe 136
Monitorhelligkeit 64
Musik anhören 231
Musik-CD brennen 236
Musik in iTunes verwalten 233
Musik sehen 237

N

Nach Datum 206
Nach Schlagwort 206
Nach Titel 206
Nach Wertung 206
Netzteil 23
Netzwerkdiagnose 317
Neue Ereignisse in iCal erstellen 244
Neue Kalender erstellen 249

Neues Ereignis 197
Neue Wiedergabeliste 234

O

Ordner 200, 234, 235, 260
   Aufspringende Ordner 272
   Etiketten 273
   Neuer Ordner 262
   Ordner erstellen 261
   Verschieben und kopieren von Ordnern.. 271
Ordner Dokumente.................................... 262
Ordner in iTunes....................................... 233
Orte... 275

P

Papierkorb entleeren 213
Parameter-RAM... 319
Persönliches Kennwort 52
Pfeiltasten... 62
Preferences 315
Pre-Shared Key.. 56
Primäre Maustaste 98, 102
Programm beenden...................................... 81
Programm Digitale Bilder........................... 190

R

Rauschen reduzieren 211
Registrierungsdaten 31
Return 62, 76
Retuschieren 209
Rote Augen entfernen 209
Rückwärts-Löschen-Taste 62, 78

S

Safari 164, 165
   Begriff auf Internetseite suchen 116
   Ein neues Lesezeichen anlegen.............. 113
   Lesezeichen aus der Leiste entfernen 112
   Lesezeichen in Safari........................... 112
Sättigung 211
Saturn... 20
Schärfe 211

Schatten 211
Schlüsselfoto... 203
Schreibtisch 86, 92
Schreibtischhintergrund 213
Schreibtischhintergrund verändern............. 213
Schwarz-weiß.. 209
Scrollball 68, 103
Scrollen.. 72
   Maus.. 78
   Trackpad 79
SDCard-Steckplatz....................................... 66
Seitenleiste 274
Sekundäre Maustaste 98, 102
Sepia 209
Shift.. 62
Skype.. 169
Skype-Account 174
Skype installieren 169
Sofort beenden 314
Software 18
Softwareaktualisierung.............................. 320
Sortierfunktion in iPhoto............................ 206
Spaltendarstellung 267
Speedport 42
Spotlight 84, 86, 298
Spotlight-Fenster 299
Spotlight im Adressbuch 242
Spotlight-Menü 299
SSID & Verschlüsselung................................ 55
Standardbenutzer.. 34
Stummtaste... 64
Surfen 165
Systemeinstellungen.................................... 91
   Drucken & Faxen................................. 288
   Energie sparen...................................... 95
   Maus.. 98
   Schreibtisch & Bildschirmschoner............. 92
   Tastatur.. 97
   Ton 106
   Trackpad 104

Symbole

@-Zeichen... 127

T

Tabulatortaste 64
Tastatur... 61
Tastaturbegriffe 62
Tastaturbeleuchtung 65
TeamViewer 324
Temperatur... 211
Textchat 183
TextEdit.. 280
Time Machine.. 303
Toneffekte.. 106
Toneingabe 109
T-Online 42, 125
T-Online-Nummer 52
Tonwerte.. 211
Top-Treffer... 84
Trackpad 68

U

Umschalttaste... 62
USB-2.0-Anschluss..................................... 66

V

Verbessern von Bildern 208
Verblasst... 209
Verdeckte Fotos...................................... 205
Vergrößerte Darstellung der
Telefonnummer 242
Verlorene Musik suchen........................... 235
Verschiedene Darstellungsarten des Fensters
    Als Cover Flow..................................... 268
    Als Liste.. 265
    Als Spalten.. 267
    Als Symbole.. 265
Vignette... 209
Visitenkarte.. 240
Visualizer 237
Vollständiger Name 32, 37
Volume überprüfen.................................. 322

W

web.de 130

Werbe-E-Mail.. 135
Werkseinstellung..................................... 319
Widget 255
Wiedergabelisten 233
Wiederholungen in iCal 247
Willkommen-Fenster................................ 189
WLAN-DSL-Modem 43
World Wide Web 165

Z

Zeilenschaltung 62
Zugangsdaten 52
Zugriffsrechte reparieren.......................... 321
Zum Original zurückkehren 209
Zur vorherigen Version zurücksetzen 209
Zusätzliche Widgets................................. 256

Lies dich schlau!

iPad

Das Internet in Ihren Händen

Das iPad ist ein revolutionäres Gerät. Fast magisch wirkt es auf seinen Anwender, denn durch simple Gesten mit den Fingern wird die Bedienung komplexer Programme enorm einfach und erschließt sich meist auf Anhieb. Viele Funktionen entdeckt man erst auf den zweiten Blick. Deshalb finden Sie in diesem Buch unzählige praxiserprobte Hintergrundtipps. Gleich von Beginn an lernen Sie die vielen versteckten Kniffe kennen, die die Faszination des iPads ausmachen.

ISBN 978-3-940285-19-5 · € 19.95

Damit der Spaß nicht zu kurz kommt, hat das iPad eine Fülle von Programmen an Bord, mit denen das Genießen von Bildern und Filmen ein wunderbares Erlebnis wird.

Durch die Installation zusätzlicher Apps wird das iPad zu Ihrem persönlichen digitalen Assistenten. Nicht zuletzt lebt das iPad von der Internetverbindung über Wi-Fi oder auch 3G. Rasch sind E-Mails gelesen und beantwortet sowie die wichtigen Internetseiten angesteuert.

Inhaltsübersicht:

1. Die ersten Schritte
2. Bedienung des iPads
3. Das iPad mit Inhalt befüllen und anpassen
4. Im Schnellkurs – die Standard-Apps
5. Grundeinstellungen des iPads
6. Einkaufen gehen – die Stores am iPad
7. Darf's etwas mehr sein?
8. Die besten Tools rund ums iPad
9. Energie sparen und Troubleshooting

Mein iPhone & ich

Geeignet für 3G und 3G S

Wer über den Kauf eines iPhones nachdenkt, bekommt auf über 460 Seiten die optimale Entscheidungshilfe für den Kauf des Kult-Telefons.

Dieses Buch ist mehr als nur eine Bedienungsanleitung – es ist verständlich geschrieben, ausführlich bebildert und ist damit die geeignete Lektüre für Anfänger, Fortgeschrittene und Profis.

Wenn Sie bereits ein iPhone besitzen, zeigen wir Ihnen, was Sie noch alles aus dem kleinen Multitalent herausholen können.

ISBN 978-3-940285-15-7 · € 19.95

Dieses Buch zeigt eindrucksvoll das gesamte Spektrum der Einsatzmöglichkeiten dieses innovativen Multitalents namens iPhone. Mit dem iPhone hat Apple ein sensationelles Gerät erfunden. Das iPhone ist mehr als nur ein Telefon. Es ist vielmehr ein unentbehrlicher Helfer.

Aus dem Inhalt:

In diesem Buch wird im Detail erklärt, wie Sie

- das iPhone Ihren Bedürfnissen entsprechend konfigurieren können
- die mitgelieferten Standardprogramme perfekt bedienen und wie diese zusammenarbeiten
- neue Applikationen aus dem App Store erwerben und installieren
- Daten von Ihrem Computer per Kabel oder auch drahtlos mit dem iPhone abgleichen (MobileMe, Exchange)
- die neuen Funktionen des iPhone 3G S bedienen: Sprachsteuerung, Kompass, Videoaufnahmen, neues Zubehör u. v. m.

Mac OS X 10.6 Snow Leopard

Dieses Buch ist für jeden Benutzer von Snow Leopard eine empfehlenswerte Lektüre. Anfänger werden rasch die wichtigsten Grundlagen erlernen. Versierte User finden eine Fülle an Tipps und Tricks, um den Umgang mit dem System zu perfektionieren.
Mit Snow Leopard hat Apple wieder einmal ein wunderbares Betriebssystem geschaffen. Die elegante Kombination aus einfacher Bedienbarkeit und einem enormen Leistungspotenzial ist für alle Anwender ein Gewinn.

ISBN 978-3-940285-14-0 · € 29.95
Preisempfehlung CHF 52.30

Aus dem Inhalt:

- Optimierte Installation des Systems bzw. updaten von bestehenden Systemen
- Perfekte Konfiguration des Benutzerprofils
- Kontakt mit dem Internet und anderen Rechnern im Netzwerk herstellen
- Clever arbeiten mit QuickLook, der Stapelfunktion im Dock und Exposé
- Einfach und schnell: Spotlight
- Alles im Griff: Snow Leopard inklusive MobileMe, Exchange 2007 und iPhone
- Troubleshooting

iWork '09

Professionelles Arbeiten mit der Bürosoftware für den Mac

Die Software ist – ganz Apple-like – einfach zu bedienen. Doch erschließen sich viele überaus nützliche Funktionen erst auf den zweiten Blick. Dieser Ratgeber ist für alle Anwender gedacht, die iWork '09 einsetzen wollen. Benutzer älterer Versionen finden unzählige Tipps und Ratschläge, um mit der neuesten Version professionell und effektiv zu arbeiten.

ISBN 978-3-940285-07-2 · € 34.95
Preisempfehlung CHF 60.00

Mit iWork '09 liefert Apple eine professionelle Office-Umgebung, um Tabellen, Texte, Layouts und Präsentationen zu erstellen.

Aus dem Inhalt:

- **Keynote '09:** aufregende Präsentationen unter Verwendung von Animationen und Übergängen
- **Pages '09:** umfangreiche Texte mit Tabellen und Grafiken versehen und perfekte Layouts erstellen
- **Numbers '09:** komplexe Tabellen erstellen, mathematische Funktionen kinderleicht einsetzen, Datenmaterial in optisch ansprechenden Diagrammen darstellen
- Zusammenarbeit der einzelnen Programmbestandteile z. B. beim Erstellen von Serienbriefen
- Ab ins Internet: Teamwork-Funktionen anhand von www.iwork.com

iLife '09

iPhoto, iTunes, iWeb, GarageBand, iMovie, iDVD

Dieses Buch ist für alle Anwender der iLife-Programme geschrieben worden. Anfänger wie Fortgeschrittene finden zu den einzelnen Themen passende Tipps und Tricks.

iLife '09 ist oftmals eines der Haupt-argumente, warum sich ein Anwender für einen AppleComputer entscheidet. Dieses Buch unterstreicht, warum das so ist:

ISBN 978-3-940285-08-9 · € 29.95

Alle Programme innerhalb des iLife-Pakets arbeiten eng verzahnt miteinander und so sind das Erstellen von selbstgeschnittenen Filmen auf DVD, die Gestaltung von Webseiten mit Bildern und Filmen sowie das Verfassen von Podcasts ein Leichtes.

Aus dem Inhalt:

- **iPhoto:** Organisieren Sie Ihre Bilder in Ereignissen oder sortieren Sie diese nach Personen oder Orten und erstellen Sie im Handumdrehen ansprechende Diashows oder Fotobücher
- **iTunes:** Optimieren Sie Ihren Umgang mit iTunes durch die Fülle an Tipps in diesem Buch
- **iWeb:** Internetseiten erzeugen kann so einfach sein; verwenden Sie Bilder aus iPhoto und Filme aus iMovie, um ansprechende Seiten zu gestalten
- **GarageBand:** Musik erlernen leicht gemacht; Erstellen von Podcasts mit wenigen Handgriffen
- **iMovie:** Vom Drehbuch bis zum fertigen Film werden alle Features ausführlich beleuchtet
- **iDVD:** Erstellen Sie unglaublich professionell erscheinende DVDs

iPhoto '09 & iTunes

Bilder und Musik am Mac organisieren
iPad, iPhone und iPod optimal synchronisieren

Dieses Nachschlagewerk ist für alle Anwender der Bild- und Musikverwaltung am Mac konzipiert worden.

ISBN 978-3-940285-10-2 · € 18.95

Aus dem Inhalt:

- **iPhoto '09:**
- Erstellen mehrerer Bilddatenbanken
- Pflege und Optimierung der Mediathek
- Import von Bildern von der Digitalkamera
- Erstellen von Ereignissen, Ordnern und Alben
- Optimieren und Korrigieren von Bildern
- Gesichtserkennung in iPhoto verwenden
- Wo war das denn? Bilder mit Orten verwalten
- Fotoalben und Kalender erstellen
- Präsentieren der Bilder als Diashow

- **iTunes:**
- Grundsätzliche Programmfunktionen und -einstellungen
- Importieren digitaler Musik
- Anlegen von intelligenten Wiedergabelisten und Ordnern
- Abgleich mit dem iPhone, iPad oder iPod
- Podcasts abonnieren
- Viel Spaß mit dem iTunes Store
- Sicherungskopien erstellen
- Internet-Radio konfigurieren

amac-buch Verlag
Erlenweg 6
D-86573 Obergriesbach

E-Mail: info@amac-buch.de
Internet: www.amac-buch.de

Telefon 0 82 51 / 82 71 37
Telefax 0 82 51 / 82 71 38

Weitere interessante Bücher
rund um das Thema Apple finden Sie
unter www.amac-buch.de